Lb 57 1637

Paris
1871

Bourde, Paul

Les Membres de la Commune et le Comité central

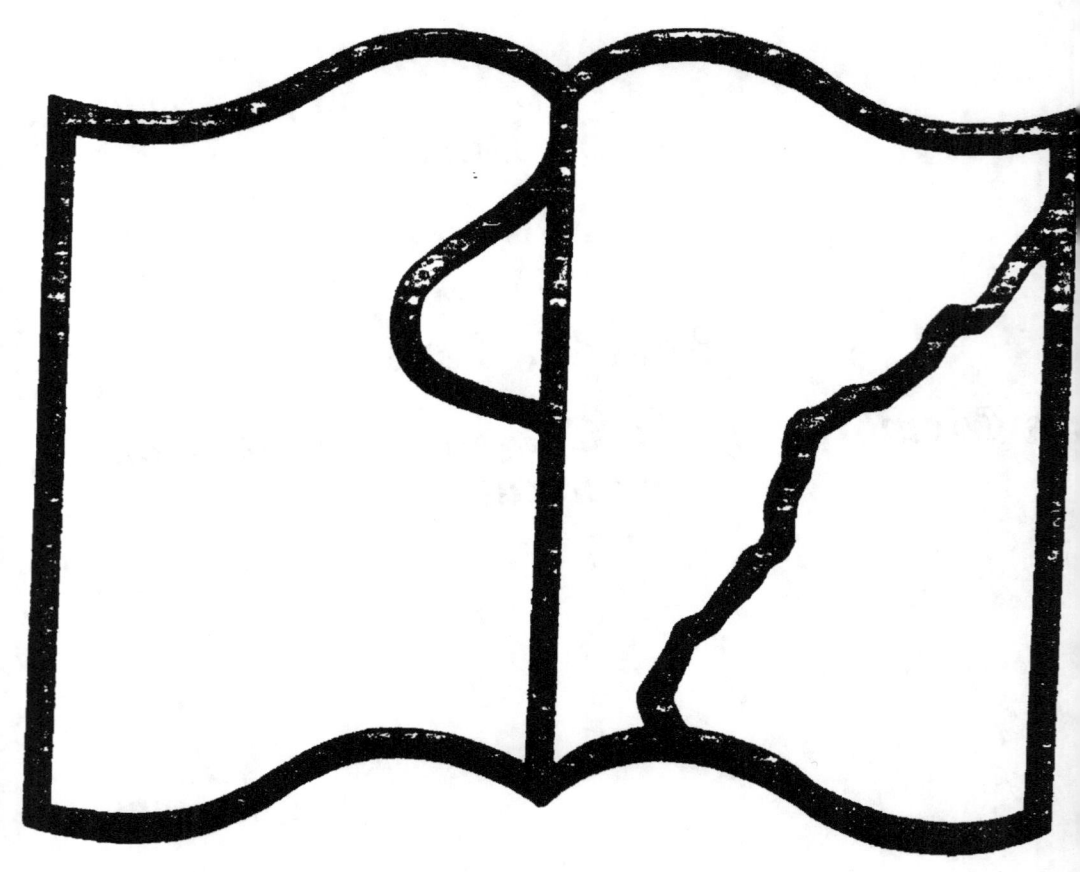

**Symbole applicable
pour tout, ou partie
des documents microfilmés**

Texte détérioré — reliure défectueuse

NF Z 43-120-11

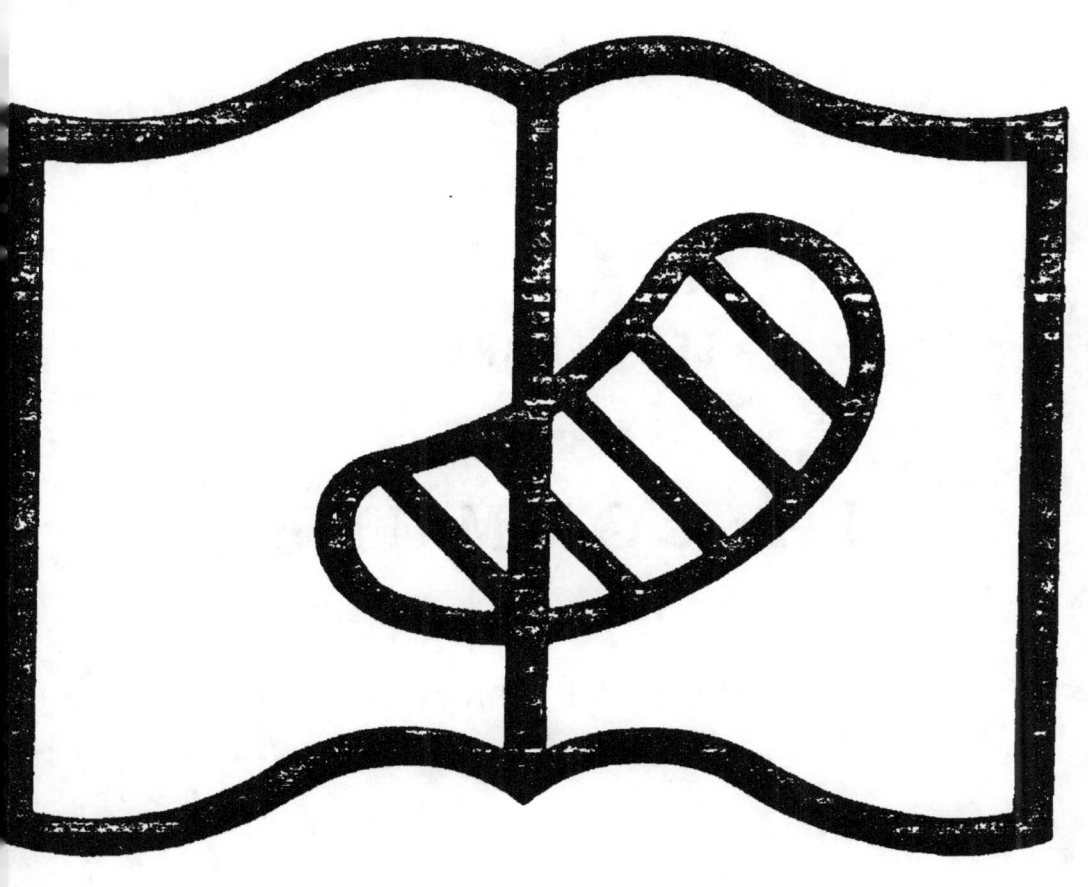

Symbole applicable
pour tout, ou partie
des documents microfilmés

Original illisible

NF Z 43-120-10

LES MEMBRES
DE
LA COMMUNE
ET
DU COMITÉ CENTRAL

Les Membres
DE
LA COMMUNE
ET
du Comité central
PAR
PAUL DELION

PARIS
ALPHONSE LEMERRE, ÉDITEUR
47, PASSAGE CHOISEUL, 47

1871

PRÉFACE

I

ous n'arrivons point les premiers : d'autres livres ont paru traitant le même sujet que le nôtre, et déjà l'opinion s'est prononcée sur ces publications. Beaucoup les ont trouvées utiles, quelques-uns les ont trouvées mauvaises. De ces derniers, les uns ont dit : Il est trop tôt; les autres : Ces hommes sont vaincus, sont à terre, qu'on ne les frappe point; d'autres encore, et ils sont nombreux, ont répété : A quoi bon, nous avons eu assez de la Commune sans en garder le souvenir : oublions.

Trop tôt? pour l'histoire, soit. Mais n'est-ce pas au

sortir du règne de ces gens, lorsqu'on vient de les subir, de les voir, de les entendre, qu'il convient d'en fixer les silhouettes? C'est à peine si maintenant on peut trouver le trait saillant des banales figures qui abondaient à la Commune. Dans quelque temps l'oubli ne le permettrait plus.

Ne point les frapper? est-ce donc frapper un homme que dire sa vie, ses faits et gestes? Si c'est le frapper, qui a fourni les verges? Se sont-ils cachés les hommes de la Commune? ont-ils agi dans l'ombre? Non. Ils ont consigné leurs actes dans leur *Journal officiel;* ils ont affiché leurs turpitudes sur toutes nos murailles; c'est au grand soleil qu'ils ont pillé les maisons, au grand soleil qu'ils ont arrêté et violenté les honnêtes gens, au grand soleil qu'ils ont incendié Paris, au grand soleil encore qu'ils ont fusillé les otages. Ils n'ont ni pillé, ni incendié, ni assassiné furtivement; c'est le front haut qu'ils ont commis leurs méfaits, car alors ils étaient encore les maîtres. Pourquoi donc l'écrivain les cacherait-il, lui? A qui la faute si l'histoire est un acte d'accusation et si des biographies ressemblent à des pamphlets?

Oublier? non. Il faut ne pas oublier trop vite, ou plutôt n'oublier jamais. On a écrasé les émeutiers, non l'émeute. L'envie dort au fond du cœur des pauvres et leur remettra les armes à la main sitôt qu'un intrigant excitera cette envie. Cette insurrection a coûté trop de sang, fait trop de ruines pour que la classe qui l'a subie comme la classe qui l'a faite n'en tire une leçon. Les événements sont des enseignements. Malheur arrivera à qui ne les entend point. A la classe aisée donc à en rechercher les causes et à les combattre, à la classe pauvre à en considérer les résultats et à se convaincre de l'inutile folie de pareils attentats.

Des hommes, les uns par conviction, les autres par ambition, s'en vont répandant les idées socialistes et égalitaires, qui, mal interprétées et mal comprises, grisent le peuple par leur apparente justesse : seulement, elles ont un effet directement contraire au but avoué. Elles fomentent des haines entre classes sous prétexte de fraternité, démoralisent le peuple sous prétexte de moralité, et sous prétexte de droit au travail et d'affranchissement du travail détournent les ouvriers de ce travail en le leur montrant comme un esclavage exploité par le capital. Ces idées ont pour complice l'envie des richesses et sont la cause des révoltes contre les lois sociales. Donc, ce sont ces idées qu'il faut détruire ; ce sont les hommes qui les répandent qu'il faut combattre. Voilà la tâche de la classe menacée : la bourgeoisie.

La révolution est un droit sacré, disent ces hommes. Nous y sommes donc à jamais voués. En effet, ce ne sont point des modifications de la société qu'ils demandent, mais un changement complet. Ils ont leur système tout machiné, tout prêt, qu'ils veulent établir tout d'une pièce. Ce système ne pourra raisonnablement être sans vices, et, puisque contre tout vice social l'insurrection devient sacrée et comme obligatoire, quand donc pourrons-nous espérer un peu de repos ? Que restera-t-il de notre généreux pays qui recueille et nourrit tous les rêveurs, tous les songe-creux, tous les utopistes dont se débarrasse le monde, lorsqu'ils auront tous, les uns après les autres, essayé sur lui leurs trop philanthropiques billevesées.

Tous ces systèmes socialistes, égalitaires, humanitaires, révolutionnaires et autres pèchent par la base. Leurs auteurs ont voulu donner à chaque homme le plus de jouissances possibles; ils n'ont point remarqué qu'en supprimant la liberté individuelle et le luxe, ils supprimaient les sources des jouissances qu'ils voulaient donner. Si la société était enrégimentée selon leurs desseins, si chacun avait son carré de terre réglementaire à cultiver et tant d'heures de travail à fournir par jour sous peine de jeûner, que deviendraient la rêverie et la méditation, le poëte et le penseur, dont les œuvres subissent une lente élaboration, dont personne ne peut peser ni mesurer l'activité. Nous n'aurions donc plus ni sciences ni littérature. Le livre disparaîtrait. Et en quoi, bon Dieu, différerions-nous alors des sujets de Tombouctou et des sauvages d'Australie.

La barbarie n'est point, ce semble, une des conditions du bonheur; puisque tous les systèmes socialistes — tous — y mènent, ils sont mauvais et condamnables. Du reste, si dans le système actuel l'égalité n'existe pas dans les conditions, elle existe à peu près dans les moyens. Chacun peut aspirer à la fortune. Il est nombre de riches roturiers de notre époque qui, en remontant de quelques générations, se trouveraient pour aïeul un paysan taillable et corvéable à merci. Les richesses sont soumises à la loi générale de la nature, à la mutation. Essayer de les rendre immuables est donc une folie contre nature. Voilà ce que doit comprendre la classe menaçante : le prolétariat.

II

L'insurrection du 18 mars ne fut pas un mouvement politique : elle n'eut jamais de programme, n'avoua jamais ses intentions. Elle ne répondait à aucun désir de la nation, rien ne la faisait pressentir. Aussi resta-t-elle circonscrite à Paris, incomprise de la province. Elle était le fait de ce ramassis d'aventuriers qui grouille dans les faubourgs, venant des quatre coins de la France et du monde, vivant on ne sait où, on ne sait comment : tourbe confuse que la dépravation commune rend compacte et qu'on ne trouve que le long des ruisseaux de Paris. Ce fut la révolte instinctive — longtemps et sourdement couvée — du misérable contre le riche, de ceux qui n'ont pas contre ceux qui possèdent. Ce fut l'explosion de l'envie des déshérités. Aussi le gouvernement qui en sortit fut-il comme le Salon des refusés de la société. Tout ce qui avait été maltraité par la nature ou mis hors la loi par les hommes, y trouva sa place. On y put voir des fous, des monomanes, des mystiques, des inventeurs, des bossus, des borgnes, des bègues, des boiteux, des paralytiques : les criminels y abondèrent : Eudes et Mégy avaient assassiné, Arnaud et Lisbonne avaient volé, Vésinier avait violé, Ranvier avait fait faillite, Dombrowski avait fait des faux, Clément demanda une place de mouchard, Grollard fut pitre, Blanchet sortait du couvent, Ledroit et Philippe sortaient du bagne. C'était comme on voit une espèce de musée Thusaud, doublé du personnel d'une maison de détention. Et de ci, de là, clair-semés, se rencontrent quelques honnêtes gens égarés, quelques fanatiques aveuglés qui n'en font que mieux ressortir l'abjection du milieu dans lequel ils vivaient.

Qu'on examine ces apôtres, on jugera de l'idée. Ces hommes n'avaient ni science ni expérience. Quelques-uns avaient appris et auraient pu imprimer une direction à la révolution, mais ils furent débordés par les autres — c'était le très-grand nombre — qui ne savaient rien. Un accident quelconque, un malheur, une faillite, une ruine, une indigestion de vanité ou un accès de paresse — surtout la paresse — les avait fait sortir celui-ci de son échoppe, celui-là de sa boutique et les avait jetés violents et grotesques dans la politique.

La politique est chose si facile! D'un peu de colère contre le gouvernement et d'un peu de pitié pour les pauvres prolétaires, on se fait un orviétan politique que l'on débite comme un autre vend la pommade dentifrice et la masse vous sacre homme d'État. La plupart des membres de la Commune n'étaient que des drôles. L'instruction établissant encore une sorte d'aristocratie, avec leur petitesse mesquine ils la suspectèrent; aussi virent-ils toujours d'un mauvais œil les journalistes qui leur étaient mêlés. Dans leurs déclamations aux clubs, ces gens avaient nié que la politique fût une science et demandât des études préparatoires; ils proclamèrent l'omnipotence de l'instinct et crurent suppléer à tout par l'inspiration. L'inspiration manqua.

Aussi quelle assemblée, quelles séances, quel accord! Les opinions de chacun n'étant point raisonnées, mais instinctives pour parler comme eux, les meilleurs raisonnements ne convainquaient personne. Personne ne voulait faire le sacrifice de sa manière de voir. Aussi est-il puéril, comme on l'a fait, de diviser la Commune par partis et d'attribuer à quelques célébrités une influence sur leurs collègues. Tout allait à vau-l'eau, sans entente, sans cohésion, chacun de son côté tirant à soi, et de ce grand chaos d'individualités ignares et jalouses qui se seraient crues humiliées de se ranger à l'avis de quelqu'un, rien ne sortit que des violences : sur ce point seulement, — la violence, — on tombait d'accord. C'est que c'était le stigmate auquel les insurgés reconnaissaient les leurs et l'on était violent pour ne pas être suspect.

Du reste, c'est faire beaucoup d'honneur à la plupart d'entre eux que de leur donner des idées, une opinion en matière de gouvernement. Ils avaient beaucoup crié contre tous les gouvernements qui n'avaient point utilisé leur savoir-faire, ils avaient crié beaucoup contre les capitalistes et beaucoup contre les prêtres :

vieilles rengaines qu'applaudit toujours la tourbe, mais quant à créer un gouvernement modèle qui supprimât les misères au nom desquelles ils protestaient, ils n'y avaient jamais songé. Jamais non plus ils n'avaient entrevu la possibilité d'arriver au pouvoir. Le Comité central eut un moment d'abasourdissement, d'épouvante, quand il vit que victoire lui était restée; la Commune de son côté ne se crut jamais viable. C'est pourquoi tous s'empressèrent de jouir sans mettre de feuille de vigne à leurs débauches, à leurs méfaits. C'est avec des filles nues dans sa voiture que Ferré sortait de la préfecture de police; c'est sans honte que Longuet se laissait ramasser ivre-mort sur la place du Carrousel, c'est avec orgueil que Chouteau avouait qu'il avait déjà amassé cent cinquante mille francs d'économies pour la dot de sa fille dans sa *nouvelle position*, tandis que Régère, fourbe et patelin, se créait vingt mille livres de rente en secret.

Cette avidité rapace de jouissances et de possession rendit les hommes de la Commune intraitables. Transiger avec le gouvernement de Versailles, c'était rentrer dans la légalité. L'insurrection avait été faite au nom des libertés municipales. Devenir simple membre de la municipalité parisienne — fonction non rétribuée — c'était rentrer dans la misère contre laquelle les gens avaient usé leur vie; c'était redevenir cordonnier ou teinturier après avoir été homme d'État. Aucun d'eux n'y voulut consentir. Décidés à jouir du pouvoir jusqu'au bout, à ne céder qu'à la force, leur grande préoccupation fut de se préparer des moyens d'existence pour les temps à venir et des moyens de fuite pour le jour de la défaite, sans prendre grand souci de la forme gouvernementale pour le temps présent. Aussi l'annonce de l'entrée des troupes dans Paris fut-elle le signal de la dislocation de la Commune. Bien peu de ces hommes qui avaient attisé la guerre civile, excité les insurgés, promis monts et merveilles en fait de prouesse, bien peu restèrent sur le champ de bataille. La plupart se sauvèrent, donnant ainsi honteusement la mesure des convictions de ces braillards de carrefour qui font métier de l'appel à la révolte.

Rien de grand, d'héroïque, de ce qui rend sympathiques même les misérables, ne se produisit parmi eux. Les cuistres ne purent se donner un vernis de courage. Tous leurs actes se ressentirent de la brutale trivialité de leur origine et de leurs désirs. En compterait-on quatre qui surent mourir comme Catilina?

III

Le Comité central date, croyons-nous, du 7 décembre. Dans une grande réunion convoquée sous le coup de l'émotion de la bataille de Champigny et où chaque compagnie de la garde nationale parisienne envoya un délégué, quelques hommes proposèrent la formation d'un comité chargé de pousser le gouvernement à la défense à outrance. Telle est l'origine du Comité central. Son premier signe de vie fut cette affiche rouge placardée à la fin de décembre et demandant la mise en accusation des membres du gouvernement de la défense nationale. Les signataires de cette affiche, à très-peu d'exceptions près, se sont plus tard rencontrés à la Commune.

Des réélections partielles eurent lieu, la plus importante au commencement de février. Ces réélections étaient occultement provoquées par l'Internationale, qui élimina peu à peu tous les membres qui ne lui étaient pas affiliés. Les échauffourées des 22 et 29 janvier furent le fait de quelques membres du Comité, mais tout personnellement, la majorité n'ayant pas consenti à ces deux mouvements.

La responsabilité de l'insurrection du 18 mars incombe tout entière au Comité central. Elle fut savamment et patiemment préparée de longue main. L'inertie du gouvernement, qui abandonnait aux Prussiens entrant dans Paris l'artillerie de la garde nationale parquée sur la place Wagram, mit entre les mains des conspirateurs plus de cent cinquante canons qu'ils ne voulurent plus restituer. La reprise de ces canons placés à Montmartre fut le signal de la révolution qui eut ainsi deux prétextes au lieu d'un : la défense des canons de la garde nationale, et la revendication des libertés municipales que contestait l'assemblée.

L'émeute fut favorisée par l'irritation de la population parisienne contre un gouvernement formé des épaves de celui qui avait amené la ville à une capitulation et aussi par l'incroyable légéreté avec laquelle fut tentée cette reprise des canons. Après quelques coups de fusil tirés à Montmartre, la défection de deux régiments de ligne amena le triomphe des fédérés — c'est le nom qu'ils prirent de suite. — Le 19 mars, le gouvernement avait évacué Paris laissant derrière lui quelques proclamations, mais ni ordres ni chefs pour les bataillons qui ne voulaient pas obéir à l'insurrection.

Le Comité central, qui avait siégé successivement au Vauxhall, avenue Trudaine et place de la Corderie, vint alors s'établir à l'Hôtel de ville. Comme nous l'avons dit, il eut un moment d'effroi et consentit à transiger avec Versailles par l'entremise des députés et des maires de Paris. Mais, se ravisant bientôt, il manqua à sa parole et convoqua les Parisiens à l'élection de la Commune. Ce n'était qu'un adroit subterfuge destiné à donner à ses membres la consécration de l'élection, car lesdits membres espéraient passer en masse. Les élections du 26 mars furent pour le Comité central une déroute qui lui enleva le pouvoir. L'intrusion des journalistes et orateurs de clubs fit échec aux partisans de l'Internationale, qui, pour garder la haute main dans la révolution, reconstitua le Comité central par de nouvelles élections.

Les membres du Comité central étaient au nombre de trente-cinq, le 26 mars. Au mois de mai, après les réélections, ce nombre fut porté à trente-neuf. Des trente-cinq premiers, quatorze seulement furent élus membres de la Commune. Les autres n'en ont pas moins joué un rôle important comme instigateurs de la révolution et nous avons consacré une notice à chacun. Quant à ceux qui furent nommés aux réélections de la fin d'avril, la plupart sont complétement inconnus. Aussi n'avons-nous fait que la biographie de ceux qui se sont acquis une notoriété en dehors de leurs agissements au Comité central.

Du reste, à titre de renseignement, voici leurs noms à tous : Bouis, Barroud, Chouteau, Fabre, Gaudier, Gouhier, Grêlier, Lavalette, Moreau, Pougeret, Prud'homme et Rousseau, qui avaient fait partie du premier, Audoynaud, Avoine, Bisson, Bonnefoy, Boullenger, Brin, Chateau, Drevet, Geoffroy, Hanser, Husson, Lacord, Lacorre, Lagarde, Larocque, Levêque, Marceau, Maréchal, Millet, Navarre, Ouzelot, Patris, Piat, Soudry, Thiersonnier, Tournois et Valatz, qui étaient nouveaux sur la scène communeuse.

Le nombre des élus à la Commune, le 26 mars, fut de quatre-vingt-cinq, vingt d'entre eux refusèrent de siéger ou donnèrent leur démission après quelques séances. Blanqui, prisonnier, ne put venir à Paris, Duval et Flourens furent tués huit jours après; si bien que, par suite de double élection, de démission, d'empêchement et de mort, il se trouva vingt-huit membres à renommer. Convoqués de nouveau le 16 avril, les Parisiens par de très-nombreuses abstentions témoignèrent de leur dégoût pour la Commune. Vingt candidats seulement obtinrent non pas la majorité voulue, mais un nombre de voix à peine suffisant pour ne pas être ridicule. Deux des nouveaux élus, Briosne et Rogeard, ne considérant point leur élection comme valable, refusèrent de siéger. Quant à Menotti Garibaldi, qui obtint plus de six mille voix, on n'entendit jamais parler de lui.

La Commune ne compta donc jamais plus de soixante-dix-neuf membres présents. C'est de ces hommes que nous avons essayé de tracer aussi exactement que possible la biographie et le portrait.

En dehors de ces deux groupes, la Commune et le Comité central, quelques hommes se sont taillé une triste réputation en trempant dans l'insurrection soit comme soldats, soit comme journalistes, soit comme fonctionnaires. On trouvera la biographie de chacun de ces hommes sous l'une des trois rubriques : *les Officiers de la Commune*; *les Journalistes ayant soutenu la Commune*; *les Fonctionnaires et Délégués de la Commune*.

LES MEMBRES
DE LA COMMUNE

LES MEMBRES
DE
LA COMMUNE

ALLIX.

A monomanie fut constante chez Allix, quoique changeant parfois d'objet. Cette déviation des facultés se porta d'abord sur la physique universelle, puis sur les escargots sympathiques, enfin sur un plan de barricades. La physique universelle tomba dans l'immoral et lui valut une défense de professer; les escargots sympathiques lui attirèrent l'estime

de M. de Girardin et les risées de tout le monde ; le plan de barricades l'amena devant un tribunal de l'Empire.

Il avait rêvé de partager Paris en trois zones ayant chacune un système de défense particulier. Des conspirateurs s'emparèrent du projet du brave homme, qui se trouva impliqué dans le complot de l'Hippodrome, en 1853.

C'était pour la première fois qu'on s'occupait de cet excentrique. On apprit alors qu'il était né à Fontenay, en Vendée, en 1818 ; qu'il s'était porté à la députation dans son pays natal en 1848, — chose qui n'avait fait nul bruit ; — qu'il avait été compromis dans les journées de Juin ; qu'il avait pu détourner les soupçons et n'être point poursuivi.

Sa tenue et ses paroles excitèrent maintes fois le rire des juges. Il déclara avoir conspiré contre l'Empire parce qu'on avait parlé de raser la butte Montmartre et qu'il voulait parer ce malheur. Il dit, en outre, enseigner — on ne sait au juste quoi — le français, la physique toujours universelle, la manière de se servir des escargots ou celle de faire des barricades ; — mais il ne souffrit point qu'on l'appelât professeur. « Mais vous enseignez, lui dit le président. — J'étudie et j'enseigne, répondit Allix. — Vous avez donc des élèves? — Non, j'ai des disciples », repartit ce maniaque.

Il fut condamné à huit années de bannissement qu'il passa nous ne savons où. Nous retrouvons ses traces, en 1867, dans une maison d'aliénés où l'altération de ses facultés l'avait fait enfermer. Il se mêla des élections de 1869 et soutint la candidature de d'Althon-Shée. On le vit pérorer avec une pompeuse emphase de pontife; dire, avec l'assurance d'être infaillible, les plus grosses absurdités et faire échec par le grotesque de sa conduite justement à la candidature qu'il défendait.

Il se trouva dans le 8e arrondissement 2,028 électeurs méprisant assez la Commune pour y envoyer ce revenant de Charenton. Allix y fut ce qu'il avait toujours été : bavard, approchant constamment de la folie par ses actes et ses paroles baroques, jamais assez pourtant pour en être convaincu.

Affreusement myope, il avait constamment un lorgnon à la main et le braquait insolemment — mais sans malice — sur ses collègues. Il préparait ses discours, les prononçait en chambre avant de les dire à la Commune, portait de longs cheveux grisonnants déjà, rejetait la tête en arrière et demandait la parole comme un homme à la voix duquel tout doit faire silence. Ces façons despotiques ne laissaient pas que d'ennuyer ses confrères; Allix était, certes, bien moins sympathique que ses escargots et ce fut avec plaisir qu'on profita d'une bonne occasion pour s'en débarrasser.

Le délégué à la police avait fait mettre les scellés sur la mairie de Montrouge, — mairie d'Allix; — Allix rompit les scellés et entra dans la mairie. Rigault furieux courut à la Commune et s'écria : « C'est étourderie, crime ou folie. » La Commune, sur les antécédents d'Allix, jugea que c'était folie et l'envoya dans une maison de santé où le gouvernement a ordonné son maintien.

AMOUROUX.

MOUROUX jouissait d'une assez grande popularité acquise par ses violences dans les clubs, ses condamnations et ses emprisonnements, mais il n'eut jamais assez d'intelligence, jamais assez d'instruction pour avoir ni relief ni originalité.

C'est un des profils les plus effacés de la Commune. Il ne fut qu'une grosse nullité loquace, hardie et tapageuse, n'ayant qu'une grande activité pour toute qualité.

Esprit étroit et borné, chapelier de profession et chapelier de nature, il n'eut ni une ligne de conduite bien nette ni un système politique bien décidé. Ayant peu de goût pour le travail, il préféra se créer une position dans la politique, fréquenta les réunions publiques et, pour se faire écouter de son public, se mit à tonner contre le gouvernement. Bientôt remarqué par ses discours audacieux, il fut recherché comme président ou assesseur de bureau dans les réunions publiques de la période électorale de 1869 et parvint ainsi à une véritable célébrité faubourienne.

Il subit quatre condamnations successives pour insulte à l'empereur, pour excitation au mépris du gouvernement, pour refus de dissoudre une réunion. Menacé d'une cinquième condamnation et dégoûté de Sainte-Pélagie, Amouroux s'enfuit en Belgique et s'établit à Bruxelles au commencement de 1870.

Là il se lia avec des membres de l'Internationale, que les poursuites exercées contre l'association, en France, en avait chassés et s'empressa d'adhérer à la société. Il revint en France après l'amnistie, ne suivit qu'avec indifférence le mouvement de l'Internationale dont il devinait peu le but, fit partie des compagnies de marche pendant le siége, obtint une mention de bravoure dans le *Rappel*, et se porta candidat aux élections du 8 février. Il n'obtint que les 28,777 voix que lui donnèrent ses anciens auditeurs des réunions et quelques internationaux.

Nommé aux élections du 26 mars par 8,150 voix dans le 4ᵉ arrondissement, il porta à la Commune ce caractère violent et inintelligent qui avait fait son succès dans les réunions. Il déclara qu'à son avis, un seul journal devait paraître : l'*Officiel*.— Il était joli alors l'*Officiel !* Il lançait de temps en temps quelques grosses phrases sonores : « Nous sommes en révolution, agissons en révolutionnaires ». « N'ayons pas peur des mots », dit-il, en votant pour le Comité de salut public. Le 17 mai, dans cette fameuse séance où l'atroce Urbain demanda que dix otages soient fusillés chaque jour, Amouroux appuya la proposition. « Je suis d'avis, dit-il, qu'on use de représailles. » Il fit partie du tribunal qui condamna Thiébault à mort aux Hautes-Bruyères. C'est lui qui proposa de donner 600 francs aux femmes — légitimes ou non — des gardes nationaux tués au combat.

Nommé secrétaire pour les séances, son ignorance l'obligea de se faire adjoindre un cosecrétaire. Il savait un peu lire, mais n'écrivait qu'à grand'peine. Antoine Arnaud l'aida d'abord, puis ce fut Vésinier. Amouroux fut pendant quelque temps délégué aux relations extérieures à la suite du remaniement des commissions, le 21 avril, sans quitter pour cela son secrétariat *très-honoraire*.

Il fit partie de la délégation envoyée pour proclamer la Commune à Marseille, à la fin de mars.

On le dit tué.

ANDRIEU.

Un bonhomme à la tournure lourde; un corps épais; une tête aux cheveux d'un blond filasse, aux mâchoires fortes plantées de dents jaunes, aux joues blafardes et glabres; n'ayant qu'un œil et n'y voyant pas plus clair pour cela. Type de vieux chef de bureau, mal mis, mal coiffé, mal chaussé, et toujours pauvrement, même aux plus beaux temps de sa splendeur. Il avait cinquante ans.

Employé à l'Hôtel de ville sous l'Empire, encore employé sous le gouvernement du 4 septembre, toujours employé même sous la Commune, — mais en grand cette fois. Il avait vécu avec ses cartons, il voulut les garder; il avait expédié des pièces administratives, il se fit administrateur. Il fit peu de bruit quoique parlant beaucoup, crécelle à laquelle on s'accoutuma à la Commune; resta tranquille et doux comme auparavant, marchant dans son ornière, ayant rêvé des réformes dans l'administration et s'y confinant.

Il fit plusieurs métiers avant de tomber à l'Hôtel de ville; fut d'abord professeur, puis fit de l'histoire : on cite son *Histoire du moyen âge* comme un livre de valeur; il essaya ensuite du journalisme, mais sa lourde prose fit crever d'indigestion la *causerie* qui l'avait absorbée. Andrieu dut renoncer à écrire. C'est au second tour de scrutin, le 16 avril, que la Commune fit cette indigeste acquisition; il se trouva 1,836 électeurs pour le nommer dans le 1er arrondissement.

Il était depuis les derniers jours de mars chef du personnel de l'Hôtel de ville, il fit ensuite partie de la délégation aux travaux publics, puis de la commission exécutive; on le chargea même de l'exécution du décret ordonnant la démolition de la maison de M. Thiers, mais il laissa faire Fontaine et resta toujours chef de bureau, au milieu de ses chères paperasses, dans sa bien-aimée bureaucratie.

Il contre-signa l'arrêté réquisitionnant le pétrole et signa le manifeste de la minorité.

Voici la plus belle partie du plus beau discours qu'il ait — de son propre aveu — fait en sa vie. C'était le 28 avril :

« Non-seulement nous ne sommes pas des insurgés, dit-il, mais nous sommes plus que des belligérants, nous sommes des juges. Eh bien, je crois qu'il y aurait un grand danger à réclamer un titre inférieur à notre qualité véritable. »

Dans quel carton trouvera-t-on caché ce juge ?

ANTOINE ARNAUD.

ANTOINE Arnaud paraissait avoir de quarante à quarante-cinq ans. C'était un personnage bizarre, du genre d'Allix, un peu plus raisonnable, un peu plus sérieux. Il marchait gravement, la figure impas-

sible, le regard voilé par une paire de lunettes qui lui surplombait constamment le nez. Il s'occupa beaucoup de magnétisme et, comme Allix, se croyait infaillible. Il parlait peu et scandait ses paroles — toujours gravement. Quand il parlait, une vague ressemblance avec une pythonisse. Malheur à qui ne le croyait point!

Il est, croyons-nous, de Limoges, et y fut longtemps employé du chemin de fer. Certaines opérations d'une probité fort louche firent congédier Antoine Arnaud. Il vint à Paris, fut reçu à la *Marseillaise* et se vengea de la Compagnie en entreprenant contre elle, dans le journal, une campagne assez remarquée. Plus tard, lorsque l'émeute du 18 mars l'eut amené au pouvoir, il acheva sa vengeance en faisant arrêter l'inspecteur de la ligne des chemins de fer de Paris à Lyon.

C'est dans son passage à la *Marseillaise*, qui était ouvertement le journal de l'Internationale, qu'il s'affilia à l'Association, dont il devint peu à peu l'un des chefs les plus actifs et l'un des membres les plus influents. Il aida puissamment Johannard, Varlin, Malon et Tolain dans la restauration, pendant le siége, de l'Internationale à demi dissoute sous l'Empire, et présida lui-même une section.

Nommé au Comité central, comme la plupart de ses confrères internationaux, son nom ne parut que le 20 mars sur les affiches. Il fut nommé à la Commune par 8,679 voix, dans le 3ᵉ arrondissement. A la Commune se dessina nettement son caractère roide, sournois, mais fanatique. Sans parler, sans motiver son vote, il vota toujours pour les plus violentes propositions. Il s'opposa à ce qu'on observât la loi pour les élections complémentaires; il appuya fortement la proposition Miot relative au Comité de salut public.

Il fut d'abord délégué à l'intérieur avec Vaillant, par le Comité central, puis il fut nommé secrétaire des séances de la Commune. Il fut plus tard remplacé par Vésinier. On le nomma, le 24 avril, délégué aux relations extérieures, puis encore, au commencement de mai, membre du Comité de salut public. Son attitude farouche et révolutionnaire le firent réélire une seconde fois, le 9 mai, au Comité de salut public. Il en signa les affiches jusqu'au 22.

Il fut sans doute empêché, tué ou pris; peut-être eut-il des remords; en tout cas, son nom ne paraît point dans les affiches des derniers jours, celles justement qui prescrivaient l'incendie de Paris.

ARNOLD.

RNOLD n'était pas précisément la délicatesse en personne. Quoiqu'il n'eût que trente ans, sa vie était déjà surchargée de mille petites vilenies à son arrivée à la Commune : digne fin pour une si louche existence! Doué d'une grande intelligence et d'une heureuse mémoire, il profita largement du peu d'éducation que ses parents purent lui donner et obtint du conseil général du Nord, son département natal, une bourse à l'École des beaux-arts de Lille.

Après plusieurs années d'étude, il concourut pour le grand prix d'architecture de Rome et échoua. Il travaillait alors dans l'atelier d'un architecte qui n'eut pas toujours à se louer de ses procédés. Il fut quelque temps après nommé sous-inspecteur des travaux de Paris, et vint s'y établir. Il concourut de nouveau, en 1869, avec quelques-uns de ses camarades pour la construction d'un édifice à Lille ; ayant échoué encore, il dénigra ses concurrents par toutes les calomnies possibles.

Tel est l'homme : intelligent, mais d'une intelligence peu cultivée, ayant des notions incomplètes et conséquemment fausses aussi bien en politique qu'en son art. De plus, envieux, haineux, vindicatif, taillé pour faire un international, ce qui ne manqua pas d'arriver, hautain et très-arrogant.

A tant d'excellentes qualités réunies Arnold joignait une ambition démesurée qui le jeta dans les intrigues où son esprit délié se complaisait. Incorporé dans le 64º bataillon de la garde nationale pendant le siége, il déploya toutes les ressources de son génie pour être nommé officier, harangua sa compagnie, fit de la propagande internationale, de l'opposition au gouvernement, le tout en vain, et resta simple sergent-major.

Après la capitulation, nombre d'officiers donnèrent leur démission ; Arnold put enfin se faire nommer commandant. Il était déjà depuis quelque temps membre du Comité central. Il joua un assez grand rôle dans la journée du 18 mars et parut sur la butte Montmartre à la tête de son bataillon.

Il échoua aux premières élections, mais fut nommé aux secondes dans le 18º arrondissement par 5,402 voix. Cette tardive nomination lui empêcha de jamais avoir une grande notoriété parmi ses collègues; aussi délaissa-t-il la Commune et s'occupa-t-il spécialement du Comité central dont Andignoux et lui étaient les chefs réels. Toujours intrigant et toujours ambitieux, il fut un de ceux qui proposèrent au comité central de s'aider de Rossel et de renverser la Commune, que l'on ne trouvait point assez révolutionnaire. Le projet n'ayant point eu d'exécution, Arnold attaqua alors Rossel, à la fois à la Commune et au Comité central, et ne contribua pas peu à le renverser.

Ses agissements peu connus, quoique surveillés, le rendaient suspect à la Commune, où il n'entra jamais dans aucune commission, dans aucun comité. Il combattit le Comité de salut public dont il craignait l'influence vis-à-vis du Comité central, mais n'adhéra point au manifeste de la minorité. Il prenait rarement la parole dans les séances; cependant le 18 mai il demanda que chaque membre de la Commune suivît son bataillon de marche quand il sortirait de Paris.

Arnold était grand lecteur du *Siècle* et y puisait les sujets aussi bien que le français de ses discours. Il se démenait comme un diable dans la tribune, frappait du poing d'une façon formidable, se mettait en colère et parvenait ainsi à intimider ses collègues.

Il est prisonnier.

ARTHUR ARNOULD.

Cet homme que l'opinion publique — même après les crimes de la Commune — considère toujours comme un honnête homme, est un triste exemple de la turpitude où peuvent mener graduellement l'opposition systématique et la politique absolue. D'une intelligence remarquable et cultivée, d'un esprit fin et élégant, d'une tournure, certes, plus aristocratique que communeuse, Arnould était évidemment fourvoyé au milieu de cet hétéroclite salmis d'êtres aussi nuls que loquaces, de rêveurs aussi absurdes qu'intolérants, de fainéants de toutes classes déguenillés encore et braillant haut pour cacher le vide de leurs discours.

C'est le sentiment — mauvais guide en politique — bien plus que la conviction qui en firent un républicain radical, puis un socialiste. D'abord secrétaire de rédaction à la *Revue nationale* et rédacteur à la *Revue moderne*, il publia des études sur différents auteurs, notamment sur Poe, qui prouvent un réel talent de critique et une solide instruction. Il débuta en politique dans l'*Opinion nationale* et dans l'*Époque*, où il subit sa première condamnation pour un article assez anodin.

Jusqu'alors Arnould s'était montré d'un républicanisme très-modéré; il publia ensuite un pamphlet : *La Foire aux sottises*, qui lui valut quelques nouvelles poursuites et le jeta tout de suite dans le radicalisme. Qu'on observe que, sous l'Empire, l'opposition pour la plupart des fougueux pamphlétaires était bien plus une question de personnalité qu'une question de principes. A propos de rien la police impériale les avaient taquinés; ils s'en vengeaient en critiquant à outrance, acceptant une lutte inégale qui devait fatalement — la rage du vaincu aidant — les porter aux dernières extrémités.

Ainsi fit Arnould. Modéré, on le poursuivit; il devint radical, on le poursuivit de plus belle; il se fit socialiste, et dès lors la sixième chambre fut constamment occupée de lui. Dans la *Presse libre*, il fut hautement républicain; dans le *Rappel*, il s'afficha comme radical; dans la *Marseillaise*, il en vint au dernier degré de l'opposition militante, — à l'injure. Il fut condamné.

C'est ainsi que, sans avoir un tempérament révolutionnaire, sans avoir des principes assez nettement définis pour souffrir pour eux les amendes et la prison, Arnould, entraîné par la rancune, se trouva trop avancé pour pouvoir reculer lorsque la tourbe le désigna comme un des *bons*. Par amour-propre il ne voulut point paraître subir le despotisme impérial et s'arrêter à cause de lui ; il tomba dans l'excès contraire et subit le despotisme populacier qui le traîna jusqu'à l'Hôtel de ville.

Pendant les premiers jours de septembre, il collabora au *Journal du Peuple*, qu'il avait fondé avec Louis Noir et quelques autres rédacteurs de la *Marseillaise*. Il écrivit ensuite dans l'*Avant-Garde* et fut, aux élections de novembre 1870, nommé adjoint dans le 4ᵉ arrondissement.

Occupé de sa mairie on ne le voit plus reparaître de longtemps. Le 26 mars, 8,608 électeurs de son arrondissement le nommèrent membre de la Commune.

Partisan convaincu de la révolution du 18 mars — mais faite en vue des libertés municipales — Arnould ne pouvait être d'accord avec ces ambitieux qui n'avaient vu dans ces mêmes libertés qu'un prétexte pour saisir le pouvoir et s'installer sans encombre. Ses amis pensaient qu'il allait, à la suite de Ranc et de Parent, ses camarades, donner sa démission. Ils l'en supplièrent. Arnould resta. Son passé le liait irrévocablement: une protestation imprudente contre les démissionnaires, un peu d'amour-propre et son aveuglement sur les fins que se proposait la Commune le retinrent.

Il resta, triste Alceste, placé à la droite cette fois; protestant toujours; ayant la bonhomie de prendre au sérieux les incartades des jeunes écervelés, ses collègues, et de les réfuter de bonne foi; à la fin ennuyeux à tous, ennuyé par tous, traité d'aristocrate à cause de sa mise soignée et de réactionnaire à cause de ses protestations.

La Commune, de composition si diverse, fut si unanime dans ses coupables desseins, et Arnould fut si isolé qu'à la fin sa position n'était point sans danger. Sa faute est de ne pas avoir donné sa démission, mais elle semble bien rachetée par le courage et l'honnêteté avec lesquels il accomplit le mandat qu'il avait accepté.

« Je demande l'observation stricte de la loi », disait-il, un jour. « Je trouve prodigieux qu'on parle toujours d'arrêter pour l'expression d'une opinion », disait-il un autre. « Nous sommes avant tout d'honnêtes gens », cria-t-il à propos de Pilotell. Il demanda que les séances fussent aussi publiques que possible, que les rapports militaires fussent affichés, et que le secret fût supprimé. « C'est immoral », dit-il. La Commune peu à peu s'habitua à ce saint Jean prêchant dans le désert, et, sans l'écouter, le laissa parler comme les Troyens firent pour Cassandre. Il fut l'un des signataires du manifeste de la minorité, manifeste qu'il avait provoqué.

Il fut, le 29 mars, nommé délégué aux relations extérieures et, le 21 avril, délégué aux subsistances.

Arthur Arnould est le fils d'un professeur au Collége de France. Il est né vers 1824. C'était un homme de taille petite mais bien prise, et se dandinant constamment. Il avait la tête grosse et portait les cheveux longs et rejetés derrière les oreilles. Sa figure était douce et intelligente, rendue sévère par un beau front très-développé. Il avait la parole facile, mais zézayait un peu.

On ignore encore ce qu'il est devenu.

ASSI.

Assi était mécanicien-ajusteur. Tous les chefs de l'Internationale ont ainsi un métier dont ils se font une espèce de titre auprès des classes ouvrières, bien que leurs intrigues et leurs pérégrinations sans nombre ne leur aient jamais permis de faire œuvre de leurs dix doigts.

On ne sait au juste où il est né : les uns disent à Brême, d'autres en Italie; ce qui est certain, c'est qu'il s'engagea à l'âge de dix-sept ans. Voici dans quelles circonstances il aurait quitté son régiment : il se trouvait à Boulogne, sergent-fourrier, faisant fonction de sergent-major. A la fin d'un trimestre, les décomptes et le sergent-major disparurent à la fois; Assi, très-remuant de caractère, avait jeté le sac aux orties et passé en Angleterre. D'Angleterre il alla en Suisse, où il resta deux ans. Il a raconté lui-même dans une autobiographie cette désertion avec quelques variantes toutes en sa faveur.

Revenu en France après l'amnistie du 15

août 1869, il erra quelque temps, puis s'établit au Creuzot. Il sut habilement profiter des germes de mécontentement qui existaient entre les ouvriers et leur patron, organisa des réunions, fit circuler des programmes de l'Internationale, et en moins d'un mois indisciplina cinq mille ouvriers, leur donna un mot d'ordre et fit éclater l'une des plus formidables grèves qu'on ait encore vues : la grève du Creuzot, dont chacun se souvient.

Il échappa d'abord à toutes les recherches de la justice, et parut un moment à la grève d'Anzin. Le mystère qui entourait cet homme si jeune encore, cette apparition subite sur le théâtre d'une seconde grève, en firent une sorte de personnage que la rumeur publique mêla à tous les mouvements ouvriers qui eurent lieu depuis.

Traduit devant la haute cour de Blois, on ne put se procurer des preuves suffisantes de son affiliation à l'Internationale. Il fut relâché et retourna en Angleterre.

Après les batailles de Reichshoffen et de Forbach, le Conseil fédéral de Londres vit chanceler l'Empire et lâcha des émissaires chargés de répandre ses doctrines à l'abri du trouble causé par nos défaites. Assi fut du nombre. Il arriva à Paris quelques jours avant le 4 septembre, ne prit aucune part à la révolution, et, avec l'autorisation du gouvernement de la défense nationale, s'occupa de réorganiser dans Paris les sections de l'Internationale.

On sait que, voyant le discrédit dans lequel ses fautes jetaient le gouvernement, l'Internationale conçut le dessein de le renverser et d'installer ses hommes au pouvoir. Ce dessein échoua au 31 octobre. Assi, quoique officier de la garde nationale, peu courageux du reste, ne joua qu'un rôle très-effacé dans ce coup de main, et ne fut pas inquiété.

Le 22 janvier, averti de l'échauffourée que tentèrent quelques internationaux isolés, il se trouvait en bourgeois sur la place de l'Hôtel-de-Ville, mais s'y tint dans une prudente tranquillité.

C'est vers cette époque que le Comité central de la garde nationale, nommé sous l'émotion de la bataille de Champigny, le 7 décembre, et dans l'unique but de résister aux Prussiens, se transforma par de nouvelles élections et prit un caractère politique qu'il n'avait pas eu jusqu'alors. Assi en fut membre et plus tard président.

Assi était le membre du Comité central le plus

connu. Cette notoriété lui fit attribuer une influence qu'il n'eut jamais. Comme la Commune, le Comité central était composé d'individualités trop ambitieuses, trop jalouses pour avoir jamais aucune cohésion et souffrir une suprématie quelconque.

Avec Andignoux et Moreau, il s'opposa à la reddition des canons, dans une séance fameuse où Henry, Duval, Bergeret, Eudes et Ganier furent nommés généraux.

Le 19 mars, le Comité central se transporta à l'Hôtel de ville et la présidence en fut conservée à Assi, qui la garda jusqu'au 29. Il combattit la motion relative à la répression des arrondissements restés fidèles à l'insurrection.

« La liberté, c'est notre légalité », dit-il. Il conseilla de décliner la responsabilité de l'assassinat de Clément Thomas, mais d'en accepter les conséquences. Plus tard il s'opposa aux négociations, dénigra les propositions de conciliation apportées par la municipalité du 2ᵉ arrondissement, dans la séance du 24 mars, et, se laissant aller à sa belle humeur, traita les ministres de canailles et les députés de féroces imbéciles.

Il fut nommé le troisième dans le 11ᵉ arrondissement, par 19,890 voix, aux élections du

26 mars. Ce fut un des signataires de la proposition des dix commissions à nommer pour diriger les affaires. Il fit partie de la commission de sûreté générale. Dans les premiers jours d'avril, Paris étonné apprit que celui qu'on regardait comme l'âme de l'insurrection venait d'être incarcéré. Ce fut une menée du parti Delescluze, Pyat et Cie, qui, redoutant l'influence qu'aurait pu avoir le fameux gréviste, le fit emprisonner sous l'inculpation de communication avec Versailles, inculpation fondée sur la remise des comptes rendus des séances alors secrètes faite à un journal réactionnaire.

Assi fut relâché quinze jours après, et s'effaça dès lors complétement. Il se trouvait à l'École militaire le 23 mai, en uniforme de colonel et suivi d'un nombreux état-major. Il se laissa prendre sans résistance et fut mené à Versailles.

Assi a maintenant trente-deux ans. Il est d'un type méridional, brun, svelte et de taille moyenne. Il est joli et a eu de nombreuses aventures galantes qui lui valurent l'inimitié des puritains Delescluze et Chouteau et du fameux Billioray, ni puritain ni vieux, mais qui faisait l'ermite. Comme la plupart de ses collègues, il vivait à peu près chez sa maîtresse, place de la Corderie.

On a beaucoup exagéré le talent de cet homme. Il est très-intelligent, faculté qui n'implique nullement l'aptitude aux affaires, très-enthousiaste, et se donne corps et âme à l'idée qui le tient. Mais il est changeant et ne garde jamais longtemps le même dessein. Il n'a reçu qu'une instruction très-élémentaire. On a publié de lui quelques lettres émaillées de barbarismes. Ces sauveurs de la France ne savaient pas le français.

AVRIAL.

AVRIAL jouissait d'une fortune — assez médiocre, il est vrai — mais pouvant lui permettre de ne point travailler. C'est un des rares internationaux que la paresse n'a point poussés à l'intrigue et plus tard à la Commune. Il agissait de bonne foi, fermement convaincu de la nécessité d'une révolution sociale et la préparant avec cette persévérance fanatique qui caractérise les hommes bornés.

Si l'égarement politique a pu le mener au crime, il fut du moins honnête dans son intérieur. De petite taille, brun, la figure coupée par une moustache cirée et démesurée, la physionomie sympathique, peu ouverte cependant : tel est l'homme. Il était quelque peu enclin à l'ivrognerie, et il arriva quelquefois à la Commune lesté de plus d'un verre de vermouth qu'il n'eût fallu. Il avait, lui aussi, un penchant au mysticisme et parlait des femmes avec une singulière vénération.

Il est né en 1840, dans la Haute-Garonne, à Revel. Il apprit le métier de mécanicien. Engagé à dix-neuf ans, il passa une partie de son congé en Afrique, puis vint à Paris, y quitta le service et y travailla de son métier. Il fut compromis dans les affaires de juin 1869 et condamné à quelques mois de prison. Il avait de bonne heure manifesté des tendances radicales, et entra dans l'Internationale au mois d'août de la même année. Sa bonne tenue, sa fortune et le besoin d'action qu'il éprouvait lui assurèrent bientôt une grande notoriété au milieu des internationaux. Il prit une part active avec Drouchon et Theisz à la formation du conseil fédéral de Paris, destiné à servir de trait d'union entre les différentes sections ; il en fut même président pendant quelque temps. Il signa le manifeste de l'Internationale, protestant contre les événements d'Aubin, fut assesseur dans la grande réunion internationale du

19 avril 1870 et présida la chambre syndicale de sa corporation. Il faisait encore partie du bureau de la section de l'Internationale parisienne, nommée *Cercle d'études sociales.*

Impliqué dans le procès de Blois, il y fit une défense très-digne et qui, prononcée avec conviction, produisit le plus grand effet. C'est alors qu'il dit : « On veut détruire l'Internationale, on n'y parviendra pas. L'Internationale, c'est la grande masse ouvrière qui revendique ses droits. » Nous avons vu de quelle façon ! Avrial lui-même ne savait point non plus, sans doute, comment cette masse ouvrière s'y prendrait.

Condamné à deux mois de prison et à 25 francs d'amende, mais délivré par la révolution du 4 septembre, il revint à Paris, fut nommé membre de la municipalité du 11ᵉ arrondissement, puis chef de bataillon du 66ᵉ et fut révoqué après le 31 octobre, où il ne joua cependant qu'un rôle tout passif.

Son nom ne paraît point dans les affiches du Comité central ; il assista cependant à quelques séances, à la Corderie, et organisa dès le 19 mars les différents services de l'Hôtel de ville. Il fut, le 26 mars, nommé dans le 11ᵉ arrondissement par 16,193 voix, fut désigné comme chef de la légion de son arrondissement et se battit à Meudon avec le général Eudes.

Plus tard ayant demandé qu'il y ait incompatibilité entre le titre de membre de la Commune et celui de chef de légion, il donna sa démission de chef de la 11ᵉ légion et fut d'abord, le 29 mars, nommé délégué à la commission du travail et de l'échange, puis, le 21 avril, délégué à la commission de la guerre. Il parla souvent et prit une grande part à la discussion relative au mont-de-piété. Plus tard, nommé directeur général de l'artillerie, il fut très-occupé par ce service, qui était dans le désordre le plus complet.

Il prit part à la lutte contre l'armée, reprit le commandement de son bataillon à la dernière heure et fut tué, s'il faut en croire sa femme et la rumeur publique, sur une barricade du Château-d'Eau.

BABICK.

n eût dû l'envoyer à Charenton, les électeurs du 10ᵉ arrondissement l'envoyèrent à la Commune. Il avait quelque peu inventé une religion, mais la chose ne

rapportant guère, il abandonna Dieu et se tourna vers les hommes. De là son apparition sur la scène politique.

On ne sait au juste de quelle pagode sort ce *fakir* étrange. D'une parfumerie, paraît-il. On le dit Polonais, appelé Babicki de son vrai nom. La religion susdite était la religion *fusionienne*. Une lettre aussi incroyable qu'incompréhensible, publiée par les journaux et datée de Paris-Jérusalem, montre à quel degré d'aliénation mentale le pauvre homme tomba dans ses exercices sacerdotaux.

Sa conduite ne fut pas plus raisonnable à la Commune que dans le monde. Sombre et fatal comme Arnold, poseur et inspiré comme Allix, il se montra plus saltimbanque encore que tous les deux, arrivant à la tribune treillagé d'écharpes omnicolores, croisées et recroisées.

Il fit partie du Comité central, aida Cremer à se dépétrer de l'insurrection, proposa d'ôter la solde aux gardes nationaux qui n'obéissaient pas au Comité et demanda que les membres de la Commune fussent inviolables comme les députés. Nommé, comme nous l'avons dit, dans le 10ᵉ arrondissement par 10,738 voix, il fit d'abord partie de la commission de justice, puis, sur sa demande, passa à la commission des services publics, où il resta enfoui à la grande joie de ses collègues.

Ayant la spécialité des oraisons funèbres, il fut délégué à l'enterrement de Pierre Leroux. Il y fit un long discours, levant les bras en l'air, secouant ses longs cheveux gris, agitant son képi et terminant ainsi :

« Adieu, Pierre, t'as été pour le peuple, c'est ça : ainsi soit-il. »

Il se montra quelquefois sévère sans pouvoir être méchant, trop rêveur, trop nuageux pour cela. Il traita Pyat de traître à propos de sa démission et ne perdit point l'occasion d'être prophétique en votant contre le Comité de salut public, parce que la Commune, n'étant pas en danger, n'en avait pas besoin. « Elle se sauvera toute seule », cria-t-il. Il ne signa pourtant point le manifeste de la minorité.

Parfumeur de la rue de Nemours et enfant du règne de Dieu, — ce sont les titres qu'il prenait, — Babick allait converser avec Enfantin auprès de son tombeau, se passionnait pour la Vierge et entretenait une mystique correspondance avec Allix. On a trouvé chez lui d'incompréhensibles papiers écrits dans un jargon mystique. En tête de l'un d'eux figuraient ces mots : Formule de l'évocation troisième, par le regard magnétique avec l'aide de Dieu.

Babick avait ou semblait avoir de quarante à quarante-cinq ans. Son visage d'anachorète extatique pouvait dérouter les suppositions. Quelques personnes affirmaient qu'il n'avait que vingt-cinq ans.

Il a été arrêté.

BESLAY.

Beslay était le plus âgé des membres de la Commune; il en fut aussi le plus sage. Il vint à la Commune ayant un but défini : les libertés municipales. Quand la Commune s'éloignant de ce but en vint aux violences, Beslay protesta. Quand la Commune, abandonnant tout à fait ce but, tomba dans le crime, Beslay donna sa démission.

Il ne chercha pas dans l'insurrection du 18 mars la seule satisfaction d'une ambition personnelle: il y vit la possibilité de réaliser les utopies qu'il rêvait depuis longtemps. Il se jeta dans le mouvement, essayant de l'absorber, de le diriger pour en faire sortir sinon le gouvernement désiré, du moins des chances d'avenir pour ce gouvernement.

Si ces collègues eussent accepté et suivi le programme tracé par Beslay dans son discours lors de l'ouverture de la Commune, ce programme eût rallié tous les républicains. On parlait alors de réconciliation ; les esprits fatigués, troublés, ne sachant au juste qui avait le moins tort, eussent fait des concessions et le gouvernement de Versailles se serait vu obligé de compter avec l'insurrection, car l'insurrection avait alors des défenseurs jusque dans la chambre des députés et était soutenue par un parti tout entier et par le désarroi général de l'opinion. Un compromis aurait mis fin à l'insurrection et l'aurait consacrée.

Mais Beslay ne fut pas écouté, non plus que les modérés. La Commune n'était pas une chambre cohérente et pouvant être influencée : c'était un ramassis bizarre de rêveurs ayant tous leur projet, et de gredins rapaces se souciant peu de la forme gouvernementale, âpres à la curée qu'ils sentaient ne pas devoir durer longtemps. De cette absence de cohésion vint la stérilité des discussions de la Commune et le peu d'influence personnelle qu'y obtinrent les hommes les plus capables, Beslay notamment.

Beslay est né à Dinan (Côtes-du-Nord) en 1795. Son père fut député sous trois gouvernements : l'Empire, la Restauration et la monarchie de Juillet. Beslay reçut une brillante éducation et s'appliqua de bonne heure à l'étude des sciences. Nommé ingénieur, il fut employé quelque temps aux travaux du canal de Nantes à Brest. En 1830, son emploi le retenait à Pontivy; il fut assez heureux pour y empêcher une collision entre ouvriers et fut par reconnaissance nommé député du département. Il siégea parmi la gauche, mais garda toujours une teinte prononcée de cléricalisme due sans doute à son origine bretonne.

Il ne fut pas réélu, mais fit partie du conseil général du Morbihan, puis vint s'établir à Paris et monta une fabrique de machines à vapeur dans le faubourg du Temple. Il fut nommé par la révolution de 1848 commissaire général de la République dans le Morbihan, donna sa démission et fut élu aux élections pour l'assemblée par 95.000 voix, le premier sur dix. Sa profession de foi que nous avons sous les yeux porte toujours cette nuance cléricale dont nous avons parlé.

Il vota avec la gauche modérée; en somme, fit peu de bruit. Il soutint Cavaignac, ne fit que peu d'opposition à Bonaparte, et s'abstint dans les débats relatifs à l'expédition de Rome. Il ne fut pas réélu à l'Assemblée législative et reprit à Paris la direction de son usine. Utopiste convaincu, il essaya d'appliquer ses théories socialistes à son établissement même, associa ses ouvriers et fit faillite le 31 janvier 1851. Le 30 avril suivant il obtint un concordat de ses créanciers. Il leur donna 20 pour 100 et leur fit perdre 80 pour 100 ; ce qui tendrait à prouver que Beslay n'est point tout à fait l'austère patriarche qu'on se figure, car il n'en fut point réduit à la misère pour cela et garda quelques biens.

C'est vers cette époque qu'il se lia plus intimement avec Proudhon, dont il partagea toutes les idées. Graduellement il en vint au socialisme le plus outré, ce qui le fit plus tard s'affilier à l'Internationale. On sait qu'il fut l'un des plus ardents propagateurs de cette société.

Il essaya au commencement de l'empire de monter une banque d'escompte d'après les théories proudhoniennes, mais le projet échoua. En 1867, Beslay fut nommé directeur du *Courrier français*. Il eut différents débats avec le gérant du journal, débats qui ne semblent point non plus devoir contribuer à donner haute idée de la délicatesse de M. Beslay. Une souscription avait été ouverte dans les colonnes du journal, souscription dite de la Liberté individuelle, ouverte pour payer les amendes des journalistes condamnés par l'Empire; 2,700 francs recueillis par le *Courrier français* et totalement disparus furent le sujet de la contestation. L'affaire alla jusque devant le procureur impérial, qui l'étouffa.

A la chute du journal, M. Beslay rentra pour quelque temps encore dans la vie privée et ne reparut que dans les réunions publiques qui eurent lieu pendant les derniers mois de l'Empire. Pendant le siège, les clubs retentirent souvent de ses discours contre le gouvernement de la défense nationale, et avec eux commencèrent les énormes affiches dont il couvrit les murs jusqu'à la fin de la Commune. Il s'engagea alors bravement dans le 23º de ligne, mais son grand âge l'empêcha de faire la campagne.

Il fut élu le 26 mars par 3,714 électeurs du 6º arrondissement et fut nommé président d'âge à l'ouverture de la Commune. Le discours qu'il prononça à cette occasion fut très-remarqué et fut loué à cause de sa modération et de sa sagesse, même par la presse réactionnaire. Il fut nommé membre de la commission des finances et vota contre le Comité de salut public.

Du reste il protesta contre toutes les violences et, comme Arthur Arnould, se guida dans sa conduite politique toujours d'après la plus stricte honnêteté. Il ne se considéra jamais que comme membre de la municipalité parisienne et non d'un gouvernement destiné à réagir en province, refusant de s'associer à cette folie, qui devait précipiter la chute de ses collègues en rendant toute transaction impossible.

Il fut nommé délégué à la Banque. Là, honnête à ses risques et périls, il s'opposa constamment à l'immixtion de la Commune dans l'administration de la Banque et préserva cet établissement du pillage d'abord, puis de l'incendie en obtenant que les employés y gardassent leurs armes.

Le 12 mai il apprit que des *gardes nationaux* armés cernaient la Banque; il était au lit, malade; il se leva courageusement et parvint à les éloigner. Le soir, apprenant que la Commune avait voté la destruction de l'hôtel de M. Thiers, il envoya sa démission. Il faut que justice soit rendue à cet homme : justice complète. Il ne faut laisser ignorer aucun de ses actes, d'autant plus honorables qu'il courait les plus grands dangers en les accomplissant. Il fit entre autres choses une démarche auprès du farouche Rigault pour obtenir la mise en liberté de Chaudey.

Le gouvernement de Versailles a su apprécier la dignité de cet homme, qui n'est coupable que d'avoir prêté son nom respecté de tous à une illégalité. Il a fait donner un laisser-passer à Beslay, qui doit être maintenant sorti de France. Que celui qui n'a point fui ou ne s'est point caché pendant la Commune lui jette la première pierre !

―――

BILLIORAY.

N ignora longtemps sous quelle table la Commune avait ramassé ce gredin. Était-ce un joueur de vielle qui faisait du Néron par pur rapprochement? était-ce un ancien chef de maison de prostitution qui s'était trompé de porte et était resté à l'Hôtel de ville? on ne savait au juste. C'était un rapin au nez interminable, au front déprimé, à l'œil louche, au poil rare, à la figure blêmie par la débauche : rapin qui ne put jamais faire un tableau passable, ne put jamais gagner sa vie et ne voulut jamais travailler. Misérable et méprisé, il en conçut une haine envieuse et sauvage contre la société qui le con-

spuait. Dans les tavernes et dans maints bouges plus infects, il avait couvé ce vivace sentiment de vengeance qu'on retrouve dans le cœur de tous les parias, et quand vint l'heure, quand il sentit la société sous son pied, il essaya de l'écraser. Jamais pour lui ses collègues n'étaient assez sanguinaires, jamais les mesures assez violentes ; c'est avec le regard farouche de Caligula qu'il regardait Paris, désirant l'anéantir d'un seul coup.

Ce fut un des communeux que l'ambition ne faisait point agir. Seule la rancune — jamais inassouvie — en faisait cet être venimeux qui ne s'occupa jamais de législation ni d'administration et ne demanda que du sang et des ruines.

Du reste, il chassait de race. Sa mère, fille perdue condamnée sur ses vieux jours pour avortement de jeune fille, ne sut pas lui dire qui était son père. Venue de Villefranche (Rhône) à Paris, elle y éleva son fils comme elle pouvait l'élever — dans la paresse et la débauche. Recueilli dans les ateliers de Mlle Rosa Bonheur, Billioray y fit un peu de tout, servit de modèle, broya les couleurs, puis barbouilla des ciels de tableau.

Bientôt il en vint à peinturlurer lui-même des

toiles que le jury d'exposition refusa et qui furent exposées au Salon des refusés. On cite de lui une *Sollicitude maternelle*, genre dans lequel devait nécessairement réussir ce doux agneau.

Ayant fait la connaissance d'une demoiselle Benezech, il l'enleva à ses parents, s'enferma avec elle et vécut à ses dépens, trop lâche pour travailler. Il eut de cette pauvre femme, qui pleura toute sa vie l'égarement de sa jeunesse, une petite fille, ce qui engagea M. Benezech père à laisser contracter le mariage pour légitimer l'enfant.

A partir de cette époque, la vie de Billioray fut de plus en plus ignoble : vivant des secours des parents de sa femme, infidèle, ivrogne, tapageur, courant les réunions publiques où il cherchait à se faire une célébrité. Pendant le siège, il fut l'un des orateurs les plus assidus des clubs de la rue Maison-Dieu et du théâtre Montparnasse, hurlant à la trahison, maudissant la société qui le laissait malheureux.

C'est au moment où il devint de mode d'être de l'Internationale, en octobre 1870, que Billioray s'y affilia. Il fut l'un des derniers membres nommés du Comité central et en signa les affiches au 18 mars. 6,100 électeurs du 14° arrondissement l'envoyèrent à la Commune. Sa rage le poussa à semer la méfiance parmi ses collègues; c'est lui qui disait au sortir d'une séance: « C'est pas des hommes, c'est des sénateurs! »

Il visitait parfois son arrondissement et bouleversa tout le quartier dans ses courts passages à la mairie. Il fut nommé membre du Comité de salut public en remplacement de Delescluze, qui ne voulut garder que la délégation à la guerre. La Commune, sentant venir sa dernière heure, se choisit des hommes sûrs pour exécuter les ordres qu'elle avait votés loin du danger, afin que les défaillances qui ne devaient point manquer de surgir à ce moment suprême n'y changeassent rien. Billioray fut jugé capable de ne reculer devant aucun crime; le sinistre gredin montra qu'on avait raison. Les otages fusillés, les maisons en ruine en font foi. Aujourd'hui, il est sous les verrous, enragé et lâche comme toujours; la mort lui fait peur, mais s'il tient à la vie c'est pour achever sa vengeance interrompue.

BLANCHET.

ET homme était boiteux, maigre, noir; il louchait; son bras gauche était paralysé. Venu on ne savait d'où, il était assez antipathique à ces collègues. Cependant il était si bien dans son milieu à la Commune, il parlait avec tant de violence, votait avec tant de fureur, qu'on ne pouvait vraiment lui soupçonner un blâmable passé. Notre homme, de son côté, se voyant en joyeuse compagnie, reconnaissant dans la bande des assassins, des voleurs, des faillis et des mouchards tout aussi coupables que lui, n'avait souci de rien, frappait de sa canne sur la tribune, déclarait qu'on n'était pas assez révolutionnaire et demandait qu'on terrorisât davantage.

Puis voilà qu'un beau jour la menue canaille du lieu est prise d'un retour de pudeur : on fait une enquête. Rigault, qui avait à cœur d'opérer une dizaine d'arrestations chaque jour, surveillait tout le monde du haut de ses besicles. Chacun, craignant pour son compte, désigne Blanchet. On prend Blanchet, on le questionne, on le confronte avec des délateurs. Blanchet avoue. On l'emprisonne et tous, délivrés d'une pénible obsession, crient haro sur le baudet devenu le *bouc émissaire* de ce peuple, qui n'était certes pas le peuple de Dieu.

On avait découvert que Blanchet n'était pas Blanchet, mais Pourille; qu'il avait été capucin et policier, et qu'en dernier lieu il avait liquidé sa situation par une banqueroute. Voici, du reste, le rapport lu à la Commune et contenant les aveux dudit Pourille:

« Blanchet, interpellé par le citoyen Ferré, a déclaré qu'il ne s'appelait pas Blanchet, mais bien Pourille (Stanislas).

« Pourille déclare qu'il a été secrétaire de commissaire de police à Lyon, qu'il est entré, à Brest, dans un couvent de capucins en qualité de novice vers 1860, qu'il y est resté huit ou neuf mois.

« Je partis, ajoute-t-il, en Savoie, où je rentrai dans un second couvent de capucins, à Laroche. Ceci se passait en 1862.

« Revenu à Lyon, je donnai des leçons en ville. On me proposa d'être traducteur-interprète au Palais de Justice, j'acceptai. On m'offrit ensuite une place de secrétaire, vacante alors, dans un commissariat: j'acceptai également; je suis entré dans ce commissariat vers 1865, et j'y suis resté environ deux ans.

« Au bout de ce temps, quand je demandai de l'avancement, quand je demandai à être commissaire spécial aux chemins de fer, ma demande étant restée sans réponse, j'offris ma démission qui fut acceptée. C'est après ces événements que je vins à Paris.

« J'ai été condamné à six jours de prison pour banqueroute à Lyon. J'ai changé de nom parce qu'il y avait une loi disant qu'on ne pouvait signer son nom dans un journal lorsqu'on a été mis en faillite. »

Blanchet ou Pourille avait été garde national pendant le siége. Intrigant, révolutionnaire et prédicateur émérite, il parvint à se faire nommer délégué au comité des vingt arrondissements, puis délégué pour la nomination des membres du Comité central, et fut élu lui-même.

Il en fut membre influent, quoique complétement inconnu et international seulement depuis le siége. C'est lui qui proposa la remise des loyers, mesure radicale qui lui plaisait, ainsi que la nomination de Menotti Garibaldi au généralat de la garde nationale. Il fut nommé dans le 5⁰ arrondissement par 3,271 voix. Ses violences sans cause, ses récriminations incessantes fatiguaient même les plus exaltés de la Commune, et ce fut sans regret, sans protestation qu'on le vit arrêter, — « bien que, dit Rigault, il ait toujours voté avec la majorité et avec le Comité de salut public. »

La formule de son vote pour le Comité de salut public donnera une idée des connaissances de Pourille, dit Blanchet :

« Je vote, dit-il, *pour* un comité de salut public, attendu que, si la Commune a su se faire aimer de tous les honnêtes gens, elle n'a pas encore pris les mesures indispensables pour faire trembler les lâches et les traîtres, et que, grâce à cette longanimité intempestive, l'ennemi a peut-être obtenu des *ramifications* dans les *branches essentielles* de notre gouvernement. »

Enfermé à Mazas, comme nous avons dit, on ne sait ce qu'il est devenu.

CHALAIN.

OMPARSE effacé de l'Internationale et nullité absolue, ni savoir ni intelligence. Jeune homme de vingt-six ans, aux cheveux châtains et coupés presque ras, à la moustache de nuance plus claire et soigneusement cirée. Un nez droit, des yeux doux, une figure régulière, relevée par une taille élégante et au-dessus de la moyenne. « Belle tête, mais rien dedans », disait le renard.

Point de caractère non plus, sa bonté naturelle tournait au bonasse; son indécision le rendait capable des choses les plus monstrueuses. Nous le vîmes, le 4 avril, au pont de Neuilly, ne sachant que faire devant une barque dans laquelle trois hommes passaient le fleuve à cinq cents pas au-dessous de lui. Les fédérés entouraient son cheval : « Que faut-il faire? faut-il tirer? » « Tirez, » dit Chalain, que le canon du mont Valérien troublait. Tout un bataillon tira sur ces trois hommes : c'étaient trois des leurs qui fuyaient devant l'armée.

On se demande quels accidents sociaux peuvent arracher ces magots de leur niche et les jeter à la tête du monde. C'est à une puérilité que Chalain dut sa réputation. Il avait une voix sonore et bien soutenue; quelques-uns de ses coaccusés au procès de Blois le prièrent de lire leur défense collective. Cette défense fit du bruit; Chalain en recueillit tout l'honneur et devint un personnage, lui qui, simple tourneur en cuivre, n'était de l'Internationale que depuis trois mois.

Il fut nommé aux élections du 6 novembre adjoint à la mairie de Grenelle, s'occupa de son arrondissement et, à temps perdu, commanda un bataillon de la garde nationale, simplement pour avoir un uniforme, qui, du reste, lui allait très-bien.

Nommé dans le 17ᵉ arrondissement par 4,545 voix, le 26 mars, il vint siéger à l'Hôtel de ville, mais n'ayant plus de discours à lire, il s'y tut prudemment. Sur sa demande, il fut, le 25 avril, adjoint à la commission de sûreté générale et l'on n'entendit plus parler de lui.

Ce qui caractérise les incapables de la Commune, c'est habituellement l'ambition et la violence. Celui-là n'eut pas un défaut saillant, aucune verrue par lequel on puisse le deviner. Rien, un mannequin bien fait et bien mis!

CHAMPY.

ES aujourd'hui on se dit : Qu'est-ce que cela ? Dans deux ans cela sera totalement oublié. Le nom même aura disparu.

Champy fut nommé par 11,042 voix dans le 10° arrondissement ; voilà tout ce que l'histoire en peut dire. Il était jeune et fut un gamin à la Commune, bredouillant sur toutes choses.

Il fit partie de la commission des subsistances.

CHARDON.

PRES Champy, qui n'est rien, vient Chardon, qui n'est que peu de chose. Une pipe et un sabre : voilà l'homme. Il s'exerça un peu dans toutes les branches de la chaudronnerie et fut, dit-on, poêlier et plombier. Chardon avait quarante à quarante-cinq ans et une bedaine des mieux portées.

Il s'engagea pendant le siége dans les cavaliers de la République, pérora dans tous les clubs de Belleville, où on avait coutume de dire de lui : « Il est encore plus bête que le citoyen Sans. » Et l'on ajoutait : « Ce qui n'est pas peu dire. »

Le 13ᵉ arrondissement lui donna 4,761 voix aux élections du 26 mars. D'abord membre de la commission militaire, il cessa d'en faire partie au 21 avril et resta dès lors à l'ex-préfecture de police dont il avait le commandement militaire, buvant et fumant, vrai soudard engraissé, espèce de Falstaff cynique et violent. Il fut membre de la cour martiale. Il sembla avoir perdu ses facultés oratoires à la Commune et y garda le silence, quoique toujours révolutionnaire et donnant son vote aux propositions les plus insensées.

Il vota pour le Comité de salut public.

Pris le 25 mai au sortir de la préfecture de police, Chardon a été fusillé.

CLÉMENCE.

LEMENCE fut à la fois l'un des plus intelligents et l'un des plus dignes membres de la Commune. Il sut comprendre que les mesures extrêmes ne feraient que précipiter la chute de l'insurrection et on retrouve son nom constamment dans les votes modérés. C'était un homme de quarante ans, relieur de son état, mais instruit et sachant se servir de son instruction, ayant fait un livre et même essayé un journal.

Son livre : *Les Expositions de l'industrie de 1798 à 1862* est remarquable d'érudition ; son journal : *Revue de la reliure et de la bibliophilie* était trop spécial et n'eut que quelques numéros.

Nommé le 26 mars membre de la Commune par 8,163 électeurs du 4º arrondissement, les excentricités de ses collègues le dégoûtèrent bientôt et il se retira dans sa mairie.

Cependant il parut dans les grandes occasions et parla toujours intelligemment. Il demanda que les élections ne soient validées qu'à la majorité absolue : « Afin de maintenir haut et ferme l'autorité de la Commune, dit-il, je vote contre les conclusions du rapport. »

Il demanda également que les commissions où les individualités trop personnelles amenaient de déplorables débats fussent remplacées par un unique délégué : « Afin, dit-il, de centraliser les pouvoirs. » Il fut nommé lui-même délégué à la justice le 21 avril.

Il fit encore partie de la commission chargée de surveiller la destination des objets d'art trouvés chez M. Thiers et se souvint alors de son ancien métier : « La collection Thiers, dit-il, se compose de richesses bibliographiques pour la conservation desquelles je demande qu'on nomme une commission. » Il ajouta modestement : « Et je demande à en faire partie. »

Sa douceur lui a valu une obscurité qui le sauvera peut-être. On s'est peu inquiété de lui sous la Commune, tant qu'on l'a vu rester parmi les attiédis, et maintenant plus que jamais toute l'attention se reporte sur les plus exaltés de la bande.

On ne sait ce qui lui est advenu.

ÉMILE CLÉMENT.

ROIS Clément à la fois, tous trois presque inconnus, tous trois peu remarquables, tous trois moins cléments les uns que les autres, renchérissant en violences et en excentricités : Émile pour faire oublier un passé véreux, Jean-Baptiste pour surmonter sa bonasse faiblesse, Victor pour couvrir une scandaleuse conduite.

La race savetière abonda à la Commune. Clément l'Émile en était.

Il était né en 1826, s'était marié en 1849 avec une jeune fille de seize ans qu'il avait séduite, se sépara de sa femme après en avoir eu deux enfants et passa à Londres à la suite du coup d'État. A peine rentré en France, il s'affilia à une société qui s'intitulait Commune révolutionnaire, — la chose n'est pas neuve comme on voit, — et qui avait pour programme de faire revivre la constitution de 93.

Clément s'appelait alors Lamy; il fut arrêté après la découverte du complot, traduit devant les tribunaux et condamné à cinq ans de prison et à 10,000 francs d'amende, le 22 avril 1856.

A l'expiration de sa peine, il réfléchit sur les dangers des conspirations; totalement ruiné et ne voulant point reprendre l'alène, il s'avisa de travailler dans le sens du gouvernement. Plein de cette idée, il alla offrir à Napoléon III — contre finances — un infaillible moyen d'asseoir à jamais la famille Bonaparte en France. Cette seconde tentative ne put lui procurer une position sociale meilleure, car on lui refusa jusqu'au mince emploi de *mouchard*.

Clément l'Émile ne se découragea point et reprit la politique, l'éternel métier de ceux qui n'en ont pas, parcourut les réunions publiques, s'y fit une réputation de *rouge* convaincu et parvint, après le 4 septembre, à se faire nommer membre de la commission municipale du 17º arrondissement on ne sait trop par qui. Officier de la garde nationale, nous le vîmes le 18 mars, à six heures du soir, haranguer la foule à Montmartre, un fusil à la main, annonçant l'assassinat des généraux Lecomte et Cl. Thomas et en faisant l'apologie.

Aux élections du 26 mars, il se présenta comme candidat à ses anciens administrés et fut nommé par 7,121 voix. Il fit, sur sa demande, partie de la commission des subsistances et vota pour le Comité de salut public.

L'infatigable Rigault ayant trouvé à la préfecture de police le dossier d'Émile Clément, le fit immédiatement arrêter et emprisonner douze jours avant l'entrée de l'armée dans Paris. Le bruit court qu'il a trouvé la mort dans l'incendie de la préfecture de police, où il était détenu.

J.-B. CLÉMENT.

U'ALLAIT-IL faire dans cette galère, le doux auteur des *Petites Bonnes de chez Duval*. Sa seule ambition était de faire un peu de bruit, mais un peu seulement autour de lui. Comment le fracas de la Commune ne l'a-t-il pas effrayé? Qui n'a vu sa tête étonnamment recroquevillée, ridée et parcheminée dans les cafés du boulevard, et ne s'est dit: Ce doit être un bien doux homme que ce bonhomme!

Ce Lycurgue-là fut d'abord meunier comme son père, et resta même, croyons-nous, un peu meunier toute sa vie. Il faisait des chansonnettes qui eurent du succès, telles que : *Ah! le joli temps, Fournaise*, et de petits journaux, comme le *Casse-Tête*, le *Pavé*, la *Lanterne impériale*, la *Lanterne du Peuple*, que la 6ᵉ chambre tuait impitoyablement.

Il écrivit également dans la *Réforme*. Ses chansons sont pleines de poésie rustique et rappellent un peu celles de Dupont. Ses articles étaient assez vigoureusement écrits; mais le fond manquait ou n'était que désavantageusement remplacé par les idées biscornues qui foisonnaient.

Chansonnettes et journaux lui firent une assez petite réputation, car, rien que dans Vaugirard, il se trouva 5,025 électeurs qui, à coup sûr, ne le connaissaient pas pour l'envoyer à la Commune. La fatalité s'acharna après le pauvre meunier et lui refusa le peu de célébrité que le sacrifice de sa tranquillité aurait dû lui acquérir. A la Commune affreux fatras! trois Clément d'un coup, tous trois inconnus, si bien qu'on ne les démêle plus. Est-ce Clément un ou Clément deux, E., V. ou J.-B. Clément qui a dit ou fait cela? L'histoire, que Delescluze a traitée de catin, a eu un caprice et ne s'est souciée d'aucun des trois.

Cependant, en compagnie d'Assi, on le délégua aux ateliers de fabrication de munitions. Cependant encore, c'est, croyons-nous, J.-B. Clément qui, enflant sa voix à chansonnettes, demanda un jour que Pyat fût arrêté, — ni plus ni moins. — C'est bien son plus beau titre de gloire, après son article : *Les Rouges et les Pâles*, imprimé dans l'*Officiel* communeux.

J.-B. Clément est aujourd'hui sous les verrous. Le capitaine qui l'arrêta le menaçait de son revolver. J.-B. Clément tremblait, et se souvenant du savetier :

« O Commune, murmura-t-il, rends-moi mes chansons. »

VICTOR CLÉMENT.

UN vieillard, mais non un ermite. Homme à cheveux blancs, mais vert encore, passant de la Commune en d'autres lieux qu'il n'est pas aussi facile de nommer.

Allant un peu cassé, petite taille, petite figure, mais bien soignée, bien lissée, frisée, lavée, apprêtée; les cheveux souvent quelque peu teints.

Intelligence médiocre, mais esprit débonnaire

et sans rancune, Victor fut le plus modéré du trium-Clément, et alla jusqu'à signer le manifeste de la minorité protestant contre le Comité de salut public. Il fut membre de la commission des finances.

Il fut nommé par 5,025 voix dans le 15° arrondissement; c'est lui et non Jean-Baptiste qui était teinturier.

COURBET.

N auteur l'a — il y a deux jours à peine — qualifié de courge vide et poilue; poilue, soit, mais vide nous semble un peu roide, comme on dit dans une pièce dudit auteur.

Courbet était né paysan et tint à honneur de rester paysan. Il en eut toutes les qualités, tous les défauts : la bonhomie remplie de finesse et de malice, le sans-façon affecté et presque cynique, et l'incroyable orgueil qui le rendit bien souvent ridicule et le poussa jusqu'à la Commune. Combien n'a-t-on pas répété de fois que c'était un bon enfant? La plus grande haine de sa vie fut sa haine pour la colonne Vendôme.

Bien que chef d'école et gouailleur en vrai paysan, il n'eut que peu d'ennemis.

Ce qui lui fit défaut dans la vie, comme dans son art, c'est le goût, le sens du beau. Sous prétexte de faire du réalisme, il exagéra les exagérations de Rembrandt, peignit des mendiants *ruisselants* de guenilles, des faces bourgeonnées, des porcs, des fumiers; comme si une rose ne valait pas un chou, et si les jolies figures n'étaient pas aussi naturelles — plus naturelles même — que les laideurs. Courbet eut un grand rêve en sa vie, — rêve ambitieux naturellement, — celui de régénérer la peinture. Il aspira au titre de chef d'école, y parvint et appela la sienne : École de la Nature; il eût pu ajouter : de la Nature triviale.

Cette école alla tout au rebours de la pensée du maître; il avait voulu régénérer la peinture, elle dégénéra chez ses élèves. Lui n'était que trivial, ses élèves furent hideux. Toutes les monstruosités, toutes les maladies, toutes les misères furent les sujets presque exclusifs de cette école qui ne fut rien moins que réaliste, malgré ses prétentions.

Courbet est né à Ornans (Doubs) en 1819. Il commença ses études au séminaire d'Ornans et les acheva au collége de Besançon. Il était au collége ce qu'il fut plus tard, enfant terrible, tapageur et vaniteux. On l'envoya à Paris pour faire son droit, mais fit de la peinture. Il en avertit son père, qui y consentit.

Il ne fit accepter que difficilement sa façon de peindre. Le public des Salons fut longtemps à s'habituer à cette manière lourde, mais très-originale après tout. On rit de lui avant d'en parler, comme a dit un critique.

Il fut très-fécond; les principaux tableaux de son œuvre sont : *Après diner à Ornans, Enterrement à Ornans, Casseurs de pierres, Retour de la foire, Demoiselles de village, Les Baigneuses. La Curée, Retour de la confrérie, La Femme au perroquet, La Remise des chevreuils,* nombre de portraits et son dernier tableau exposé : *La Vague.* Courbet a peint une grande quantité de chevreuils; ce sont ses animaux favoris dans ses tableaux forestiers.

Courbet était une nature admirablement bien douée à certains points de vue, mais dans laquelle il y avait des lacunes. Il faisait de la poésie et faisait de la musique, écrivant et composant avec cette verve originale qui se remarque dans ses peintures. Il était plein d'une naïveté et d'une humeur qui rendaient sa compagnie charmante. Quoique peu donnant, il soutint de ses deniers plusieurs écrivains, ses amis, que talonnait la misère. Ce caractère était gâté par une immense vanité, que quelques journalistes accrurent encore en l'excitant pour s'amuser. Courbet fut en politique un grand niais vaniteux et crédule que firent poser quelques hommes qui se disaient ses amis.

Quelques-uns de ces hommes, qui ne prévoyaient point alors à quel triste dénoûment aboutirait leur plaisanterie, doivent aujourd'hui, avec bien des remords, se souvenir du cénacle que Courbet réunissait chez lui dans la rue Hautefeuille. Le plus coupable est Vallès, qui poussait avec une sorte de rage le peintre vers le ridicule. Cet esprit haineux était fier de faire son jouet d'un homme fameux et trouvait son contentement dans l'abaissement de cette célébrité. On persuadait à Courbet qu'il raisonnait admirablement sur les choses sociales; on le poussait aux réunions publiques, on l'en faisait nommer président, on lui écrivait même des discours, et, quand il les avait prononcés, on l'entourait, on le félicitait. « Que vous avez bien parlé! » lui disait-on, et ce grand enfant, avec une joie orgueilleuse, se croyait un orateur profond, un politique incontestable, et se demandait fort sérieusement s'il ne devait pas jeter aux orties pinceaux et couleurs pour se donner à cette nouvelle vie.

Ce sont ses amis qui lui persuadèrent qu'il serait beau de refuser la croix d'honneur, et c'est un publiciste bien connu qui fit la lettre de refus. Sa haine pour la colonne Vendôme provenait de même source : on l'avait mis en garde contre le militarisme; il se laissa persuader que la colonne en était l'apothéose, et se prit à la haïr et à en vouloir la destruction. On le convainquit de ses droits à la députation et de la certitude de son élection, si bien que l'orgueilleux paysan se porta candidat aux élections du 8 février 1871 et échoua. Il obtint quelques voix aux élections du 26 mars sans s'être porté. « Puisqu'ils me donnent des voix quand je ne me suis point porté, ils me nommeront si je me porte », dit-il. Et c'est ainsi qu'il fut membre de la Commune.

Que pouvait y faire Courbet? Quoique se disant socialiste et révolutionnaire, il était trop creux à l'endroit de la politique pour prendre aucune part aux discussions, si ineptes cependant, de l'Hôtel de ville. On le nomma président des peintres, lui l'ennemi de tout ce qui était officiel. A la Commune, il obtint enfin la chute de la colonne dont la vue l'obsédait. Il demanda notamment l'exécution du décret qui en ordonnait la destruction. Il siégea encore une autre fois et demanda par une lettre écrite en détestable français que les noms de Comité de salut public et autres empruntés à 93 fussent supprimés.

Courbet, pris dans la maison d'un de ses amis, est maintenant à Versailles. Espérons que le peintre fera oublier l'orgueilleux et qu'on le renverra à ses tableaux.

COURNET.

'EST une vie étrange que celle de Cournet, vie non moins aventureuse que celle des plus grands aventuriers que vit fleurir la Commune. Comme eux il occupa d'abord une position bien disparate avec sa grandeur future ; mais, du moins, lui ne laissa point un lambeau de sa réputation dans tous les lieux où il passa. Caractère chevaleresque et changeant, il fit bien des métiers, fut commis voyageur, marin, employé de chemin de fer, directeur de casino, journaliste; parcourut bien

des villes, habita Bordeaux, Nice, Arcachon, Paris; mais aimable et aimé, toujours joyeux, toujours galant, il laissa partout la réputation d'un gros garçon réjoui et sympathique, incapable de se prêter à la moindre vilenie.

C'est l'engrenage du radicalisme qui le prit, le poussa aux extrêmes et le fit tomber jusqu'à la Commune, étonné de lui-même, mais fatalement entraîné. Être irréconciliable avec l'Empire était pour lui une obligation de famille, — funeste obligation. — Son père proscrit était mort assassiné sur la terre d'exil. Quoique bien jeune encore, Cournet en conçut pour le proscripteur une haine vivace que le temps ne fit qu'accroître. De là ses attaques contre Bonaparte et son rang parmi les révolutionnaires les plus violents. Quand l'Empire fut renversé, la notoriété de Cournet était irrévocablement faite. Il était et devait rester un des membres extrêmes du parti démocratique, s'il ne voulait renier ni son passé ni sa vengeance.

Il était ainsi désigné aux suffrages des électeurs pour la Commune. On le nomma, et sa reconnaissance pour Delescluze qui avait ouvert le *Réveil* à ses pamphlets contre l'Empire l'engagea à accepter malgré les supplications de ses nombreux amis.

Cournet est né à Lorient (Morbihan) en 1839; son père lui fit donner une éducation républicaine que sa mort interrompit. Privé de ses parents et de direction, Cournet, se livrant à son humeur, commença sa vie décousue. Il s'escrima d'abord dans de petits journaux littéraires, fit un voyage au long cours, revint en France, fut employé des chemins de fer du Midi, puis directeur du casino d'Arcachon. Il vint à Paris en 1868 et fut de suite désigné à l'attention du public par le rôle qu'il joua dans la manifestation faite au mois de décembre de la même année sur la tombe de Baudin, dans le cimetière Montmartre. Traduit devant les tribunaux ainsi que Delescluze, il se lia avec celui-ci et entra au *Réveil* après son acquittement.

Il subit plusieurs condamnations pour offense au gouvernement et fit en 1869 soixante-dix jours de secret, sans qu'il en ait jamais su la cause. Inculpé dans le second procès de Blois et accusé d'avoir poussé à l'assassinat de l'empereur, il se défendit avec indignation contre cette inculpation déshonorante et fut acquitté.

Après le 4 septembre, il fut nommé chef de bataillon et fut cassé après le 31 octobre. Il fut nommé député aux élections du 8 février et donna sa démission à l'Assemblée pour venir siéger à la Commune, où l'avaient nommé 5,540 voix du 19ᵉ arrondissement.

Il parla rarement dans les séances, fut d'abord nommé membre de la commission de sûreté, puis de la commission exécutive, puis de nouveau de la commission de sûreté et fut désigné pour remplacer Rigault démissionnaire comme délégué à la police.

Il fut à la préfecture ce qu'il avait toujours été : un galant homme, spirituel et parlant peu, saluant et faisant asseoir son monde avec mille prévenances, sans songer qu'il avait soixante goujats pour collègues.

Sa modération le rendit suspect à ses confrères, qui le remplacèrent par Ferré. Cournet avait signé les décrets qui suspendaient les journaux anticommuneux et eut plusieurs fois l'occasion de violer les principes pour lesquels il avait combattu et souffert. Il vota pour le Comité de salut public ; jacobin par imitation de Delescluze et s'éloigna de l'Hôtel de ville.

On ne le voit reparaître qu'à la séance du 19 mai où il propose un décret contre les concussionnaires. Il n'était déjà plus alors en odeur de sainteté. La meilleure pièce à l'appui de l'honnêteté de Cournet est cet ordre de Rigault trouvé sur un cadavre :

« Faire rechercher et arrêter immédiatement Cournet. »

Cournet est parvenu à s'échapper.

DELESCLUZE.

'INTERNATIONALE était déjà mêlée au mouvement du 31 octobre, le 18 mars lui appartient tout entier. L'insurrection fut l'explosion du complot organisé par le Comité central, et ce comité plusieurs fois refondu se trouvait, à la fin, composé exclusivement d'internationaux. Jusqu'au jour des élections, l'Association se trouva donc pleinement maîtresse de Paris.

Les élections du 26 mars amenèrent au pouvoir les socialistes et les radicaux rebutés par le gouvernement précédent : hommes qui auraient eu une très-grande influence sur les décisions de la Commune s'ils avaient eu un programme commun. Désormais l'Internationale dut compter avec ces derniers venus. De là une jalousie profonde qui amena des luttes intérieures dont la rumeur vint jusqu'aux oreilles de la foule.

De là encore la conservation du Comité central, sur lequel les internationaux s'appuyèrent et qui, plus d'une fois, imposa ses volontés à la Commune.

Il y eut donc dès les premières séances deux partis — profondément divisés — en présence à la Commune : le premier fut appelé le parti de l'Internationale; on se complut à nommer le second le parti de Delescluze.

Ses longues souffrances dans les bagnes et à Cayenne, ses convictions que l'on disait inflexibles, sa ligne de conduite nettement tracée ont valu à Delescluze une réputation d'honnêteté, non contestée depuis vingt ans. On s'est accoutumé à ne voir en lui qu'un homme probe aveuglé par son admiration exclusive des lois et des choses de 93, auquel on pardonnait beaucoup parce qu'il avait beaucoup souffert.

Mais on sait maintenant que penser de cette honnêteté qu'il a traînée à la Commune — pouvant se croire encore au bagne — au milieu d'assassins, de voleurs et de faillis. Sitôt au pouvoir, Delescluze mentit à ses convictions si souvent exprimées dans ses écrits, viola cette constitution de 93 qui était son idéal et ne prit de cette époque tourmentée que les mesures mauvaises et antirépublicaines nées des luttes que se livraient les partis.

C'est au pied du mur qu'on reconnaît le maçon, c'est à ses œuvres qu'on reconnaît l'honnête homme convaincu. Il avait réclamé — toujours d'après 93 — la liberté de la presse et il laissa supprimer les journaux; la liberté de réunion et il signa l'affiche interdisant le meeting de pacification de la Concorde; la liberté individuelle et il remit en vigueur les cartes de civisme, laissa et même fit emprisonner des personnes dont le seul crime était de ne point partager ses idées. Il avait crié contre la mutilation et la violation du suffrage universel, et il siégea dans une assemblée nommée par une minorité et qui, par suite des démissions, des morts, des emprisonnements et de la retraite de vingt et un dissidents, se trouva réduite à la moitié de ses membres. Il avait maudit l'Empire à cause du 2 décembre, et il fit partie d'un gouvernement qui commença par le massacre de deux généraux et d'une foule désarmée place Vendôme et place du Carrousel.

Où était donc cette honnêteté quand il donnait l'ordre d'abattre les maisons qui gênaient les barricades et d'incendier nos monuments pour arrêter la marche de l'armée, éternel et coupable parodiste qui se crut grand parce qu'il avait un grand modèle, et qui ne voyait pas que c'était dans une mare fangeuse qu'il barbotait?

Esprit étroit, peu clairvoyant, Delescluze n'eut qu'un enthousiasme, celui des principes de 93. Il s'y renferma, s'en aveugla volontairement, ne vit rien au delà et jusqu'au jour où il eut quelque pouvoir, pensa et agit inflexiblement d'après eux, ce qui donna à sa conduite, et par suite à sa personne, ce caractère rigide et hautain qui est le trait saillant de son portrait.

Du reste, quoi qu'on en ait dit, le farouche sectaire était dosé d'une certaine ambition. Proudhon le disait en 1849. — Proudhon l'ami de Delescluze et qui conspirait alors avec lui. — « Ce qu'il faut, écrivait-il, à la *Révolution démocratique et sociale* (journal de Delescluze), c'est une perpétuelle et fatigante agitation qui, éclatant tout à coup, se termine par la création d'un Comité de salut public, où *certains patriotes* trouvent une occupation digne de leur génie. »

Delescluze est né à Dreux en 1809, et a été élevé à Paris, où il fit son droit. Les commencements de sa vie politique sont assez obscurs. Il fut arrêté à la suite des journées d'avril 1834, fut relâché, puis poursuivi pour délit de société secrète; délit qui devait valoir bien des condamnations au jeune conspirateur. Il dut passer en Belgique, où il fit comme journaliste ses débuts dans le *Journal de Charleroi*. En 1841, il obtint de rentrer en France, rédigea l'*Impartial* de Valenciennes et subit, comme première condamnation, un mois de prison et 2,000 francs d'amende.

La révolution de Février le fit commissaire de la République pour les départements du Nord et du Pas-de-Calais. Il s'installa à Lille, qui ne fut bientôt plein que de ses discussions avec M. Thouret, le préfet, et M. Dubois, le président du tribunal. C'est alors qu'il donna une haute preuve d'incapacité politique et de roideur orgueilleuse à propos de la fameuse affaire de Risquons-tout. Il avait fourni des vivres et un guide à la colonne qui marchait sur Bruxelles, — fait qui pouvait mettre une guerre sur les bras de la France, alors fortement surveillée par l'Europe. Après la déroute, il refusa de laisser poursuivre l'instruction commencée contre les coupables arrêtés. Le tribunal n'en tint pas compte. Delescluze, furieux, courut à la salle des séances et là cria aux juges : « C'est un acte antisocial, antidémocratique; j'ai mis les prévenus en liberté. J'ai le droit de vous suspendre, et la révocation suivra la suspension. » Beau justicier, comme on voit, notre honnête homme!

Le tribunal continua l'instruction. Delescluze tint parole et cassa M. Dubois, qui n'accepta pas cette décision arbitraire. Grand scandale s'en suivit. Delescluze en supporta toutes les conséquences. S'étant porté candidat à la députation, il n'eut qu'un nombre ridicule de voix. Après le 15 mai, il donna sa démission et s'attacha à la fortune politique de Ledru-Rollin.

Il vint fonder à Paris la *Révolution démocratique et sociale*, et se trouva dès lors mêlé à toutes les agitations qui précipitèrent la chute de la République.

Son journal lui valut un duel avec d'Alton-Shée, qui le blessa à la main, et deux condamnations successives pour apologie des assassins du général Bréa dans un article où il disait : « Leur condamnation les absout à nos yeux. » Toujours honnête, comme on voit!

Le 13 juin, la *Révolution démocratique et sociale* fut saisie dans ses bureaux, et Delescluze disparut complétement pendant quelque temps. Cette saisie avait été amenée par la découverte d'un complot qui devait éclater le jour même. Le journal, ainsi que plusieurs autres saisis également, devaient publier un appel aux armes signé de 148 députés. Depuis quelque temps une société secrète, dite de Solidarité républicaine, dont Delescluze était le secrétaire général, avait organisé des forces révolutionnaires.

Une haute cour fut établie à Versailles pour juger les coupables, et Delescluze, condamné par contumace à dix ans de déportation, s'enfuit en Angleterre, où il rejoignit Ledru-Rollin.

Rentré au mois d'août 1853, il s'affilia à une société secrète, la Jeune-Montagne, alors en formation, en devint l'un des chefs principaux, correspondit avec la *Marianne* et avec Mazzini, fut arrêté en octobre et condamné en mars 1854 à quatre ans de prison et 1,000 francs d'amende. Alors commença pour Delescluze une vie de souffrances, traîné de bagne en bagne, de Belle-Isle à Corte, de Corte à Ajaccio, d'Ajaccio à Toulon, puis à Brest, puis à Cayenne, où l'envoya l'application de la peine portée contre lui par la haute cour de Versailles.

Alors aussi se montra dans toute son énergie sa ténacité indomptable. Il ne se départit en rien de sa roideur au milieu des forçats avec lesquels il était confondu. Il refusa de faire sa cuisine, se fit servir à manger, donna des leçons pour payer son serviteur, et passa le reste de son temps à méditer, isolé, au bord de la mer, sur un rocher, où chaque soir le soleil, à son coucher, le trouvait accroupi.

Il a lui-même fait le récit de ses souffrances et de ses pérégrinations dans un ouvrage intitulé : *De Paris à Cayenne*, que le *Réveil* donna plus tard en feuilleton.

Il revint en France à la suite de l'amnistie de 1859 et vécut longtemps dans l'obscurité, souvent auprès de sa sœur, la seule personne qui ait jamais eu quelque influence sur ce caractère ombrageux et indompté.

Au mois de juillet 1868, il fonda le *Réveil*, hebdomadaire d'abord, monté par actions de 50 francs, puis quotidien, lorsque les actionnaires furent assez nombreux. Le premier numéro, dans lequel il disait reprendre le drapeau de la Révolution, lui coûta trois mois de prison et 5,000 francs d'amende.

Le 28 novembre 1869, pour l'affaire Baudin nouvelle condamnation : six mois de prison et 2,000 francs d'amende que la chambre des appels correctionnels réduisit à 50 francs.

Le 16 février 1870, troisième condamnation. Reprenant sa vieille thèse sur les assassins du général Bréa, le rigide Delescluze essayait de prouver, la loi à la main, qu'à une heure donnée on avait le droit de tuer les agents de police exerçant leurs fonctions, et que Mégy n'était point sorti de la légalité. Cette apologie du crime lui attira treize mois de prison et 2,000 francs d'amende.

Le *Réveil* fut supprimé en août et reparut après le 4 septembre. Dès les premiers jours, Delescluze entreprit une campagne contre les membres du Gouvernement, campagne intempestive qui ne pouvait qu'énerver la défense et qui amena les déplorables journées du 31 octobre et du 22 janvier. Le général Vinoy supprima le journal.

Delescluze, le 5 novembre 1870, fut nommé maire du 19ᵉ arrondissement, mais n'ayant accepté son mandat qu'autant qu'il était politique, il donna sa démission devant l'impossibilité de s'ingérer dans le gouvernement.

Delescluze fut nommé député l'un des premiers aux élections du 8 février. Quand vinrent les troubles de Paris, il quitta l'Assemblée, et, toujours roide jusqu'à l'indignité, il donna sa démission en termes insultants.

Deux arrondissements le nommèrent membre de la Commune, où il espéra voir enfin fleurir les beaux jours de 93, tant désirés.

On lui a attribué une grande influence sur ses collègues et on l'a souvent appelé l'âme de la

Commune. Il faut dire qu'incapable de se plier à aucune nécessité, il n'entrevit point le caractère réel de la *révolution* et que, amoureux des formes avant tout, il se borna à demander le gouvernement et les institutions : comité de salut public et autres, commissaires civils, délégués de toutes sortes, cartes de civisme et mille semblables défroques montagnardes, dont il avait l'esprit obsédé.

Opposé par principe aux idées girondines de fédération de la France et d'isolement de Paris, il ne vit dans ce mouvement communal qu'une chance de succès pour la lutte présente, se fit nommer à la guerre et comptait bien sur l'autorité que devait lui donner la victoire pour empêcher une dislocation générale.

Son auditoire était presque entièrement composé de jeunes gens, pas plus polis que des communeux, et plus disposés à rire du vieillard et de ses vieilleries qu'à l'écouter. Mais sa roideur imposante, sa figure creusée et maigrie, sa barbe et ses cheveux blancs forçaient au respect et il parla presque toujours sans contradiction et obtint ce qu'il demanda.

Ce qui faisait surtout défaut à Delescluze, c'était le cœur. Il parlait toujours de légalité et jamais de sentiment. Sa vie fut toute mathématique, calculée d'après une logique dont l'absolu alla jusqu'à l'absurde et jusqu'au crime. Jamais un mouvement du cœur ne le fit dévier du chemin que s'était tracé son esprit. Sa mère mourut en septembre 1860 ; il accompagna le corps au cimetière, ainsi qu'il le devait faire, mais il refusa d'entrer dans l'église où la dernière prière fut dite sur le cercueil.

Il est mort ainsi qu'il *devait* mourir. On a répété qu'il avait essayé de fuir, nous n'en croyons rien. Il alla de la mairie du 11e arrondissement au Château-d'Eau, toujours roide, toujours froid, sachant qu'il allait mourir ; et, non désillusionné encore, il devait songer aux montagnards allant à l'échafaud.

DEMAY.

EMAY ne ressemblait pas mal à un anachorète : il portait une longue barbe blanche, avait l'air quelque peu mystique et de plus était maigre comme un homme qui n'a mangé que des sauterelles et bu que de l'eau en sa vie. Johannard l'appelait

« Le bon Dieu de Saint-Cloud », à cause d'un grossier christ de bois remarquablement décharné qui ornait l'église de ce village.

Il était sculpteur et fit à ce titre, sous la Commune, partie de la fédération artistique. Il avait beaucoup étudié les différents systèmes socialistes, mais n'avait point digéré ses lectures. Il confondait volontiers Cabet avec Proudhon, embrouillait Enfantin et Fourier, se fourrait dans des phrases sans mesure, faisait d'abord rire son auditoire, puis finalement le faisait bâiller. Il fut une des premières conquêtes de l'Internationale à Paris.

Il commença à paraître sur le terrain politique dans les réunions publiques de la fin de l'Empire, et se fit remarquer davantage encore dans les clubs qui se tinrent dans les faubourgs pendant le siége de Paris. Il avait fait une longue catilinaire contre les membres du gouvernement : il la répétait chaque jour et il lui arriva souvent de la redire quatre fois dans la même soirée dans quatre clubs différents.

Il signa l'affiche rouge de décembre, fut arrêté et acquitté le 6 janvier. Le 29 janvier il prit part à la tentative d'émeute de Piazza et Brunel, mais ne fut pas inquiété.

Il fut nommé membre de la Commune le 26 mars par 8,730 électeurs du 3ᵉ arrondissement et fit partie de la commission de l'enseignement et de la commission chargée de veiller aux objets enlevés chez M. Thiers. Il vint rarement à la Commune et y parla plus rarement encore.

On ignore ce qu'il est devenu.

DEREURE.

DEREURE s'appelait Simon de son prénom; il était cordonnier de son état. Quel joli cordonnier cet homme faisait ou devait faire, car il faudrait remonter bien haut pour savoir quand il a fait son dernier soulier; mais quel vilain politique! Ce n'est pas parce qu'on a fait des bottes qu'on peut faire un discours, ce n'est pas parce qu'on a conspiré qu'on peut administrer, ce n'est pas parce qu'on a lu un livre qu'on l'a digéré : Dereure en est une preuve, une forte preuve, le pauvre homme!

C'était une bonne figure de cordonnier, mais

d'orateur, point. Une grande figure, un peu osseuse et ne voulant rien dire, des yeux ternes, une bouche à contorsions mélancoliques. Les cheveux grisonnaient peut-être, mais notre Simon les faisait teindre. Il avait des mains, de vraies mains démocratiques, des battoirs. L'habitude du tire-pied le faisait quelque peu loucher d'une jambe. Il n'acceptait point sans une visible répugnance les conséquences de sa basse extraction. Il avait du linge fin, se mettait soigneusement et devait faire plaisir à saint Crépin, si difficile qu'il fût. Il s'était composé une certaine roideur assez digne, mais trop affectée. Il faisait de l'éloquence même pour demander ses pantoufles, et en dépit de ses efforts restait ainsi toujours cordonnier.

Dereure a vieilli dans le champ politique. Sa première condamnation remonte à l'année 1854; il fut alors impliqué dans l'affaire dite de la *Marianne lyonnaise* et condamné à quelques mois de prison. Il tira toujours grande vanité de cet emprisonnement, et dans les réunions publiques où ce Démosthène s'essayait, il ne manquait jamais de poser en martyr et de dire : « Moi, citoyens, qui ai vieilli dans les cachots. » Ce à quoi, Rochat — un communeux futur également — ne manquait point de répondre en sa langue : « Faut pas nous la faire, ma vieille. »

Dereure est un des premiers internationaux parisiens ; aux élections de 1869, il fut délégué à Bruxelles par un comité d'électeurs auprès de Rochefort pour connaître les intentions du pamphlétaire de la *Lanterne*. De cette entrevue naquit la sympathie qui rapprocha les deux hommes et valut à Dereure la gérance de la *Marseillaise* lorsque Rochefort fonda ce journal.

Du reste cet emploi n'était pas précisément agréable et valut à Dereure, qui ne put jamais faire un article, bien des condamnations qui finirent par le persuader de son talent de journaliste. Il fut impliqué dans le second procès de Blois et condamné à trois ans de prison.

Dereure fut chef de bataillon pendant le siège, mais fut cassé après le 31 octobre. Le 6 novembre il fut élu adjoint au maire du 18e arrondissement. Clémenceau et Jaclard ayant donné leur démission au 18 mars, il resta seul chargé dudit arrondissement et prit de suite nettement parti pour la Commune.

Cette franche conduite lui fit donner 14,661 voix dans cet arrondissement le 26 mars. Le génie de la guerre surgit tout à coup dans la tête de Dereure : il reprit l'uniforme de commandant, ne vint que peu à l'Hôtel de ville et passa son temps aux avant-postes.

Fanatisé par son ignorance et par la petitesse de ses conceptions, il vota pour les mesures violentes, pour la validation des élections complémentaires, pour le Comité de salut public et proposa le 27 avril les deux décrets suivants : « Seront rayés des listes électorales tous individus de vingt à quarante ans qui auront quitté Paris depuis le 18 mars, et de quarante à soixante qui auront refusé de faire partie de la garde nationale. — Seront frappés d'une amende proportionnelle de 5 à 50 francs les mêmes individus. » Voilà qui peut donner une idée des libertés que nous réservait le cordonnier Dereure.

Il fut nommé d'abord membre de la commission des subsistances, puis, le 21 avril, membre de la commission de justice. Le 24 du même mois, il fit partie de la commission chargée de statuer sur les jugements rendus par la cour martiale. Enfin, à sa grande joie, la Commune nomma Dereure commissaire civil auprès du général Dombrowski. Dereure passa dès lors tout son temps sur le front des lignes; il fit partie de la commission chargée de vérifier l'*assassinat* de quatre gardes nationaux au Moulin-Saquet et siégea au tribunal qui fit fusiller aux Hautes-Bruyères un nommé Thiébaut accusé de trahison.

Fait prisonnier le 24 ou le 25 mai et confondu dans une bande de fédérés, Dereure se fit reconnaître et demanda — toujours coquet — à être traité selon sa qualité. On le sépara, en effet, de ses camarades, mais ce fut pour le fusiller.

DESCAMPS.

On ne sait au juste si c'est Decamps ou Descamps que se nomme ce personnage, un des plus effacés de toute la Commune. Decamps ou Descamps est qualifié de docteur en certain endroit de l'*Officiel*, nous ne savons à quel propos. Il se remarqua par son absence à la Commune, où il ne vint presque jamais.

Il se confina dans le 14ᵉ arrondissement, qui lui avait donné 5,830 voix le 26 mars. Il était de l'Internationale et membre de la chambre fédérale des sections parisiennes.

Trente ans. On n'en avait point parlé pendant la Commune, on n'en parle pas davantage après.

Qu'est-il devenu, cet homme qui n'était rien?

A. DUPONT.

Dupont était un joli garçon, à la figure *artiste*, à l'œil doux. Il portait de longs cheveux blonds et une belle barbe blonde également qui ne rehaussait point l'expression un peu fade et très-bénigne de sa physionomie. Travailleur infatigable, mari rangé, employé économe, Dupont n'avait de communeux qu'une ambition effrénée que servait mal sa timidité naturelle et sa notoire incapacité.

Sa popularité date du second procès de Blois. Simple employé du Crédit foncier, Dupont s'occupait de chimie à temps perdu et fit spécialement des expériences sur la nitro-glycérine. « J'en ai mis, disait-il, à un de ses amis, gros comme un pois sous dix pavés, les pavés ont sauté à quinze pieds en l'air. »

Quelques-uns de ses amis songèrent à utiliser les connaissances de Dupont ; on en parla dans des réunions privées. La police broda un complot sur le tout et présenta l'anodin Dupont comme l'âme de la conspiration. Il fut condamné le 9 août 1870 à quinze ans de prison et rendu à la liberté vingt-cinq jours après par la révolution du 4 septembre.

Il fut pendant le siége employé à la préfecture comme chef de la police municipale. Le 26 mars il fut nommé dans le 3e arrondissement par 5,752 voix. Délégué à la commission de sûreté générale le 21 avril, il s'y enterra. Il n'est guère question de Dupont dans les séances de la Commune non plus que de son homonyme. Il déclara qu'il ne voyait aucun danger dans la création d'un Comité de salut public qui aurait pour seul mandat de poursuivre et de punir les traîtres, et vota pour.

C. DUPONT.

L'OFFICIEL communeux fut d'une impertinence sans égale pour ce membre de la Commune. Il sembla le mépriser complétement et, ne prenant point la peine de le distinguer de son homonyme, engloba le rôle de ces deux hommes sous un même nom : Dupont, tout court.

Dupont (Clovis) avait trente ans. Il était vannier de son métier, s'affilia à l'Internationale et fit partie du Comité central. Il s'était fait remarquer par ses philippiques contre le gouvernement, et 5,661 électeurs du 3ᵉ arrondissement charmés de cette éloquence le nommèrent membre de la Commune aux élections complémentaires du 16 avril.

Il fit partie de la commission du travail et se tint coi à la Commune. Une seule fois nous le voyons ouvrir la bouche pour dire : « Dans une question ouvrière, j'ai le droit de parler, étant ouvrier. » Il en avait le droit, mais n'en usa point, pour cause sans doute.

Il vota pour le Comité de salut public et motiva son vote de la même façon ridicule que Blanchet.

Il est un de ceux qu'a protégés l'obscurité; on n'en a point de nouvelles.

DURAND.

OBSCUR cordonnier que son passage à la Commune n'illustrera point, Durand n'avait de remarquable qu'une haine vivace contre les *calotins*. Il fit et refit régulièrement dans les mêmes clubs le même discours sur le même thème favori. Cela lui valut une réputation de bon bougre, comme aurait dit le *Père Duchêne*, et 2,874 voix dans le 2ᵉ arrondissement aux élections complémentaires.

La Commune ayant autre chose à faire qu'à s'enquérir du clergé, Durand ne put placer son discours dans les séances et se tut. On voit une fois seulement son nom paraître parmi les orateurs de l'Hôtel de ville; Durand demandait que les membres de la Commune pussent à volonté visiter les prisonniers.

Durand fut délégué à la justice, fonction à laquelle il était certes aussi propre que le galérien Ledroit. Il s'occupa plus spécialement de son arrondissement, ce dont les habitants lui furent peu reconnaissants.

Il a été tué d'un coup de revolver pendant la bataille.

FERRÉ.

ous les parias, tous les déshérités de la nature, les laids, les difformes ont dans le cœur un levain de vengeance et rêvent de faire expier à la société les tortures qu'elle leur fait subir. Ne pouvant aimer, ces êtres haïssent; on rit d'eux, ils acceptent le rire, le provoquent même; ils ont le cynisme de leur situation, mais vienne l'occasion et, comme le Hop-Frog de Poë, ils brûleront le roi qu'ils viennent d'amuser. La méchanceté, la perversité des Vésinier et des Ferré est d'autant plus

terrible qu'elle est fatale : triste résultat d'une situation imposée, irrémédiable.

Ferré fut révolutionnaire tout enfant : martyrisé par ses camarades à cause de sa laideur et de sa faiblesse, il regimba contre l'injustice et fut un de ces écoliers dont on ne peut rien faire et qui s'isolent, farouches et hargneux, au milieu de toute une classe. A cette enfance pénible, douloureuse, Ferré prit ce caractère haineux et sardonique qui en fit le petit être vipérin de la préfecture de police.

Écolier, il s'était insurgé contre les écoliers ; homme, il s'insurgea contre les hommes, et à vingt-trois ans il avait déjà subi quatre condamnations pour délits politiques. Ne se donnant point la peine de déguiser sa haine, il faisait dans les réunions publiques un constant appel à la révolution et au régime de 93 : « La Raison, criait-il, la Raison et la Lanterne. » Il aimait à maudire les aristocrates, chantait le *Ça ira* et ne perdait jamais une occasion d'imiter Marat, son idole, à l'exemple duquel il restait toujours très-négligemment habillé. Comme Marat, du reste, il était d'une nature épileptique; il se démenait d'une façon furieuse à la tribune, agitait convulsivement les bras, se dressait sur la pointe de pied, sautait brusquement et était quelquefois pris d'accès de rage qui le faisait râler et finalement lui coupait la parole. Son visage singulièrement mobile se contractait alors et grimaçait affreusement.

Arrêté une cinquième fois en 1869, il fut traduit devant la haute cour de Blois et s'y conduisit avec non moins de sauvagerie que dans les réunions publiques; il se fit exclure des débats et ne voulut point être défendu. Il fut cependant acquitté faute de preuves. Au sortir de la séance où son acquittement avait été prononcé, comme ses amis le félicitaient, il leur dit ces paroles sinistres et prophétiques : « Ils m'ont acquitté, je m'en f...; quand nous serons les plus forts, je les ferai fusiller. »

Après le 4 septembre, il fit partie du 152ᵉ bataillon de marche de Montmartre et fut élu membre de la Commune, le 26 mars, par 13,784 électeurs de cet arrondissement. La Commune le nomma membre de la commission de sûreté générale et plus tard délégué à la même commission. C'est alors que Ferré put donner cours à la bile qui lui remplissait le cœur : il multiplia les arrestations, associé en cela avec Rigault, dont il revint l'intime. Les deux chacals étaient faits pour s'entendre et préparaient leurs infamies de concert. Ils firent de la préfecture de police un antre où pullulèrent les filles et très-peu les honnêtes gens. A Ferré revient une part de la responsabilité de la mort des otages et de l'incendie de la rive gauche de Paris. Il ne joua qu'un rôle effacé dans les séances de la Commune, sa petite voix criarde et très-désagréable convenait peu à un orateur et l'exiguïté de sa taille n'était pas faite pour compenser ce défaut. Il vota nécessairement pour le Comité de salut public.

Ferré, arrêté une première fois, était parvenu à quitter Mazas sous un déguisement de femme. Il vient d'être repris.

FORTUNÉ.

ORTUNÉ est né à Toulouse vers 1830. C'était comme on voit un Gascon et tout aussi bien que Meillet, son compatriote, il en avait toute la jactance, toute la gouaillerie, toute la vivacité.

Il avait été proxénète. Officier dans la garde nationale pendant le siége et recrue de l'Internationale, ces deux titres le firent nommer membre du Comité central, où il se montra d'un caractère assez doux. Il demanda que les négociations fussent reprises et poussées activement pour amener un compromis avec le gouvernement.

11,354 électeurs du 10° arrondissement le nommèrent membre de la Commune, le 26 mars. Il fit partie de la commission chargée de statuer sur les élections complémentaires, fut nommé membre de la commission des subsistances, demanda que le nombre et le traitement des employés de l'assistance publique soient diminués et vota pour le Comité de salut public.

C'était un homme de belle taille, pimpant, élégant, le visage rose, mais, particularité curieuse, les cheveux tout blancs. Il aimait à parader et penchait vers la vantardise et le clinquant. C'était une sorte de d'Artagnan, moins l'intelligence.

Il a été arrêté à Marseille au moment où il s'enfuyait.

FRANCKEL.

ERNIÈRE honte et la plus sanglante! ces hommes qui renièrent le drapeau national mirent à leur tête un de ces Allemands qui montaient encore la garde aux portes de Paris. Un Prussien, un Berlinois eut l'audace de poser sa candidature dans la ville que ses congénères venaient d'affamer, et, monstruosité sans nom, il se trouva assez de renégats pour le nommer.

Ce Prussien, c'est Franckel : un lourd et roide Germain aux cheveux d'un blond presque châtain, au nez saillant; figure épaisse, méchante; va-nu-pieds chassé de son pays, recueilli chez nous, et qui nous paya en monnaie d'Allemand.

Né en 1843, Franckel apprit le métier de bijoutier, fut incorporé dans l'armée prussienne en 1864 et vint tenir garnison à Kœnigschwartz, en Silésie. Là, il connut Bebel et Jacobi, détenus dans la forteresse, l'un pour son *Essai sur l'avenir des travailleurs*, l'autre pour sa brochure : *De la Guerre civile*. Ces vieux révolutionnaires firent du jeune soldat un socialiste convaincu qui fit bientôt de la propagande militante et s'affilia à la *Marianne* et à la Société des amis de la liberté. Quand l'Internationale absorba ces deux associations, Franckel en fit naturellement partie et fut un des instigateurs les plus ardents du mouvement international en Allemagne. Il fit un voyage à Londres et y fut nommé membre du conseil fédéral.

Poursuivi par la justice allemande, il se réfugia en France et fut, pour l'Allemagne, délégué auprès des sections parisiennes en 1867. Établi à Lyon, il fut avec Richard le fondateur de la section lyonnaise, puis il revint à Paris, se mêla de politique antibonapartiste, comparut devant la haute cour de Blois pour délit de société secrète et fut condamné à deux mois de prison et à 25 francs d'amende. C'est dans ce procès qu'il étonna le tribunal par ses connaissances en économie politique et qu'il appela le capitaliste un loup et l'Internationale un agneau: agneau à grandes dents qui pourrait bien manger le loup si le loup n'y prend garde.

Il fut, pendant le siège, orateur assidu et applaudi du club de la Reine-Blanche, eut un des premiers l'idée du Comité central, se mêla au 31 octobre et fut blessé à l'épaule au 22 janvier, par hasard du reste et légèrement.

Il signa toutes les affiches du Comité central, dont il était un des membres les plus capables, et fut délégué à la commission de l'échange et du travail, place qui lui fut conservée par la Commune.

Il s'exprimait assez difficilement, parlait longuement, ennuyait ses auditeurs de termes techniques et ne souffrait ni signes d'impatience ni contradicteur. Un jour il se prit de querelle avec Delescluze — l'antre communeux n'était pas tout à fait le séjour de la concorde; — et comme Delescluze le menaçait : « Vous êtes Delescluze, lui dit-il, eh bien moi je suis Franckel, et je me f... de vous », lui cria-t-il avec cette élégance de ton dont le *Père Duchêne* donnait la gamme.

Il était intimement lié avec Serailler et Malon et tous trois se soutinrent réciproquement dans les discussions de la Commune. Franckel vota pour la non-considération des abstentions et se sépara de ses amis en restant avec la majorité. Son argument favori était que la révolution, faite par les ouvriers, devait être favorable aux ouvriers. Il présenta et soutint le décret sur le travail de nuit et fut chargé du rapport sur les achats d'habillements et d'équipements.

On le dit tué.

GAMBON.

L'AFFRANCHISSEMENT du travailleur — cette hantise des rêveurs qui en fait de fanatiques apôtres — fut de bonne heure le projet caressé de Gambon. Doué d'une grande intelligence, d'une mémoire plus grande encore, il terminait ses premières études à seize ans et était reçu avocat à dix-neuf. Cette précocité lui fut fatale. L'ardeur de la jeunesse le jeta dans le parti révolutionnaire extrême; il se trouvait déjà jeté dans le parti extrême quand l'expérience aurait pu l'engager à se retirer.

Né à Bourges en mars 1820, venu à Paris en 1836, Gambon fonda, en 1840, le journal *les Écoles*, où s'affirma, pour la première fois, son républicanisme outré. Revenu à Cosne, six ans plus tard, il en fut nommé juge suppléant et se rangea ouvertement dans l'opposition. Sa propagande antigouvernementale contre le candidat M. Delangle, sa présence dans tous les banquets socialistes du département, son refus de porter un toast à la santé du roi et surtout sa proclamation de la souveraineté du peuple, l'amenèrent devant le tribunal, qui le condamna à cinq ans de suspension.

Ceci se passait en 1847. En 1848, Gambon, persécuté par le gouvernement renversé, se trouvait tout naturellement désigné aux suffrages des radicaux de son département. Il fut élu le sixième aux élections pour l'Assemblée, par 29,514 voix, fit partie de l'extrême gauche et, comme tel, fit une guerre ouverte et acharnée au parti bonapartiste qui s'affirmait alors.

Les électeurs de la Nièvre s'en trouvèrent bien, semble-t-il, et le renommèrent, le premier cette fois, aux élections de la Constituante. La lutte était alors ardente entre les deux partis; Gambon ne fut pas des moins enthousiastes, quoique agissant avec une prudence qui rappelle assez celle de Pyat. Il s'affilia à la Solidarité républicaine; signa l'appel aux armes des 148 députés de la gauche; le 13 juin 1849, suivit Ledru-Rollin aux Arts et Métiers, et moins heureux que lui, moins heureux que Pyat, fut pris, traduit devant la haute cour de Versailles et envoyé à Belle-Isle, où il resta dix ans. C'est l'amnistie de 1859 qui le délivra.

La popularité populacière est un vrai supplice. Il faut, pour la garder, abdiquer toute volonté, toute opinion personnelle, suivre tous les caprices de la foule et chaque jour faire du nouveau pour ne pas être oublié. Qu'il s'en est usé des intelligences à ce dur métier! Qu'on en a vu de ces malheureux qui, après avoir, comme Alcibiade, coupé la queue de leur chien, ont dû se jeter eux-mêmes en pâture au Minotaure! Gambon en est un.

Voici venir l'époque la plus célèbre, sinon la plus brillante de sa vie. Après avoir tranquillement cultivé son héritage, ennuyé Cincinnatus, voyant que personne ne venait l'arracher à sa charrue, il résolut de faire une action d'éclat qui ramenât l'attention sur lui. Il songea quelque temps, puis, inspiré par la *Marseillaise*, il refusa de payer l'impôt.

Étonnement de la France, inoccupée alors et ayant le temps de rire! Gambon va-t-il retourner à Belle-Isle? que fera-t-on du vieux proscrit? Le dénoûment fut aussi burlesque qu'inattendu. Gambon, agriculteur comme nous l'avons dit, et quelque peu bouvier, avait une superbe génisse, qui fut enlevée et vendue à l'encan. On fit grand bruit autour de la bête. Une souscription fut ouverte, la génisse achetée fut ramenée à son propriétaire, qui n'y gagna rien qu'un ridicule impérissable et quelques complaintes sur l'air de Fualdès.

L'effet fut totalement manqué : candidat aux élections de 1871, les habitants de la Nièvre envoyèrent Gambon à sa vache. Les Parisiens seuls — hôtes de toutes ces épaves de province — jugèrent à propos d'envoyer cette blouse à l'Assemblée.

Il n'eut pas le temps d'y jouer un rôle; au commencement d'avril, il envoyait au président sa démission dans une lettre où l'on trouve cette phrase : « Si Versailles s'obstine dans une lutte inique, je lui prédis qu'il sera vaincu, ruiné, déshonoré. » Pauvre Gambon, rien que Gambon et point prophète, même loin de sa vache !

Nommé membre de la Commune par 13,734 électeurs, dans le 10ᵉ arrondissement, il fut d'abord délégué à la commission de la justice, puis fut chargé d'une étrange mission : celle d'aller chercher Garibaldi à Caprera.

Gambon se mit en marche, mais fut arrêté — fort sottement pour son rôle à la Commune — en Corse et détenu pendant quelque temps.

Il revint à Paris pour voir la chute du gouvernement dont il faisait partie. Il fut membre de ce dernier Comité de salut public auquel incombent l'incendie et la ruine de Paris. La signature de

François Gambon mise au bas de ses affiches criminelles clôt dignement cette vie excentrique graduellement acheminée vers le crime par ce fanatisme que créent les principes absolus.

Gambon naquit rustre et rustre resta. C'était un paysan à l'esprit étroit et méchamment malin. La farce de la vache fut une malice qui tourna contre son auteur et peut donner une idée du gros bon sens borné du personnage. Ce qui distinguait Gambon, c'est la haine instinctive qu'éprouvent les paysans pour la ville et pour les citadins. C'est avec joie qu'il accueillit, soutint et proposa même les décrets qui frappaient les riches. Il avait l'élégance en horreur, horreur venue d'une incurable envie. D'une figure peu agréable, il laissait encore croitre et sa barbe et ses cheveux incultes et souvent ébouriffés.

CH. GÉRARDIN.

Tous les homonymes qui se sont rencontrés à la Commune, les trois Clément, les deux Dupont et les deux Gérardin se sont réciproquement fait tort.

L'*Officiel*, que Longuet ne relisait pas toujours, ne se donnait point la peine de donner les prénoms, et le public, ne pouvant démêler si telle parole ou tel fait appartenait à Charles ou à Eugène, les délaissait finalement et ne se souciait plus d'eux.

Charles Gérardin fut pour la première fois révélé au public par le procès de Blois. Parent de Dupont, son nom fut plusieurs fois prononcé dans le cours de l'affaire où il faillit être compromis pour avoir assisté à deux réunions tenues l'une chez Guérin, l'autre chez Fontaine. Il était alors comptable d'une maison de commerce, et fut ensuite commis voyageur. Il essaya de la vie politique dans les clubs et s'y fit assez de réputation pour obtenir le commandement du 257e bataillon.

Il fut nommé à la Commune par 6,142 voix du 17e arrondissement et ce fut lui, dit-on, qui aida Rossel à gravir les degrés du pouvoir. Gérardin n'était point brave, mais braillait beaucoup, ce qui lui fit une réputation d'audace assez gênante à porter. Aussi, après avoir fait partie de la commission des relations extérieures, fut-il nommé membre du Comité de salut public pour lequel il avait voté.

Il défendit le Comité central contre les attaques de Jourde et fut désigné pour être le geôlier de son ami Rossel, devenu suspect de trahison.

Gérardin, qui, nous l'avons dit, ne brillait pas par le courage et qui sentait s'approcher l'écroulement, résolut de s'enfuir, ouvrit les portes de la prison à Rossel et se cacha avec lui dans Paris. En vain Bergeret s'offrit pour poursuivre les *traîtres*; en vain Rigault lâcha ses limiers. Rossel et Gérardin ne purent être découverts que par la police du gouvernement. Pris dans la rue du Vert-Bois, chez une femme naturellement, Charles Gérardin est maintenant à Versailles.

Il a vingt-six ans.

EUG. GÉRARDIN.

OUVEAU Gérardin, mais le rebours de l'autre, Eugène était aussi calme que Charles était violent, aussi intelligent que l'autre était vide, aussi brave que l'autre était lâche.

Son passé est inconnu. Il était ouvrier et semblait avoir une cinquantaine d'années. Orateur de clubs, il fut nommé dans le 4ᵉ arrondissement par 8,154 voix aux élections du 26 mars. Il fit partie de la minorité et s'opposa constamment aux violences de la Commune, ce qui lui valut une certaine impopularité parmi ses collègues. Il fut nommé membre de la commission de sûreté générale le 21 avril. Il vota contre le Comité de salut public et signa le manifeste de la minorité.

Plus courageux que ses cosignataires et fidèle à sa parole, le vieillard refusa de retourner à la Commune.

GERESME.

n ne sait pas au juste d'où sort cette brute, la plus brute de l'Hôtel de ville, ce qui certes n'est pas peu dire. On ne sait pas même si Geresme est bien son nom, car on l'appelle aussi Hubert. L'Internationale l'admit au nombre des siens et dès lors, intelligent ou non, Geresme eut un titre, devint un personnage.

Cette cruche vide se fit remarquer par une

stupidité rare au Comité central, dont il avait été nommé membre on ne sait à quel titre. « Faut terrifier la réaction, disait-il un jour, *je n' connais que ça*. Les réfractaires sont des canailles, ajoutait-il le lendemain, faut être sévère contre ces *déserteurs* de l'humanité. »

Tel au Comité central, tel à la Commune. « Je vote pour le Comité de salut public, dit-il, parce que le terme de *salut public* a toujours été de circonstance. » On n'est pas plus Geresme que cela.

Il fit partie de la dernière commission de la guerre. Il est une chose inexplicable dans la vie de Geresme, le Comité central le chargeait de rédiger ses proclamations. Parmi toutes les incertitudes qui règnent sur le compte de Geresme, celle-là est bien la plus grande! Comment cet ignorant, cet esprit obtus s'y prenait-il pour satisfaire ses collègues?

C'est le 12° arrondissement (2,194 voix) qui avait envoyé cela à la Commune.

On dit que Geresme est né à Damery (Champagne), on dit qu'il était corsetier, on dit qu'il avait cinquante ans, on dit qu'il a été fusillé.

PASCHAL GROUSSET.

Es élections communales sortit la plus étrange assemblée. Gens de tous rangs, depuis le noble Polonais jusqu'au cordonnier du faubourg Saint-Antoine; aventuriers de tous genres, depuis le forçat en rupture de chaines jusqu'au capucin défroqué, tout ce ramas hétéroclite se jeta pêle-mêle dans l'Hôtel de ville, et le coquet Grousset, peigné, parfumé, ganté, se trouva coudoyé et traité de collègue par le négligé Courbet et toute cette clique — soi-disant ouvrière — qui attendait ses émoluments à la Commune pour se monter une garde-robe.

L'adjonction de ce mignon à la Commune et sa nomination aux affaires extérieures jeta du moins quelque gaieté dans cette sinistre comédie, où s'élaborait un si terrible dénoûment. Après avoir vu mettre Vallès à l'enseignement et Pilotell aux beaux-arts, Paris put croire que ce cauchemar allait finir en carnaval en voyant Grousset se placer modestement aux affaires étrangères, autrement dit les relations extérieures.

Avec étonnement on lut dans l'*Officiel* que le délégué auxdites affaires extérieures avait demandé aux puissances étrangères, par l'entremise de leurs représentants — qui n'étaient point à Paris — de reconnaître la Commune. Comme on s'amuse de don Quichotte qui prend des moulins pour des géants, on rit longtemps de ce ministre *in partibus* qui se prenait au sérieux ; hilarité que ledit ministre eut soin d'entretenir par de fréquentes proclamations.

Juger Grousset est chose difficile : vanité, avec beau visage et beaux habits, voilà tout. On ne peut faire un portrait de ce petit-crevé qui jouait au grand homme. Ce n'est qu'une banale figure, fadasse, incolore. Vain caractère et sans relief, n'ayant pas même un grand défaut.

Grousset est né en 1845 à Ajaccio. Sa mère était Corse et son père, engagé dans le professorat, était venu du continent en cette ville comme proviseur du collège. Ses débuts littéraires dans le *Figaro* et l'*Étendard* furent peu remarqués, probablement parce qu'ils étaient peu remarquables. Il signait ses articles du nom de Blasius et ses romans du nom de L. Virey. Les *Origines d'une dynastie* et le *Procès du* général *Malet* ne lui valurent pas une plus grande célébrité. Ce qui le tira vraiment de l'ombre fut non point ses œuvres, mais le rôle qu'il joua dans l'affaire de Pierre Bonaparte. Les débats apprirent que Grousset était l'un des fondateurs et le correspondant de la *Revanche*, qui se publiait en Corse, journal et correspondant peu connus jusqu'alors.

Cependant Grousset ne manquait pas d'ingéniosité. On cite de lui une petite anecdote qui prouve quel besoin il éprouvait de faire parler de lui. Étant au *Figaro*, il s'écrivait avec faux nom et fausse écriture de virulentes lettres à son adresse, lettres auxquelles il faisait de non moins virulentes réponses dans les colonnes du journal : le tout pour faire un peu de bruit autour de son nom.

Il fit également partie de la rédaction de l'*Époque*, où l'introduisit M. Dusautoy, séduit par la mise élégante et soignée du jeune littérateur.

Entré à la *Marseillaise*, quelque temps avant sa subite popularité, il remplaça dans la direction de ce journal Rochefort, arrêté pour un article sur la mort de Noir. Dès lors, dans les premières colonnes du journal se déroulèrent ces plates phrases que relevait de loin en loin quelque triviale épithète, car il est à noter que le coquet émondait bien moins son style que sa personne. Il fut l'un des fondateurs du *Journal du Peuple*, que firent les anciens rédacteurs de la *Marseillaise* supprimée.

Il était le signataire de l'un des articles qui firent lacérer la *Marseillaise*, reparue au commencement de septembre 1870. Les dents poussaient au jeune homme et mordaient à tort et à travers, on ne sait trop pourquoi. Grousset, joli et bien mis, était dans son rôle de fat ; s'engageant dans la méchanceté, il devenait un drôle : on ne le comprenait plus.

On n'entendit plus parler de lui pendant tout le siège, si ce n'est dans quelques clubs où il disait les articles qu'il ne pouvait plus écrire. En février 71, un journal, la *Bouche de Fer*, étalé en quelques coins des faubourgs, avec P. Grousset indiqué comme rédacteur en chef, apprit qu'il écrivaillait toujours. Le public connut, par l'arrêté du général Vinoy qui le supprimait, l'existence de ce journal.

13,359 électeurs du 18ᵉ arrondissement l'envoyèrent à la Commune. Grousset avait d'abord fondé la *République universelle*, que sa prose ne put faire prospérer, et la remplaça par l'*Affranchi*, que ladite prose ne poussa pas davantage et qui mourut faute d'acheteurs. Grousset se rattrapa sur l'*Officiel*, où quelques notes perfides lui valurent, de la part de Rochefort, l'épithète de *coiffeur*.

On sait comment il fut aux relations extérieures et la jolie plaisanterie que lui joua un farceur décidé à rire, même sous la Commune. Grousset, chargé des relations extérieures et n'ayant de relation avec personne, mettait du linge blanc en pure perte, quand un ambassadeur venu de la république de l'Équateur, s'il vous plaît, vint troubler la solitude de son ministère, et lui annoncer que son gouvernement reconnaissait la Commune. Une note annonçait cette bonne fortune dans l'*Officiel* du lendemain, et les communeux n'étaient pas encore revenus de leur étonnement qu'une lettre de M. de Bustamente, vice-consul du pays en question, déclara qu'il n'existait en Europe aucun ambassadeur de l'Équateur.

Grousset prit souvent la parole aux séances de la Commune. Il demanda qu'il ne fût pas tenu compte des abstentions aux élections du 16 avril; annonça fréquemment qu'on appréciait en Europe le mouvement communal à sa *juste valeur*; réclama le secret des séances; attaqua violemment la minorité dissidente, et, étant questionné sur l'opportunité d'une protestation à l'Europe entière contre les prétendues violations du droit des gens commises par Versailles, il eut assez d'esprit pour faire entendre à la Commune que, la chose étant une querelle de Français, il ne fallait point en faire juge l'étranger.

Le 17 mai, après un long discours qui l'échauffa considérablement, il s'écria dans un moment d'enthousiasme : « Je resterai jusqu'à la victoire ou la mort au poste de combat que le peuple nous a confié. »

Amère dérision! Le mignon, quoique point lâche, ne parut point dans la bataille et fut trouvé caché dans des habits de femme. On eut dû laisser cette Excellence-là dans ses jupons.

JOHANNARD.

ELUI-LA vécut en crapule et finit en bandit. C'est un des personnages les plus typiques de la bande véreuse qui se vautra sur les fauteuils de l'Hôtel de ville. D'abord simple placier en fleurs, il resta toujours un commis voyageur accompli : poseur

par état, vaniteux par nature, faisant de mauvais mots quand même et cyniquement débauché. Ses lettres étaient encore des prospectus et ses discours des boniments.

Entre une partie de billard et une ruelle, notre Gaudissart songeait à l'affranchissement des travailleurs. Mais le rêve favori, longtemps caressé, de ce régénérateur du monde était d'avoir un uniforme avec lequel il pût parader devant ses conquêtes éblouies. Platitudes, mensonges et promesses, rien ne lui coûta pour posséder le bienheureux galon. Garde national au 100ᵉ bataillon, il en brigua le commandement et fit à ses camarades un superbe discours qui commençait ainsi : « Citoyens, il n'est pas besoin d'avoir jamais touché un fusil pour être commandant ou général ; les hommes de guerre se révèlent sur le champ de bataille ; vous me verrez à l'œuvre. » Et c'est cet arlequin-là qui, six mois plus tard, donnait des lois à Paris !

L'éloquence de Johannard fut vaine : Taupinard fut nommé, et l'orateur fut trop heureux d'attraper le grade de lieutenant d'armement, dont l'uniforme ne le quitta plus, uniforme chamarré du grand Jules, traîné dans bien des bouges et dont bien des catins doivent garder le souvenir.

Johannard fut un des premiers internationaux parisiens et parut au procès de 1870, où il fut considéré comme un des chefs et fondateurs de l'association. C'est lui, en effet, qui organisa la section du faubourg Saint-Denis, et qui en fut secrétaire jusqu'à ce qu'il eût été nommé secrétaire général pour l'Italie. C'est en cette dernière qualité qu'il signa les nombreuses cartes d'adhésion dont il fut question dans le procès.

La haute cour de Blois le condamna à un an de prison et à 100 francs d'amende, pour délit de société secrète. Johannard, qui avait été relâché sous caution, devait rentrer à Mazas le 6 septembre, quand éclata la révolution qui annula la condamnation.

Pendant les premiers mois du siége, il parla assidûment au club de la cour des Miracles, où il plaignit non moins assidûment « les pauvres déshéritées de la civilisation impériale » : plaintes exhalées en vue de l'auditoire féminin du club, qui lui en savait gré, l'acclamait à outrance et faisait quelquefois à la porte de petites ovations au beau Johannard. Au 31 octobre, il se trouva mêlé à la compagnie des francs-tireurs de Germain Casse, qui envahit l'Hôtel de ville. Son obscurité l'empêcha d'être poursuivi. Un accès tout bénin de petite vérole qui lui survint alors, fort à propos, le retint au lit, loin de la bataille qui aurait pu lui gâter le visage.

Le vaniteux commis voyageur ne manqua pas de briguer la députation aux élections pour l'Assemblée. On sait qu'à cette époque des listes furent envoyées de Londres et distribuées à tous les membres de l'Internationale, avec injonction de voter pour les candidats désignés. Deux internationaux furent nommés ; les autres eurent à peu peu près le même nombre de voix, étant portés sur les mêmes listes. Johannard en obtint 56,331.

Il assista, place de la Corderie, aux séances du Comité central, mais il n'en signa point les affiches, bien qu'il ait présidé une séance tenue à l'Hôtel de ville le 19 mars.

Il échoua aux premières élections pour la Commune, mais fut, aux élections complémentaires, élu dans le deuxième arrondissement par 2.699 voix. L'Hôtel de ville, auquel le roide Delescluze, le vieux Beslay et quelques sectaires assombris donnèrent un vernis de puritanisme et de sévérité, était peu fait pour plaire au galant Johannard, qui n'y joua qu'un bien mince rôle et se tint de préférence dans sa mairie.

Abandonnant les socialistes, il se rangea du côté de Delescluze, lorsqu'il vit celui-ci émerger au milieu du désarroi des premières défaites. Il obtint alors du parodiste de 93 le commissariat civil auprès du général La Cécilia.

Alors s'écoulèrent les trois ou quatre jours les plus heureux peut-être de la vie de Johannard. Il put se mettre des galons sur toutes les coutures et des palmes dorées sur tous les revers. Mais il fallut partir, la situation devenait de plus en plus critique ; la première quinzaine de mai s'achevait ; les chefs devaient payer de leur personne, et Johannard se rendit aux avant-postes.

Quand il en revint, il était complétement changé. Sa bonasse amabilité lui avait tourné sur le cœur ; le bruit de la bataille lui avait fait peur ; la peur avait amené des réflexions, et les réflexions de sombres pressentiments. Il sentit la Commune chancelante, cernée, perdue, et fut pris de ce vertige de la mort qui, dans cette horrible crise, semble avoir affolé jusqu'à la férocité plusieurs de ses confrères jusqu'alors d'un caractère assez honnête et assez doux.

C'est Johannard qui, entrant dans la salle des séances, dit froidement : « Je viens de faire fusiller un messager de seize ans qui portait des dépêches aux Versaillais. » Ceci fut dit à soixante hommes assemblés. Le fanatisme et la perversité, graduellement accrus avec l'imminence du danger, n'y trouvèrent rien à blâmer.

Le 23 mai, Johannard et La Cécilia, chassés du Trocadéro par les soldats, s'enfuirent d'un seul coup jusqu'au Père-Lachaise, le premier non sans semer sa route de nouveaux assassinats. Fusillade d'ambulancières, fusillade de soldats prisonniers, le bandit ordonna tout et parfois exécuta de sa propre main. Farouche, isolé, Johannard, passant au galop de son cheval, criait à ses hommes : « Repliez-vous, mais tuez et brûlez en vous repliant. »

Du Père-Lachaise, il passa au fort de Vincennes, où on le trouva caché dans une crypte de la chapelle. On fit à l'assassin, à l'incendiaire l'honneur de le fusiller.

Johannard était assez spirituel pour amuser quatre ivrognes autour d'une table, et assez nul pour se complaire dans ses débauches. Il était blond, d'une figure mâle, et avait toute la désinvolture voulue pour être dit « un beau garçon. » Il avait un œil de verre, chose cachée avec grand soin et qui le faisait loucher un peu. Il était sans défense devant les flatteries, et le galant oublia toujours le membre de la Commune dans les affaires que des femmes vinrent traiter avec lui. Il avait vingt-neuf ans. Son logis habituel était dans la rue d'Aboukir, où on le rencontrait souvent, jouant au billard.

JOURDE.

Un moment codélégué aux finances avec Varlin, Jourde y resta seul après la retraite de son ami. Ces deux hommes, voués aux mêmes charges, partagent également la même réputation. Tous deux passent pour intelligents et tous deux pour honnêtes — comparativement à leurs collègues.

Jourde est né, dit-on, à Montauban, en 1843. Il vint de bonne heure à Paris, à la suite de ses parents, qui ouvrirent un magasin de bric-à-brac dans la rue Saint-Placide. Jourde fit ses études dans la pension Hortus et suivit les cours du collège Turgot. Il fut successivement clerc de notaire, employé dans une grande maison de banque en qualité de comptable, puis commerçant à son propre compte. Jourde vendait de la cotonnade et, entre-temps, s'occupait des questions économiques et des mathématiques pour lesquelles il avait un goût prononcé.

Les chiffres lui donnèrent cette allure méthodique qui caractérisa son passage à la Commune. A ce goût des affaires il joignait une astucieuse finesse qui ne contribuait pas peu à en faire presque un véritable homme d'État. Ses années de jeunesse furent marquées de débauches répétées. Spirituel et gouailleur, il se plaisait dans les brasseries et les bals du quartier Latin, où il parvenait à se créer un public sinon capable de l'apprécier, du moins assez disposé à l'entendre.

La révolution du 4 septembre l'impressionna vivement en lui donnant un grain d'ambition. Il s'affilia pendant le siége à l'Internationale et en est, comme on voit, un ouvrier de la dernière heure et non un membre influent, comme on l'a répété. Puis, poursuivi par son rêve de grandeur, il fit partie du Comité central. Riant volontiers de ses épais camarades, quelque peu infatué de sa personne et se sachant nécessaire, Jourde se fit peu aimer au Comité central, non plus qu'à la Commune. Son ami le plus sincère fut Varlin, qui voulait la réussite de l'insurrection, s'entourait d'hommes sérieux et appréciait Jourde.

Nommé membre de la commission des finances par le Comité central, le 19 mars, la nomination de Jourde fut confirmée par la Commune, le 28 du même mois. Il ne cessa d'en faire partie que lorsque les commissions furent dissoutes. Comme nous l'avons dit, il remplaça Varlin qu'il avait aidé dans ses travaux, et ne fut guère plus heureux que lui. L'argent, ce dieu de Vallès, ce désir de tous, l'argent manquait et manqua toujours à la Commune.

Jourde fit partie de cette minorité qui avait une ligne tracée, un but, et qui ne se laissait point aller au gré d'une fantaisie de révolution ou d'une férocité de commande. Il présenta un projet de loi sur les échéances qui fut accepté, un projet de loi sur le mont-de-piété accepté également. Il vota pour la validation des élections complémentaires. C'est le seul vote, du reste, où il ait fait preuve de peu de sens politique.

Il fut un adversaire acharné du Comité de salut public, qui voulut s'en venger en essayant de casser Jourde de ses fonctions, mais il ne se trouva dans la Commune personne qui put le remplacer. C'est chez Jourde que se réunissait la minorité dissidente. Pyat, qui se croyait personnellement attaqué, faisait des sorties furibondes contre le délégué aux finances, qui — ironiquement sans doute — offrit plusieurs fois sa démission.

Chassé de son ministère par l'incendie et les troupes, le 23 mai, Jourde se réfugia d'abord à l'Hôtel de ville, puis à la mairie du 11e arrondissement, puis à Belleville. Caché d'abord dans la rue du Chemin-Vert, il vint ensuite chez un de ses amis, dans le quartier Latin. C'est près de la demeure de cet ami qu'il fut pris le 31 mai.

Jourde est d'une haute taille, mince et élégante. Son regard petille d'intelligence et sa figure adoucie par une épaisse barbe blonde a une expression vraiment remarquable; seulement la débauche y a apposé son sceau indélébile : une large dartre défigure ce visage intelligent.

Jourde avait été nommé dans le 5e arrondissement par 7,310 voix.

LANGEVIN.

ANGEVIN fit partie de ce groupe d'internationaux qui forma le noyau de la minorité de la Commune. Ces hommes, pour être modérés, n'étaient pas moins révolutionnaires que leurs collègues; mais plus intelligents et plus perspicaces ils réprouvaient les violences intempestives ou inutiles dont le seul résultat était de décrier la Commune et de creuser l'abîme où ils devaient tous tomber.

Langevin est né en 1843. Comme à ses confrères l'instruction première lui manquait; obligé de suppléer à cette ignorance par de tardives études, il les dirigea vers un seul point : le socialisme; savoir incomplet, bien fait pour donner de fausses vues. Il était tourneur en métaux et s'affilia, dès 1867, à l'Internationale. Il fut nommé secrétaire correspondant du *Cercle des études sociales* et fit à ce titre partie du conseil fédéral parisien. Il signa le manifeste inséré dans la *Marseillaise* du 5 mai 1870, dans lequel l'Internationale parisienne protestait contre l'arrestation de quelques-uns de ses membres.

Langevin fut lui-même arrêté à la suite de ce manifeste, traduit devant la haute cour de Blois et condamné à deux mois de prison et à 50 francs d'amende.

Délivré par la révolution du 4 septembre, on ne le voit reparaître que le 26 mars 1851 comme candidat à la Commune dans le 17ᵉ arrondissement. Il y obtint 2,417 voix et fut élu. Il proposa d'établir à l'Hôtel de ville un service permanent pour établir des relations constantes entre la commission exécutive et la Commune. Il vota contre la validation des élections complémentaires, en disant très-justement à ses collègues :

« Dans le 17ᵉ arrondissement, vous avez ajourné une élection, en raison du nombre des votants; eh bien, vous admettez sans doute que vous avez une base quand il s'agit de faire voter, et n'en avoir pas de certaine pour la validation. C'est vous qui l'avouez. »

Il s'abstint dans le vote pour le Comité de salut public, dont il déclara la création impraticable et formula ainsi son abstention :

« Considérant que le Comité de salut public est une institution dictatoriale incompatible avec le principe essentiellement démocratique de la Commune, je déclare ne pas prendre part à la nomination des membres de ce comité. »

Langevin fit partie de la commission de justice et de la commission chargée de faire une enquête sur les quatre gardes nationaux du 185ᵉ bataillon que la Commune disait avoir été assassinés par l'armée.

On croit que Langevin est parvenu à s'enfuir.

LEDROIT.

ERTES, la nostalgie du bagne est chose rare; l'insurrection du 18 mars en fournit pourtant deux exemples: Ledroit et Philippe, forçats libérés, consentirent à siéger à la Commune.

Certes encore, ce petit monde-là était bien choisi et l'on conçoit en somme qu'on veuille renverser la société quand cette société vous a fait traîner le boulet pendant quinze ans. La Commune sera l'étonnement des siècles. Jusque alors les bandits s'étaient cachés, se sachant bandits, agissant occultement, ne songeant point à faire des prosélytes et encore moins à se faire passer pour d'honnêtes gens. La bande qui s'organisa en gouvernement à l'Hôtel de ville eut la prétention, elle, de régir le monde d'après ses principes.

Quel joli gouvernant que Ledroit, ce forçat d'une crâne ignorance, qui demandait à la Commune de donner 600 francs de rente à tous ses défenseurs, ni plus ni moins! Quel économiste que ce revenant de Toulon!

C'est lui encore, ce forçat, qui demanda que chaque *citoyen* fût muni d'une carte d'identité, sans doute pour que les honnêtes gens fussent reconnus et mis en lieu sûr. C'est lui, toujours lui, qui fit quantité d'autres propositions plus absurdes, plus démentes, sentant la brute d'une heure et le forçat de bien plus loin encore.

Ledroit est sorti du bagne en 1862. Il n'était pas encore Ledroit alors. Nous ignorons comment il s'appelait à cette époque; mais, désirant courir de nouvelles aventures sans avoir à compter avec son passé, il se dépouilla du nom sous lequel il avait été condamné et s'appela ironiquement Ledroit.

Le forçat fut délégué à la justice par ses honorables collègues, puis nommé membre de la commission de la guerre. Il fut partout d'une incapacité notoire et d'une violence qui faillit le rendre suspect aux plus violents eux-mêmes.

Rigault, à la piste de toutes les arrestations, commençait à remarquer que Ledroit traînait fort la jambe quand arriva la prise de Paris qui l'empêcha de poursuivre jusqu'au bout ses investigations.

Ledroit s'enfuit. Il a, dit-on, été arrêté à Caen. Il est à croire qu'on l'enverra rejoindre à Belle-Isle les 5,848 électeurs du 5ᵉ arrondissement qui l'ont nommé leur représentant le 26 mars.

LEFRANÇAIS.

RÉVOLUTIONNAIRE au dehors et père de famille au dedans, dénonçant le mariage comme immoral et la propriété comme un vol dans les salles de bal transformées en salles de prêche, mais une fois rentré chez lui, doux et bon, aimant tout particulièrement les petits enfants, leur faisant des joujoux et incapable de la moindre indélicatesse à l'endroit de cette propriété qu'il vient de décrier : tel est ou plutôt tel était Lefrançais.

Maître d'école en sa jeunesse, il en garda un air dogmatique et pédant ; il semblait toujours parler à des enfants et ne souffrait ni réplique ni controverse. Il avait le front carré et développé, le nez fort et les mâchoires saillantes. Ses yeux apparaissaient tout petits sous les replis des paupières, ce qui donnait à sa physionomie un air indécis qui était assez désagréable de prime abord; quoique âgé de cinquante-cinq ans, il avait encore la barbe et les cheveux très-châtains. Il était toujours mis avec une académique correction et observait jusque dans ses paroles ce bon ton qui régnait dans ses manières.

Lefrançais est né en 1816, à Angers. Il fit ses études dans cette ville. Il fut pendant quelque temps instituteur primaire dans le Lyonnais, croyons-nous, fut cassé de sa place en 1851, arrêté et condamné à quelques mois de prison, qu'il fit à Mâcon.

Il fonda, avec Chéron, une compagnie rivale de la maison Richer et fut comptable de l'association. Il reparut sur la scène politique pendant la période électorale de 1869 et eut plusieurs démêlés avec la justice impériale pour délits politiques. A la suite de ces faits, Chéron voulut se séparer de Lefrançais. Les deux associés ne purent s'entendre, et l'affaire fut portée devant le tribunal, qui adjugea à Lefrançais 10,000 francs de dédommagement.

Sans place désormais, il s'enfonça plus avant dans la politique. Son instruction était sérieuse et son esprit très-développé. Il avait étudié les différents systèmes socialistes et avait conclu pour la propriété collective, comme seule juste. Il professait également la théorie de l'union libre, quoiqu'il n'en ait point usé. Il était très-convaincu jusque dans ses violences, et déjà, en 1848, il demandait que les Tuileries, le Louvre, le Palais-Royal et autres palais fussent rasés comme monuments de la monarchie ou tout au moins transformés en hôpitaux. Doué d'un certain génie de déduction, il parvenait à rendre clairs pour son public ses diffus principes et parlait avec netteté et concision.

Il fut un orateur assidu des clubs pendant le siége et protesta contre l'inertie du gouvernement. Fidèle à ses paroles, il prit part à l'émeute du 31 octobre 1870, fut arrêté et fit quatre mois de prison préventive après lesquels il fut acquitté. Il fut nommé, aux élections du 6 novembre de la même année, adjoint à la mairie du 20e arrondissement par 5,607 voix.

Il se présenta comme candidat pour l'Assemblée aux élections du 8 février 1871 et obtint 62,626 voix. De nouveau candidat le 26 mars, il fut nommé membre de la Commune par

8,619 électeurs du 4ᵉ arrondissement. On avait primitivement admis à la Commune que le président serait élu tous les huit jours. Lefrançais fut le premier nommé.

Il joua un rôle important dans la Commune et eut le bon sens de s'opposer aux violences des écervelés qui l'entouraient et, entre autres réclamations, se plaignit de ce qu'on avait dépouillé les Petites Sœurs des Pauvres.

Lefrançais était très-brave. Il paya constamment de sa personne et se montra souvent d'une témérité rare chez un vieillard. C'est peut-être, avec Delescluze, le seul des gens de la Commune dans lequel on puisse retrouver un reste du désintéressement et de l'héroïsme stoïque des hommes de la première révolution.

Oudet, effrayé du danger qu'il courait au 6ᵉ secteur, demanda à être remplacé. Lefrançais se proposa avec Gambon et tous deux furent immédiatement acceptés. Le *Père Duchêne* avait déclaré dans un de ses numéros que si les membres de la Commune hésitaient à prendre des mesures énergiques contre les *traîtres*, c'est qu'ils avaient peur pour *leur peau*. Lefrançais lui envoya un défi — pour un duel d'un genre tout nouveau : — il proposa à Vermesch de se rendre avec lui aux Ternes sous les obus et de parcourir les remparts bombardés. Lefrançais fut fidèle au rendez-vous. Inutile de dire ce que fit Vermesch.

D'abord membre de la commission exécutive, il donna sa démission et passa à la commission des finances.

Lefrançais ne chercha point à fuir; il avait accepté la lutte, il la continua jusqu'au bout et fut fusillé.

LONCLAS.

HILIPPE n'allait point sans Lonclas, ni Lonclas sans Philippe. Philippe était le propriétaire de deux maisons de prostitution et Lonclas en gérait une. De la leur amitié accrue par des débauches communes qui les obligeaient à se ménager l'un l'autre pour éviter de désagréables révélations.

C'est dans un des caboulots dont Philippe faisait le commerce que tous deux se rencontrèrent, et de ce jour date la fortune de Lonclas, qui jusque alors avait mené la vie la plus misérable, d'abord homme de peine, puis infirmier.

Lonclas était chef du 73ᵉ bataillon, composé de *bons bougres* d'ivrognes qui choisirent pour chef celui d'entre eux qui criait le plus fort : « Vive la Commune ! »

Après avoir échoué aux élections du 26 mars, Lonclas fut nommé à celles du 16 avril par 5,810 électeurs du 12ᵉ arrondissement. Rigault effrayait Lonclas, qui ne parut que rarement à la Commune et n'y parla jamais. Il vota pour le Comité de salut public.

Il se tint dans son arrondissement en compagnie de Philippe, bouleversant le quartier, chassant les sœurs, emprisonnant les prêtres, organisant des battues contre les réfractaires, se livrant à tous les caprices, à toutes les sauvageries de la brute dont un accident vient de casser tout d'un coup la chaîne.

Lonclas, en dernier lieu, aida Philippe à incendier Bercy et disparut.

LONGUET.

Il portait bien son nom, c'était une immense créature, — une asperge, disaient ses camarades, — aux allures excentriques, dégingandées, bizarres. Il semblait marcher sur des échasses, tant ses jambes étaient longues, et manœuvrer des ailes de moulin, tant ses bras étaient grands. Il avait une face blafarde, au nez rougeaud, entourée de cheveux noirs longs et plats et fendue par un formidable rictus satanique qui témoignait du scepticisme et de l'amère raillerie du personnage.

Il allait sale, débraillé, ignoble. Son milieu à lui était le bouge. Là il était à son aise, se grisait à demi, puis les jambes allongées en travers de la table, les yeux brillants par l'excitation bachique, la voix un peu enrouée, il commençait un de ces interminables discours sur les misères sociales et les théories socialistes : discours prononcés avec verve dans une langue élégante, semés de saillies, pleins de cette gaieté sarcastique qui empoigne. Dans la rue, il était toujours affairé, les mains dans ses poches, un bouquin sous le bras, le nez au vent, les yeux aux nues, songeant sans doute à la victuaille du lendemain. Il avait à peine le temps de donner une poignée de main aux connaissances, un regard à la foule : il avait à faire. Où? Il n'en savait rien. Fainéant par nature, par goût et même par état, il avait toujours en tête quelque projet pour lequel il se mettait en marche par le chemin le plus long.

Ce fut un Gringoire journaliste, toujours pauvre — plus que pauvre, misérable. L'argent lui venait rarement, de ci, de là, et s'en allait avec une fantastique vitesse. Les privations avaient maigri et creusé sa figure, car l'étudiant qui sortait d'une princière orgie se couchait souvent le lendemain sans souper, — heureux s'il avait dîné. Son costume était un problème, sa garde-robe un mythe. Les gens qui l'entouraient à l'*Officiel* observèrent qu'il avait changé de chemise après avoir reçu ses premiers appointements. La chemise prise était neuve : l'étiquette y pendait : — 3 fr. 50 c. — et y pendit longtemps. Depuis quand l'autre durait-elle?

Longuet est né à Caen vers 1837. Son père était marchand de bas, et Longuet lui-même fut destiné au commerce, car c'est comme employé d'une grande maison et non comme étudiant qu'il vint à Paris après avoir fait d'assez mauvaises études au lycée de Caen. Mais bientôt il se sentit appelé à toute autre chose qu'à mesurer du drap, écrivit dans quelques petits journaux de l'époque et essaya de fonder une *Revue littéraire* à Rouen, il y a une huitaine d'années. Il fonda ensuite à Paris le *Journal des Écoles*, où il mit en avant un projet de société de secours pour les étudiants pauvres ou malades, et la *Rive gauche* après la suppression *des Écoles*. La *Rive gauche*, où écrivait également Protot, eut un véritable succès et se tirait à 20,000 exemplaires. L'insertion des *Propos de Labienus* de Rogeard fit supprimer le journal et condamner Longuet à plusieurs mois de prison.

Longuet assista au congrès de Liége tenu par les étudiants en 1865 et se vit poursuivi pour ce fait. Affilié à l'Internationale, il en devint un des apôtres les plus actifs en province et organisa à lui seul les deux sections de Caen et de Condé-sur-Noireau. Ce commis voyageur en idées faisait l'étonnement des bonnes gens de la campagne. On ne pouvait croire à la réelle influence de cet homme dépenaillé qui se roulait dans la débauche pour s'abasourdir, missionnaire de cabaret, Demosthène de carrefour, espèce de pitre dont le boniment était l'affranchissement du travailleur ou quelque bonne morale et que les patrouilles matinales relevaient ivre-mort sur le pavé.

Il collabora à la *Rue* et au *Peuple* de Vallès, subit une nouvelle condamnation pour délit politique et s'enfuit en Belgique, où il assista au troisième congrès de l'Internationale en qualité de délégué des sections de Caen et de Condé-sur-Noireau. Il avait déjà assisté à celui tenu à Lausanne en 1867. Il ne revint en France qu'après le 4 septembre et alla passer quelques jours à Caen, auprès de sa mère, qui vit encore.

Enfermé dans Paris pendant le siége, il parvint à se faire nommer commandant du 248e bataillon et fut cassé de son grade après le 31 octobre, dont il se mêla. Il se tint au courant des agissements du Comité central, se porta candidat aux élections du 26 mars, n'obtint que 1.095 voix dans le 5e arrondissement et alla alors s'installer à l'*Officiel*, qui fut le sujet d'une longue dispute entre Lebeau déjà établi et lui. Longuet, impatienté, trancha la chose en faisant arrêter Lebeau. Fainéant plus que jamais, il se vit reprocher de laisser passer des fautes de français dans l'*Officiel* de la Commune et de ne point en contrôler la copie. Aussi fut-il bientôt remplacé par le bossu Vésinier.

Candidat de nouveau aux élections du 16 avril, il obtint 1,058 voix dans le 16ᵉ arrondissement et vint siéger à la Commune. Il se rangea parmi les modérés. Longuet avait un talent oratoire vraiment remarquable; son instruction était sérieuse, car il avait beaucoup travaillé à son arrivée à Paris, et il connaissait à fond les divers systèmes socialistes. Il était trop sceptique, trop railleur pour être fanatique et violent; il était, du reste, d'une nature assez douce et ne comprenait ni la terreur inutile ni les représailles. Il tança vertement Rigault, qui faisait de la suppression du secret une question de cabinet pour lui : « Il faut accepter sa démission, dit-il, il ne saurait être question ici de personnalité. » Il vota contre le Comité de salut public. Il fut délégué pour visiter les gardes nationaux dans leurs postes et lieux de réunion le 24 avril et fut nommé membre de la commission de révision des arrêts de la cour martiale le 25 du même mois.

Il paraît certain qu'il a été fusillé.

MALON.

ALON est sinon l'un des plus remarquables du moins l'un des plus célèbres internationaux. C'est un des fondateurs de l'Internationale parisienne, et c'est à ce titre surtout qu'il doit sa réputation. Apte aux affaires, mais peu intelligent au fond, il suppléait à son manque total d'instruction par le génie de l'intrigue développé chez lui au plus haut degré. D'un esprit sournois et retors, il se plaisait dans les manœuvres demi-occultes de l'Internationale, aimait à préparer sourdement ces grèves ouvrières qui, éclatant tout d'un coup, faisaient croire à une puissante intelligence directrice. Il n'était ni moins haineux ni moins méchant que ses collègues, car il était tout aussi laid qu'eux et avait autant souffert, mais sa vengeance partait de plus haut; il ne s'épuisait point en vaines criailleries, en violences intempestives et dangereuses, il mettait tout son temps et tout son génie à préparer cette révolution grandiose qui devait à la fois abattre les riches et les heureux, objets

de ses haines, et porter son nom jusqu'aux nues — ce rêve de toutes les vanités soulées. Aussi vit-il avec tristesse ses collègues compromettre le succès de cette révolution commencée, et se rangea-t-il parmi la minorité. Sa modération doit être attribuée bien plutôt à un profond calcul qu'à une réelle douceur de caractère. Il était affligé d'un bégaiement assez prononcé pour lui empêcher tout long discours.

Malon est né en 1841, dans le Forez, de parents pauvres qui ne purent lui donner l'instruction que devait réclamer sa position future. Il dut gagner sa vie de bonne heure et, comme les enfants des classes pauvres, n'eut point d'enfance réelle. Cette dure destinée lui fit un précoce bon sens dont il donna plus tard des preuves. Mené sévèrement, impitoyablement même, par ses premiers maîtres, il acquit promptement ce talent de dissimulation et cette sournoiserie mélancolique qui devaient faire le fond du caractère du conspirateur que nous avons connu.

Il fut d'abord garçon de peine, puis ouvrier teinturier. Plus que tout autre il avait connu les misères des classes ouvrières; aussi le voyons-nous dès 1865 s'aboucher avec Murat, Varlin et Tolain, pour chercher un remède efficace aux vices d'organisation de la société. Il alla au congrès international tenu en 1866 à Genève, fut impliqué dans le premier procès de l'Internationale en 1868 et condamné à trois mois de prison.

Il s'occupa spécialement de l'organisation de l'Internationale dans les grands centres du Nord, à Lille, à Tourcoing, à Roubaix, et fut, sous le couvert du nom d'Assi, l'un des principaux organisateurs de la grève du Creuzot, où il était allé comme correspondant de la *Marseillaise*.

Il était secrétaire correspondant de l'une des sections parisiennes auprès du Conseil fédéral de Londres, et avait reçu des pouvoirs extraordinaires pour la réorganisation et la propagation de l'Internationale en 1869. Il essaya en vain d'entraîner la société sur le terrain politique, en proposant au comité antiplébiscitaire de la presse de recevoir l'adhésion de l'Internationale. Le comité refusa.

Arrêté de nouveau en mai 1870, il fut traduit devant la haute cour de Blois et condamné à un an de prison et à 100 francs d'amende. On peut avoir une idée de l'activité que ce grand propagateur avait déployée par le passage suivant d'une lettre lue dans le procès :

« Combien faut-il avoir fondé de sections en

province pour mériter une couronne civique, écrivait-il à Combault? S'il n'en faut que vingt, j'espère la gagner. »

Après la révolution du 4 septembre, Malon fit partie de la municipalité provisoire du 17ᵉ arrondissement, et fut, le 6 novembre 1870, élu adjoint par 1,787 électeurs. Nommé aux élections du 8 février 1871 membre de l'Assemblée de Bordeaux par 117,483 voix, il donna sa démission après le 18 mars et vint prendre la direction de la municipalité du 17ᵉ arrondissement.

Il fut élu membre de la Commune par 4,199 voix le 26 mars, toujours dans le 17ᵉ arrondissement. Il parla peu dans les séances, à cause de son infirmité. Ce n'est jamais sans être furieux et donner du poing sur les murs qu'il sortait de l'Hôtel de ville. Plus perspicace que les hommes qui l'entouraient, il voyait l'abîme dans lequel allait rouler la Commune, qui se tuait par ses violences; il se rangea du côté de la minorité et protesta plusieurs fois contre les brutalités de ses collègues. Il demanda que la municipalité du 8ᵉ arrondissement qui avait laissé piller l'ambassade de Belgique fût blâmée et réclama la révision des marchés passés par les délégués communeux.

Il vota contre le Comité de salut public et signa le manifeste de la minorité.

Trop prudent pour se battre et trop politique pour essayer de la persuasion à coups de fusil, il se tint éloigné du champ de bataille et essayait de s'enfuir par le chemin de fer du Nord sous le costume d'un chef de gare, lorsque son nez tortu, sa mine maussade et son air mystérieux le firent reconnaître et arrêter.

Malon a fait des poésies socialistes sur les prolétaires en grève.

MARTELET.

IT des enseignes de marchands de vin et étudia la politique au cabaret. Peu d'intelligence, point d'instruction, démocrate pour toute qualité. Ce gamin auquel la barbe n'avait point encore poussé se crut capable de régir la société et l'eût été si l'ambition faisait le talent.

Engagé volontaire dans le 103ᵉ bataillon de marche pendant le siége, membre de la Société des libres penseurs, ami de Sappia et son compagnon au 22 janvier, voilà tous les titres de Martelet. Il est inouï que les idées égalitaires aient perverti le peuple au point que le premier souillon ramassé dans le ruisseau puisse se croire un législateur !

Le 26 mars 5,927 électeurs du 14ᵉ arrondissement nommèrent Martelet membre de la Commune. Il y eut la spécialité des enterrements et fut délégué à ceux de Pierre Leroux et des victimes des premiers combats d'avril. Brailla aux séances mais n'y dit jamais rien.

On l'a vu en Suisse.

MELLIET.

A plupart des communeux avaient tant crié : « Plus d'avocats ! » qu'on en croyait la race soigneusement éloignée de l'Hôtel de ville. Point du tout, en voilà un encore. il est vrai qu'il l'était si peu !

Léo Melliet est né à Lévignac dans le Lot-et-Garonne, vers 1840 ou 1841. C'était un enfant plein d'intelligence et d'une remarquable mémoire. Il est bon de remarquer que ces rénovateurs ont été dès leur jeunesse infatués de leur personne. De faciles succès sur les bancs de l'école, quelques prix de plus que les camarades quand viennent les distributions, voilà ce qui a fait naître ce grain de vanité qui se développe et devient rapidement une vaste ambition que des talents fort ordinaires ne peuvent plus faire pardonner.

C'est le cas de Melliet. Ayant fait ses études au collége de Miramont et s'étant maintenu le premier dans sa classe, il s'illusionna au point de se croire du génie, illusion entretenue par des parents idolâtres de leur fils. Le père était un modeste boulanger, le fils voulut être avocat, mieux peut-être, et vint à Paris.

Le provincial reconnut bientôt combien était vaine sa réputation de savant faite dans un village, et, effrayé du travail nécessaire pour arriver à une instruction solide, il abandonna bientôt et ses études et ses projets pour se jeter dans la vie politique et pérorer dans les réunions.

Il fut obligé pour vivre d'entrer comme clerc chez un avoué. Il passait la journée dans l'étude de cet avoué, mais le soir on le voyait redevenu lui-même, lançant quelques phrases bien sonores et bien vides dans le coin d'un cabaret où il avait réuni trois amis. Il était nécessairement voué à l'Internationale et ne manqua pas de s'y affilier en octobre 1870. Il fut un orateur assidu des clubs de la rive gauche pendant tout le siége. Melliet était méridional aussi bien de personne que de naissance. C'était un vrai Gascon, plus loquace qu'éloquent, plus bravache que brave, vaniteux, pointilleux, ayant un accent prononcé qui agrémentait ses discours. Il parlait avec une grande rapidité, sautillant dans la tribune, éclatant tout à coup, se démenant comme un moulin à vent, accompagnant de gestes chacune de ses paroles, coupant l'espace horizontalement ou verticalement selon qu'il demandait une mesure radicale ou qu'il parlait d'égaliser, frappant du poing sur la balustrade, le tout avec un tel entrain, une telle vivacité comique, que l'auditoire, *empoigné* par cette exubérante animation, riait, gesticulait aussi et finalement écoutait avec sympathie.

Melliet signa l'affiche rouge de la fin de décembre 1870 demandant la mise en accusation du gouvernement et fit quelque temps de détention préventive à cette occasion. Le tribunal l'acquitta.

Il fut le 26 mars nommé membre de la Commune par le 13ᵉ arrondissement, dont il était l'adjoint depuis le 5 novembre. Il siégea parmi la majorité ; ses violences, sa jactance lui valurent un rôle assez considérable dans la Commune. Il prit souvent la parole et vota pour la validation des élections complémentaires et pour le Comité de salut public.

Il fit partie de la commission de justice et de la commission chargée de reviser les jugements de la cour martiale. Le 2 mai il fut nommé membre du Comité de salut public et, le 9 du même mois, gouverneur du fort de Bicêtre. Le 17 mai, le Comité de salut public, dont il avait cessé de faire partie, le nomma commissaire civil auprès du général Wrobleski, commandant les forces du Sud.

Il déclara dans son discours aux francs-maçons, le 29 avril, que la seule musique qu'on pût écouter jusqu'à la paix définitive était la *Marseillaise*. C'est lui qui demanda la destruction de la chapelle Bréa — « insulte aux vaincus de toutes les révolutions », dit-il.

Léo Melliet est sorti de Paris dans de bien dramatiques circonstances.

On se souvient qu'au commencement de l'insurrection M. Turquet, député, et les généraux Langourian et Chanzy furent arrêtés par les fédérés. Ces personnes durent leur liberté et peut-être leur vie à l'intervention de Melliet, qui parvint à les faire sortir de prison.

Quand la Commune fut renversée et ses membres traqués, Melliet se présenta chez M. Turquet et lui dit: « Je vous ai sauvé, sauvez-moi. » M. Turquet le tint caché chez lui en le faisant passer pour son secrétaire pendant une quinzaine de jours. Puis il lui procura un passeport belge à l'aide duquel Melliet parvint à quitter la France.

M. Turquet est un galant homme et Melliet un heureux scélérat.

MIOT.

C'ÉTAIT une noble tête de vieillard, dit-on dans la *Tour de Nesle*, ainsi était Miot. Une figure taillée à l'antique, régulière, énergique, rendue sévère par une longue barbe blanche et un vaste front poli, un peu dégarni par l'âge. Le masque seul était noble, la figure seule avait vieilli. Ce masque respectable logeait toutes les folles inexpériences de la jeunesse. La conduite misérable du vieillard devait salir ces cheveux blancs si fièrement portés !

Il existe une certaine corrélation de caractère entre Miot et Delescluze. Tous deux étaient aveuglés par une intense passion pour 93, tous deux souffrirent à cause de leur aveuglement et tous deux par cet aveuglement même en arrivèrent au crime. Mais Delescluze professait un profond respect pour la forme et comptait avec le droit; Miot, au contraire, ami et disciple de Blanqui, faisait litière de toutes choses et tendait aveuglément à son but par les moyens les plus inavouables et les plus violents.

Il entrait beaucoup de sentiment dans la conviction de Miot, ce qui le rendait plus fanatique encore que Delescluze. L'un fut amené au radicalisme par une fausse logique, l'autre par la haine. C'est sa haine contre Dupin qui jeta Miot dans l'extrême montagne de 48, haine reportée sur les amis de Dupin et sur le gouvernement qu'il servit.

Jules Miot naquit dans la Nièvre en 1810, fit ses études, apprit la médecine et se trouvait pharmacien à Moulin-Engilbert en 1848. Il fut alors nommé aux élections pour la Constituante dans son département et, comme nous l'avons dit, siégea parmi la gauche extrême.

Déporté en 1851, il resta sur les frontières du Maroc jusqu'en 1856, obtint alors de pouvoir parcourir librement l'Algérie et vint se fixer à Alger, où il fit de la photographie pour vivre. L'amnistie de 1859 lui permit de rentrer en France. Il ne s'y tint point tranquille. Trop vindicatif pour oublier ses souffrances, trop impatient pour essayer de combattre l'Empire avec les armes qui lui étaient laissées, il se mit à conspirer, s'aboucha avec Blanqui, prit la direction du parti blanquiste lors de l'arrestation du maître et fut arrêté lui-même, en 1862, sous l'inculpation de délit de société secrète.

Les débats mirent au jour le caractère farouche du pharmacien et ses sanguinaires théories; on trouva chez lui un livre manuscrit intitulé *Devoirs d'un républicain*, où l'assassinat et l'insurrection étaient commandés comme une obligation. On voit que Miot était communeux bien avant l'époque. Il fut condamné à trois ans d'emprisonnement et passa en Angleterre à l'expiration de sa peine.

Dans le grand repaire des transfuges, Miot se lia avec la plupart des internationaux, assista aux meetings de l'Association, y prit même la parole et ne tarda point à s'affilier comme la plupart des réfugiés politiques français.

Revenu à Paris après la révolution du 4 septembre, il se créa une petite célébrité de club pendant le siége, se porta candidat aux élections du 8 février 1871 et fut, le 26 mars, nommé à la Commune par 5,520 électeurs du 19ᵉ arrondissement.

Bien loin de porter à la Commune la sagesse que l'expérience aurait dû lui donner, Miot se montra haineux, violent, insensé. Il lui fallait du sang à ce cerveau vide : — « Moi qui ai tant souffert », disait-il. Ce fut une orgie de parodies sinistres où se complurent Delescluze et lui. Miot proposait le Comité de salut public, Delescluze le soutenait; Miot demandait qu'après les édifices on abattît des têtes et Delescluze consentait; et tous deux, heureux de pouvoir imiter enfin, singes contents d'avoir fait comme leurs maîtres de 93, après avoir décrété l'incendie et l'assassinat se congratulaient, se disaient qu'ils *agissaient* et se demandaient si bientôt — misérables pécores — ils seraient à la hauteur des montagnards qui leur inspiraient ces vieux crimes parodiés. Il faut dire cependant qu'il demanda l'abolition de l'emprisonnement cellulaire, dont il devait connaître tous les désagréments.

Miot fut arrêté dans la prise de Paris. On

raconte qu'il avait caché un tronçon de baïonnette dans sa poitrine et qu'il essaya d'en frapper un des soldats qui le conduisaient. Il aurait été fusillé à la suite de cette criminelle tentative.

MORTIER.

'INACTION forcée du siége a été bien fatale à Paris. — Si Mortier avait eu toujours de l'ouvrage, il n'aurait probablement pas eu le temps de faire de la politique et n'aurait jamais cherché à régénérer le monde. Mortier était commis chez un architecte et vivait comme peut vivre un employé de 26 ans, ayant maîtresse, passant le dimanche à la campagne, craignant le garde champêtre, parlant peu des misères sociales et ne lisant jamais de journaux. Vint le siége, l'architecte ferma boutique et Mortier fut congédié. Il alla un jour dans un club, simplement pour se distraire; le lendemain, il fit comme les autres et y parla, on l'applaudit — car on applaudissait toujours; — Mortier se crut un foudre d'élo-

quence, et le voilà lancé dans la politique à corps perdu.

Il s'affilia à l'Internationale, comme premier grade à prendre. Puis il parvint à se faire nommer capitaine dans une compagnie de marche, puis il fut membre du Comité central et s'en vint avec une partie de sa compagnie le 22 janvier 1871, sur la place de l'Hôtel-de-Ville. Ne manquant point de courage, il commanda le feu et ne s'en alla qu'un des derniers, assez heureux pour emporter quand même le compte de ses membres.

Par ce haut fait d'armes, Mortier devint l'un des piliers de la démocratie bellevilloise et se rangea parmi les irréconciliables. Il signa toutes les affiches du Comité central et poussa ses collègues à n'accepter aucun compromis avec le gouvernement. « Il est impossible, dit-il, de se fier à Thiers, c'est un des fondateurs de l'Empire. » 19,397 électeurs le nommèrent membre de la Commune aux élections du 26 mars.

L'écervelé eut assez de bon sens pour se taire aux séances de la Commune; il eut conscience sinon de sa nullité, du moins de son ignorance, et ce n'est que de loin en loin, que, emporté par la fougue de la jeunesse, il lança au milieu de la Commune quelques-unes de ces paroles qui dénotent sa bonne foi aussi bien que son inexpérience.

Il demanda qu'on ne s'en rapportât qu'à la majorité relative pour les élections complémentaires, proposa de refuser la démission de Pyat et s'écria alors : « On ne doit pas quitter un poste, quand c'est un poste de péril et d'honneur. » Le 7 mai, il fit les propositions suivantes :

« Aucun journal — autre que l'*Officiel* — ne pourra publier d'articles touchant les opérations militaires. »

« Les officiers, sous-officiers et soldats de Versailles seront admis de droit dans la garde nationale et jouiront de tous les avantages, grades, retraites, etc., qui leur sont acquis par décrets antérieurs. »

C'était, comme Mahomet, appeler la montagne qui ne devait pas venir. Enfin, dans la séance du 19 mai, Mortier demanda que les églises ne fussent point fermées, et qu'on y établît des clubs pour prêcher l'athéisme.

On ne sait encore ce qu'est devenu Mortier.

OSTYN.

ES membres de la Commune sont un peu comme les peuples : l'origine des peuples se perd dans la nuit des temps, l'origine des membres de la Commune se perd dans l'obscurité. Le biographe en est réduit aux conjectures, tout comme l'historien. On dit Ostyn belge. Nous ne l'affirmons pas, car on dit aussi qu'il est né en Allemagne et l'on dit encore qu'il est tout simplement de Paris.

L'obscurité qui enveloppe sa naissance s'étend un peu sur toute sa vie. Il fut ouvrier ; c'est tout ce qu'on en sait. Il pérora beaucoup dans les clubs de Belleville et de la Villette, et c'est là qu'il conquit cette notoriété d'orateur qui le fit nommer à la Commune par 5,065 voix.

Il prit souvent la parole à la Commune, mais ne fit jamais de longs discours. Il protesta contre le Comité de salut public et signa le manifeste de la minorité, voilà tout ce qu'il fit de saillant. Il fut membre de la commission des subsistances, puis de celle des services publics. Les commissions fonctionnèrent mal et ne firent rien ; Ostyn non plus par conséquent.

Sa fin pourrait bien être, comme son origine, perdue dans l'obscurité.

OUDET

N voilà encore un que la manie de conspirer a fait dévoyer. Il conspira contre un homme, cet homme le fit emprisonner. La prison aigrit le caractère du prisonnier, qui s'en prit à tous de sa misère et enveloppa dans sa haine la société tout entière. Qu'il y en a de ces conspirateurs qui avaient pour dessein d'arriver soudain par un coup d'audace à la célébrité — fruit seulement d'un long labeur !

Oudet eut cette ambition : renverser un empereur ! C'est ce sentiment qui faisait dire à Triboulet : Le roi François Ier est mort et c'est Triboulet qui a fait cela, c'est moi; c'est ce sentiment tout d'amour-propre, bien plus qu'une conviction profonde qui multiplie sous tous les gouvernements l'odieuse race des conspirateurs.

Oudet était un peintre sur porcelaine. Il était né en 1826 et avait donc trente ans en 1856, lorsqu'il inventa de comploter et de jeter des bombes sur le passage de l'empereur. Il y avait alors comme une joute, c'était à qui aurait la vie de l'homme du 2 décembre. Oudet crut orgueilleusement pouvoir attraper le prix et n'attrapa que cinq ans de prison et 500 francs d'amende.

Il quitta la France lorsqu'il eut achevé sa prison et habita tantôt la Belgique, tantôt l'Angleterre, où il s'affilia à l'Internationale. Il revint en France en 1870 et vécut dans la plus affreuse misère jusqu'à ce que 10,065 électeurs du 19ᵉ arrondissement, touchés de ses revers et contents de sa propagande antigouvernementale pendant le siége, l'eurent envoyé à la Commune se refaire l'estomac et une garde-robe. Il avait signé la fameuse affiche rouge de décembre, avait été poursuivi, puis acquitté.

Mais Oudet était voué à la malechance; il fut délégué au sixième secteur, au Point-du-Jour que les obus, puis les balles rendirent peu à peu inabordable. L'ex-conspirateur, nullement courageux, demanda à être remplacé au poste du danger. « Pourquoi ? » lui demanda-t-on ; — « Parce que je m'ennuie, » répondit-il.

Il vota pour toutes les mesures violentes et se montra aussi inintelligent qu'ignorant des affaires. Il vota pour le Comité de salut public, parce que, dit-il, la situation est plus terrible encore que celle où nos pères de 93 se sont trouvés et que ceux qui l'attaquent n'y voient pas clair. Voilà Oudet.

PARISEL.

ARISEL était médecin. Il joua un grand rôle à la Commune et en fut un des principaux orateurs. Il avait trente ans, son passé était inconnu. Il s'occupait de mécanique et avait inventé un fusil à plusieurs coups qu'il offrit à l'empereur en 1868.

C'était une sorte de tête de juif à longue barbe sur un corps aussi mince que long se dandinant constamment. Parisel crut réellement que *c'était arrivé*. Il ne douta jamais du succès final de la Commune et travailla avec toute l'ardeur d'un homme qui croit faire œuvre durable. Il s'occupa activement des questions financières et des ambulances, parla beaucoup à propos des échéances, présenta son petit projet qui ne fut pas accepté, proposa la formation des corps d'ambulanciers qui fonctionnèrent vers le mois de mai et demanda l'élargissement des prisonniers condamnés par la cour martiale.

C'est lui qui fut chargé du fameux rapport sur les élections du 26 mars où étaient posées et résolues par l'affirmative les questions suivantes :

Existe-t-il une incompatibilité entre le mandat de député à l'Assemblée de Versailles et celui de membre de la Commune? Les étrangers peuvent-ils être admis à la Commune?

Il fit d'abord partie de la commission des subsistances, puis nommé président de la délégation scientifique et comme tel s'occupa d'amasser le pétrole nécessaire à l'incendie de Paris. Il fut chargé d'examiner les différentes matières explosibles présentées à la Commune, poussa activement à la confection de celles qu'il avait choisies, et prit toutes les dispositions voulues pour faire sauter la ville. Il vota pour le Comité de salut public.

Il aurait été fusillé au palais de l'Industrie.

PHILIPPE.

HILIPPE était certes une des plus belles fleurs du bouquet communeux. Comme Ledroit, c'était un forçat libéré. Après avoir pris aux galères ses premiers grades

pour arriver à la Commune, Philippe vint s'établir à Bercy, devint trafiquant de cabarets, et, voyant prospérer ses affaires grâce à une indélicatesse bien naturelle chez un forçat, il fonda deux maisons de prostitution dans le quartier. Lonclas en dirigeait une, lui tenait l'autre.

Ce passé offrant à des coquins assez de garanties de scélératesse, Philippe fut d'abord nommé chef du 56ᵉ bataillon pendant le siége, puis aux élections complémentaires pour la Commune il parvint à réunir 3,483 suffrages dans son arrondissement.

Que ce forçat qui ne savait rien n'ait eu d'autre opinion politique que celle de satisfaire ses désirs personnels, la chose se comprend et était trop générale à la Commune pour que personne y trouvât à redire. Cependant Philippe était mal à son aise à l'Hôtel de ville où se trouvaient encore par-ci par-là quelques honnêtes gens. Il ne vint que deux ou trois fois aux séances et il n'y prit qu'une seule fois la parole : « Nous sommes, dit-il, en butte à une réaction terrible. Il faut prendre des mesures énergiques. Que l'on sache que nous sommes bien décidés à briser tous les obstacles que l'on oppose à la marche *triomphale* de la révolution. »

Philippe se tenait plus volontiers dans sa

mairie où Géresme venait rarement et où Lonclas, son associé, le laissait maître entièrement. Philippe aimait la fange, il s'y vautra joyeusement à la face de tous. Il fut cyniquement scélérat et cyniquement crapuleux. « Je vous ferai tous sauter, je brûlerai tout lorsque Versailles entrera, » disait-il. Il chassa les sœurs de leurs établissements et y installa des demoiselles qu'il avait tirées des maisons dont nous avons parlé. Il s'adjoignit comme délégués et sous-délégués à la mairie les hommes qu'il avait employés dans ces mêmes maisons et fit fouiller toutes les rues du quartier pour donner la chasse aux réfractaires.

Cet être immonde, qui n'avait plus rien à perdre, tint parole à l'arrivée des troupes : il incendia l'église et la mairie de Bercy et essaya de mettre le feu aux grands entrepôts.

Les soldats l'ont fusillé, dit-on, le 26 mai.

PILLOT.

ous un crâne chauve une cervelle en ébullition, sous l'aspect d'un vieillard qui semble près d'expirer à chaque souffle l'âme d'un révolutionnaire affolé de vio-

lences, ivre de sang. Élevé au séminaire, ayant même reçu les ordres, il jeta la soutane aux orties et professa l'athéisme. Qu'on observe que cette classe de gens élevés dans les séminaires et qui en sortent avec des idées tout opposées à celles qu'on leur a enseignées, en garde toute la fourberie du jésuite et toute la cruauté vindicative du renégat.

Pillot avait cinquante-deux ans, depuis longtemps son apostolat athéiste était commencé. En 1848, il avait réuni 4,000 adhérents. Il pérora dans les clubs du siége, se mêla au mouvement du 31 octobre, fut pris et acquitté après quatre mois de prison préventive. Il échoua aux élections du 26 mars et fut nommé à la majorité relative par 1,748 électeurs du 1er arrondissement, le 16 avril.

Il parla peu à la Commune, ne fit partie d'aucune délégation ni commission et vota toujours avec la sanguinaire majorité qui se recruta parmi des visionnaires comme lui, des scélérats comme Ledroit, et des drôles comme il en foisonnait.

Il s'occupa de son arrondissement et fit alors de burlesques affiches dignes de prendre place à côté de celles de Lacord.

On ne sait ce qu'il est devenu.

PINDY.

PINDY est un des personnages les plus célèbres de l'Internationale en même temps que l'un des plus coquets de l'Hôtel de ville. Son ignorance, son esprit étroit le destinaient fatalement à être l'instrument aveugle et fanatique du premier homme ou de la première idée qui s'emparerait de lui. Ne pouvant ni apprécier ni discuter les actes de ses collègues, il les acceptait sans observation, exécutait leurs ordres et, doué d'un courage brutal, une fois le but fixé, ne s'arrêtait plus qu'il ne l'eût atteint.

C'est avec des hommes de cette trempe que le Vieux de la Montagne constitua sa redoutable bande. Il s'en trouva quelques-uns aussi dans les troupes de la Commune. Fier du dévouement qu'il montrait à la cause qu'il avait embrassée et reconnaissant en ses compagnons des natures supérieures à la sienne, Pindy les laissa légiférer et se chargea de l'exécution avec une sorte de joie farouche, qui ne laissait pas d'effrayer certains communeux disposés à se tirer de la bagarre au dernier moment.

Pindy est né à Brest en 1840. Il exerça pendant quelque temps la profession de menuisier, vint à Paris, s'affilia à la Marianne, puis à l'Internationale, quand celle-ci absorba la Marianne, et se trouvant l'un des premiers sociétaires, en garda une notoriété que ses capacités ne devaient point soutenir.

Il prit l'initiative de la section de Brest et fut secrétaire de la section auprès de la chambre fédérale de Paris. C'est en cette qualité qu'il signa nombre de cartes d'adhésion. Il parut au congrès de Bruxelles en 1868 comme délégué de l'Union syndicale des ouvriers en bâtiment de Paris, parut également au congrès de Bâle en 1869 comme délégué de la Chambre syndicale des menuisiers de Paris et se tut dans les deux congrès pour d'excellentes raisons.

Il s'occupa beaucoup de la réorganisation de l'Internationale parisienne presque tuée par les deux procès de 1868 et, toujours fanatique, organisa dans l'Internationale même une espèce de bande qu'il devait armer et « faire donner lorsque le moment de la révolution sociale serait arrivé », comme il écrivait à Ledoré de Brest. Il s'occupa alors beaucoup de chimie, de nitro-glycérine et des différentes poudres explosibles récemment découvertes.

Tout cela fut trouvé chez lui à la suite des perquisitions opérées en 1870 chez les membres de l'Internationale. On trouva non-seulement des formules d'engins de destruction, mais encore une note indicative pour la façon de les employer. Pindy, à cette époque, rêvait déjà de faire sauter Paris, rêve qu'il reprit plus tard pendant la Commune et dont il entretenait souvent ses amis, peu rassurés au fond d'un tel projet.

Traduit devant la haute cour de Blois, il fut condamné à un an de prison et à 100 francs d'amende. Il devait, comme ses cocondamnés, rentrer en prison le 6 septembre 1870; la révolution le sauva. Il fut le premier délégué envoyé par l'Internationale à la gauche pour lui offrir le concours des affiliés; Vésinier fut quelques jours après chargé de la même mission que Pindy arrêté n'avait pu mener à bonne fin.

Énergumène dans les clubs, officier dans la garde nationale, Pindy fut nommé membre du Comité central et, appuyé par les anciens internationaux ses amis, il parvint à centraliser presque entièrement la direction des affaires militaires dans ses mains. Il jouissait au milieu de ses collègues de cet engouement et de cette admiration qui s'attache aux hommes sans peur, bataillards et ayant du succès auprès des femmes.

Il fut nommé dans le 3e arrondissement par 8,095 voix, fit d'abord partie de la commission militaire, puis fut nommé commandant de l'Hôtel de ville. Son rôle à la Commune est nul. Pindy savait que son courage était sa seule qualité et se tenait à l'écart des discussions. Il se confina dans son commandement, toujours bravache et toujours farouche, déclarant nettement à ses collègues qu'il empêcherait l'ennemi de rentrer dans l'Hôtel de ville, mais qu'il empêcherait aussi ceux qui étaient dans l'Hôtel de ville de fuir devant l'ennemi. « Je vous ferai sauter », disait-il, avec un petit sourire narquois.

Il ne tint pas parole, mais il incendia l'Hôtel de ville et se fit, dit-on, tuer auprès.

Pindy adorait la tournure militaire, et se drapait crânement dans son uniforme de colonel; il avait *une bonne figure*, ne dénotant ni son incapacité, ni sa sauvagerie. Le seul signe de férocité qu'on y remarqua était la saillie des sourcils qui se touchaient à la moindre impatience. Il avait un nez au bout fortement retroussé, un vrai pied de marmite. Les cheveux étaient chez lui l'objet de soins tous particuliers, il les faisait friser tous les deux jours, même sous la Commune égalitaire. La frange de membre de la Commune ne quittait jamais sa poitrine non plus que l'écharpe rouge qu'il portait très-élégamment.

POTTIER.

U'ALLAIT-IL faire en cette galère? Honnête homme, père de famille, artiste consciencieux, quelle idée lui prit, tout à coup, de crotter en si mauvais lieu ses chevrons de probité. L'orgueil peut seul expliquer tant d'égarement, — orgueil renforcé par je ne sais quelles rêvasseries phalanstériennes, qui jeta hors de sa voie ce bourgeois piocheur et modeste.

Jusqu'à l'heure où lui poussa le fameux bourgeon dont parle Toppfer. Eugène Pottier, connu de tout le monde artistique et industriel pour un ornemaniste de talent, s'était contenté de cette réputation, sans autre ambition que de l'accroître par des travaux de plus en plus remarquables. Chaque année le Salon contenait de lui quelque nouvelle œuvre. On le remarquait, on l'applaudissait. La critique constatait ses progrès, et les commandes ne lui manquaient guère. Dans les conversations entre camarades, il amusait le tapis de quelques boutades socialistes, exaltait Fourier, qu'il savait par cœur, et faisait des vœux pour la réalisation des plans élaborés par l'auteur de la *Théorie des Quatre Mouvements*. Mais il paraissait vouloir se contenter de cet enthousiasme platonique, et se tenait, quant au reste, dans une réserve absolue. Timide d'allures et de caractère, il dut être étonné lui-même de l'audace qu'il montra plus tard.

Pottier faisait partie de l'Internationale depuis un an seulement. Son nom figure pour la première fois dans les archives de l'association, le 20 juillet 1870, au bas d'un manifeste adressé par les internationaux de Paris à leurs collègues d'Allemagne, en vue d'étouffer dans l'œuf le conflit franco-hispano-prussien. La guerre est déclarée ; le siége est mis devant Paris, Pottier entre dans le 181° bataillon de la garde nationale, est nommé adjudant de sa compagnie, et se tient à l'écart pendant les échauffourées du 31 octobre et du 22 janvier.

En décembre, il avait été choisi par ses camarades comme délégué au Comité central. C'est en cette qualité qu'il prit part au mouvement du 18 mars et qu'il s'employa, corps et âme, au triomphe de la Commune.

Sa signature reparut alors au rez-de-chaussée d'une affiche monumentale, émanée de la chambre fédérale des sociétés ouvrières, et contenant maint conseil aux électeurs pour les élections *communales* du 26 mars. Le 31 mars, il adhéra, de concert avec les membres de cette même chambre, aux décrets de la Commune sur la conscription, les loyers et les engagements du mont-de-piété. Enfin, le 14 avril, dans une réunion provoquée par Courbet, Pottier montra le bout de l'oreille. Il nous apprit le véritable motif de sa sympathie pour l'insurrection. Il put mettre la main sur sa marotte et se proclamer, lui, le modeste artiste, législateur des arts !

Son rapport sur l'institution d'une fédération artistique nous a été conservé. Il est simple, clair, ingénieux. On est toutefois surpris d'y rencontrer des articles qui contrastent étrangement avec les idées et les intentions de la Commune.

Eugène Pottier, qui n'avait pu obtenir aux élections du 26 mars un nombre de voix suffisant, se présenta de nouveau le 22 avril et obtint dans le même arrondissement, celui de la Bourse, 3,352 suffrages.

Nommé délégué à la mairie du quartier qui venait de l'élire, en compagnie de Johannard, Durand et Serailler, il s'occupa presque exclusivement de l'administration de l'arrondissement, et prit peu de part aux délibérations de l'Hôtel de ville. C'est à peine si le rédacteur de l'*Officiel* sait écrire son nom ; il l'appelle tantôt *Potier*, tantôt *Pothier*, puis à la fin *Pottier*. Il fut un des trois signataires d'une proposition tendant à instituer une commission supérieure de comptabilité. Le 6 mai, il ne sut présenter un amendement que pour le retirer aussitôt. Le 18 mai il se plaignit de ce qu'un commissaire de police s'était permis de fermer une église dans le 2º arrondissement avant de l'en avoir avisé.

Ce n'était pas, comme on voit, l'homme des mesures révolutionnaires. Bonhomme au fond, et même un peu Prudhomme, il fut l'instigateur d'un arrêté qui fermait les maisons de tolérance. Arrêté facile à prendre, d'ailleurs, les légions de l'Hôtel de ville fourmillant de cantinières qui n'avaient point d'autre recommandation que leur origine douteuse.

Qu'est devenu Eugène Pottier? On n'en sait rien encore.

PROTOT.

'ÉTAIT un drôle de sire que ce délégué à la justice. D'abord avocat sans cause, puis médecin sans malade, il est bien naturel que n'ayant rien à faire il se soit jeté dans toutes les sociétés secrètes, dans tous les complots, toutes les échauffourées de la fin de l'empire. Avorton de deux métiers, fruit sec sans avenir, il était bien naturel encore que la Commune l'absorbât et s'en servît.

De grande taille, mais mince, il avait un air étrange aussi peu agréable que possible. Tête peu expressive et cerveau de petite intelligence, il avait le crâne allongé conique et recouvert de cheveux très-noirs et toujours coupés en brosse. Un entêtement rare lui servit de génie. Par un travail incessant, acharné, il parvint à savoir quelque chose, peu de chose il est vrai.

Ses commencements furent difficiles. Né de parents très-pauvres, ~~en Côte-d'Or~~, croyons-nous, il dut donner des leçons pour vivre et achever ses études, difficultés qui aigrissent le caractère et que le patient ne pardonne jamais à la société. Il collabora au *Candide* de Tridon, fut pris avec lui dans la salle de la Renaissance en 1865 et mené à Sainte-Pélagie.

Là il parvint à s'échapper et se cacha chez un ouvrier du faubourg Saint-Antoine, se souciant peu de la prison préventive et attendant le jugement. Ne pouvant sortir et ennuyé, Protot, plus galant que reconnaissant, séduisit la femme de son sauveur sans songer sans doute aux fonctions dont la Commune l'investirait plus tard.

Condamné à quinze mois de prison, il se constitua prisonnier, mais, soupçonné par Tridon de connivence avec la police à cause de sa fuite, il fut mis à l'index par les détenus de Sainte-Pélagie et y mena une existence des plus solitaires, honni et évité par tous.

Une aventure scandaleuse ne changea point les sentiments de ses compagnons. La femme de l'ouvrier venait voir le prisonnier à Sainte-Pélagie sous prétexte d'en prendre soin; le mari, soupçonnant autre chose, se fit suivre par un commissaire de police et le directeur de la prison, et, donnant un coup de pied dans la porte de la cellule de Protot, eut des preuves flagrantes des relations que sa femme entretenait avec lui. Celui-ci, à son tour, accusa Tridon d'avoir averti le mari, et tous deux restèrent depuis ennemis irréconciliables.

Protot écrivit encore dans la *Rive gauche* et dans plusieurs petits journaux semblables, tués par la sixième chambre dès les premiers numéros.

En mai 1870, lorsque la police impériale inventa le joli complot des bombes, Protot fut du nombre des inculpés. Il fut arrêté dans son domicile par le commissaire Clément dans des circonstances assez dramatiques. La poursuite commencée contre lui fut abandonnée. Il défendit quelque temps après l'assassin Mégy, défense qu'il avait instamment demandée.

Protot, qui depuis longtemps suivait de très-près tous les agissements de l'Internationale et qui, dès 1866, avait pris la parole au congrès de Genève, connaissait le complot du 31 octobre et était désigné comme ministre de la justice. Le mouvement échoua et le ministère de Protot tomba dans l'eau, pour un moment du moins.

Il fut nommé membre de la Commune, le 26 mars, par 18,062 voix, dans le 11ᵉ arrondissement et fut dès lors délégué à la justice, fonction qu'il ne quitta plus, étant de toute la Commune le moins impropre à les remplir. L'*Officiel* est rempli de ses arrêtés, de ses notes, de ses propositions, modifications de mille sortes que le bon Protot faisait dans son département, toutes choses éphémères qu'il serait puéril de rapporter.

Notons seulement que le délégué à la justice prit sa délégation au sérieux et qu'il se donna un vernis de rigorisme qui allait bien avec ses fonctions, mais qui jurait fortement avec sa conduite passée et même présente. Il obtint à la Commune tout ce qu'il demanda et ce, sans conteste : Protot parlait beaucoup et abasourdissait ses collègues d'un savoir que presque aucun d'eux ne pouvait contredire ni contrôler.

Qu'est devenu Protot? Point d'interrogation. Celui-ci dit qu'il est pris, celui-là qu'il est mort, le troisième soutient qu'il s'est enfui. Il en est ainsi de tous à peu près, et le voile qui couvre la fin de quelques-uns des communeux ne sera jamais levé. Ceux qui sont morts ont pu ne pas être reconnus, ceux qui ont fui ont intérêt à ne pas se faire connaître.

PUGET.

VIOLETTE à la façon de Philippe et de Lonclas, Puget se tenait à l'écart de la Commune, non par modestie, mais par crainte. Son passé fort louche n'aurait pas gagné à être connu, notre homme craignait l'œil de Rigault et restait chez lui.

Du reste Puget n'en travaillait pas moins à domicile. Logé à la Villette dans la rue Clavel, personne ne s'entendait mieux que lui dans les perquisitions à opérer chez ces *jeans-foutres* de réactionnaires. Il était parvenu à se faire estimer — estime de canaille à canaille — par les communeux de son quartier. Il y commandait un bataillon et y jouissait d'une grande influence. Il avait été comptable chez un banquier de la rue Lafayette.

Nommé par 9,547 voix, le 26 mars, dans le 19ᵉ arrondissement, il vint deux fois seulement aux séances de la Commune pour y demander des mesures contre les réfractaires.

Il défendit Passy, se battit sur la barricade de la rue des Lilas et fut arrêté chez lui au commencement de juin.

FÉLIX PYAT.

FÉLIX Pyat est né à Vierzon (Cher) en 1810. Intelligence précoce, à 16 ans il allait étudier le droit à Paris. D'un orgueil immense, que soutenait bien et sa personne et son talent, au lieu de rester au barreau après avoir été reçu avocat, il embrassa avec ardeur les idées révolutionnaires qui lui promettaient un avenir plus rapide.

Il se jeta à corps perdu dans le journalisme, et dès cette époque on voit percer dans ses écrits son amour exagéré des ouvriers. Le sort de cette classe l'occupa uniquement pendant toute sa vie. Il n'eut d'autres dieux, d'autres soucis que l'ouvrier, ce travailleur des villes qui, frotté d'une certaine instruction, se laisse prendre aux billevesées humanitaires et devient le pivot de toutes les révolutions.

Cet amour se fit sentir jusque dans les drames de Pyat; l'ouvrier, ce martyr à bon compte, se vit plaindre pendant cinq actes, dans la pièce des *Deux Serruriers*, et il ne fut point oublié dans les autres ouvrages dramatiques du futur membre de la Commune : *Une Ré-*

rolution d'autrefois, le Brigand et le Philosophe, Ango, Arabella, Cédric le Norwégien, Mathilde, Diogène et le Chiffonnier. Une Révolution d'autrefois, avec le sous-titre : Les Romains chez eux, n'eut qu'une représentation. Un ventripotent personnage y était constamment appelé gros, gras, bête. La police, qui rit à ses heures, y vit la satire de Louis-Philippe, et interdit la pièce, mais les trois épithètes restèrent au roi.

Tout en faisant du théâtre, Félix Pyat ne cessait point d'écrire dans les journaux. Il passa successivement au *Figaro*, au *Vert-Vert*, au *Corsaire*, à presque tous les journaux littéraires de l'époque, au *Siècle*, au *National*, puis à la *Réforme*. Un pamphlet inséré dans ce dernier journal, fait contre Janin et intitulé *M.-J. Chénier et le Prince des critiques*, lui valut six mois de prison pour diffamation.

En 48, le gouvernement provisoire le nomma commissaire extraordinaire dans le Cher, son département. Il fut nommé député à l'Assemblée législative de 1849 et fit partie de la Montagne. Il fit un long discours pour réclamer la liberté de la presse, qu'il viola en 71; signa à la suite des journées de Juin une protestation tendant à éloigner l'armée de Paris et à comprendre tous les citoyens dans la garde nationale, ce qui ne l'empêcha point de désarmer vingt ans plus tard les bataillons qui auraient pu gêner son pouvoir arbitraire. On cite encore de lui : le discours contre l'élection d'un président et le discours sur le fameux droit au travail, cette jolie niaiserie qui plaît tant aux gens qui ne veulent pas travailler.

Le 10 juin, il se trouva mêlé au complot, il avait signé la protestation des 148 députés de la gauche, et suivit Ledru-Rollin aux Arts et Métiers. On sait comment finit la chose. Ledru-Rollin s'enfuit par un vasistas, et Pyat, on ne sait par où. Ce dernier se réfugia d'abord en Suisse, puis en Belgique, puis en Angleterre. A l'avénement à l'Empire de Louis Bonaparte, Pyat, n'opérant pas lui-même, — on sait pourquoi, — promit à celui qui tuerait l'empereur la moitié de sa fortune — qui ne tenta personne.

Il publia en exil deux volumes : *Loisirs d'un proscrit* et *Lettres d'un proscrit* qui fait suite. Il fit, en 1858, l'apologie de l'attentat d'Orsini et fut pour ce fait traduit devant les tribunaux anglais, qui ne crurent pas devoir le condamner. Il n'osa se fier à l'amnistie de 1859; mais en 1869, pris de la nostalgie du pays, il écrivit à Victor Hugo une longue épître démontrant que, pour sauver la France, il fallait être en France.

Le prudent poëte, qui se trouvait heureux sur son rocher, répondit par un vers, et Pyat rentra seul. Il alla directement à Vierzon, son pays, puis revint à Paris, où il collabora très-activement au *Rappel*, auquel, à différentes fois, il avait déjà envoyé des articles de Londres. Il se présenta comme candidat inassermenté aux élections à l'Assemblée, et n'eut que peu de voix.

A partir de ce moment, la popularité de Pyat s'en va en lambeaux. Il avait vieilli de vingt ans et changé de point en point. Ce n'était plus le beau de jadis; la pensée s'était en allée de sa plume, qui n'avait plus que du clinquant; et pis encore, le vieillard s'attira une réputation de lâcheté qui ne fit que s'accroître avec le temps.

Invité à un banquet d'ultra-radicaux à Saint-Mandé, Pyat, indisposé, dit-il, sentant la police dit-on, ne s'y trouva point, mais y fit lire par le fidèle Gromier son toast à la balle, composé à l'occasion de l'assassinat de Victor Noir, et depuis tant de fois répété.

Ici se place un des épisodes les plus connus et les moins prouvés aussi de la vie de Pyat. Ce n'est qu'une légende, mais légende tenace dont Pyat ne put plus se débarrasser. Une immense manifestation eut lieu à la suite du cercueil de la victime du prince Bonaparte, toute l'armée et toute la police étaient sur pied, l'empire craignait une émeute. Pyat, lui, craignant une arrestation, — il était à ce moment-là condamné à dix-sept mois de prison — alla se fourrer dans un bateau à charbon et y resta pendant huit jours. C'est Rochefort qui avança le fait.

Plusieurs fois condamné pour ses articles du *Rappel*, inquiété pour le toast à la balle, et fatigué d'une vie militante, Pyat repartit pour Londres et s'y tint coi jusqu'au 4 septembre 1870. Impliqué dans le procès de Blois à cause de ses visites à Brunereau, il fut condamné par contumax, le 9 août 1870, à cinq ans de prison et à 6.000 francs d'amende.

Rentré à Paris quand tout danger fut passé, Pyat fonda le *Combat*, qui n'eut jamais beaucoup de succès et ne se fit remarquer que par ses violentes attaques contre le gouvernement et les diverses perfidies dirigées contre Rochefort; celui-ci, qui semble avoir eu la charge de donner l'épithète convenable à chacun de ses confrères, se contenta de l'appeler vieillard et d'éditer l'historiette ci-dessus contée.

Pyat fut poursuivi après le 31 octobre, mais l'instruction commencée contre lui fut abandonnée, quoique le mouvement soit dû en partie à son journal. Le 29 octobre, le *Combat* portait, dans sa première colonne et dans un cadre noir, la nouvelle de la capitulation de Metz. Le *Combat* fut supprimé par l'arrêté du général Vinoy et remplacé par le *Vengeur*.

Pyat fut élu aux élections du 8 février 1871 et se rendit à Bordeaux. Là, première de ces demi-démissions dont Pyat eut la spécialité. Il déclara qu'il n'assisterait pas aux séances de l'Assemblée, mais qu'il gardait le mandat que lui avaient confié ses électeurs.

Les électeurs du 10e arrondissement envoyèrent Félix Pyat à la Commune. Notre homme, dont la coutume était de parler beaucoup mais de loin et de ne pas se montrer, ne joua pas à la Commune le rôle que lui réservaient son passé et son talent. Après avoir approuvé la suppression des journaux, il eut honte, la blâma et saisit le prétexte de l'admission illégale des membres qui n'avaient pas la majorité pour donner sa démission.

Le vieux républicain qui, pour conserver intacts ses principes, avait supporté l'exil et bravé la prison, ne put résister à une députation de citoyennes qui lui démontra qu'il était nécessaire au bonheur des communeux. L'ambition aidant, le galant Pyat retira sa démission et reparut à l'Hôtel de ville.

Il fit d'abord partie de la commission exécutive, puis fut nommé au Comité de salut public, pour lequel il avait voté. Ce fut, sans doute, un mauvais tour de ses collègues qui, craignant quelque démission ou quelque évasion nouvelle, le mirent aux premiers rangs.

Sitôt qu'il le put, il sortit de ce comité et s'occupa de fusionner les diverses sociétés républicaines constituées dans Paris, sans y parvenir.

Sitôt que les soldats eurent mis le pied dans Paris, Pyat, naturellement, disparut; on l'a dit parti en ballon, ce qui est trop dangereux pour qu'on y croie. Une lettre apocryphe, publiée par un journal suisse, prouve évidemment que, cherchant à dérouter la police, le brave est encore à Paris.

Ce qui caractérise Pyat, c'est le venin bavé dans tous ses articles. Il fut comme une bête hargneuse au milieu de son parti, habitué à mordre et mordant aveuglément amis et ennemis. Il fut l'un des instigateurs les plus influents de l'insurrection du 18 mars et c'est lui, surtout, qui la jeta dans les mesures extrêmes. C'est lui qui inventa les *chouans* et les *Vendéens*. On entendait toujours aboyer ce roquet galeux, mais on ne le voyait jamais. Pendant la Commune même, il n'eut jamais de logis avoué. A son journal on ne lui connaissait pas de demeure.

Sa parole pour eux égarait la foule, et il est d'autant plus coupable que, toujours au moment du danger qu'il a provoqué, on le voit disparaitre comme un immonde reptile, cyniquement et lâchement.

Au beau temps du romantisme, Pyat fut un Grousset, mais un Grousset de génie. Ses articles faisaient date dans les journaux, et Paris regorgeait dans les théâtres où se jouaient ses pièces. A vingt et un ans, il avait déjà une célébrité, sa beauté était chose acceptée et l'on disait : Beau comme Pyat. Son style, remarquable surtout par la précision du terme et par une redondante abondance — qui sonnait assez mal dans la bouche des chiffonniers, — semblait inspiré par celui de Victor Hugo : la parenté en était même un peu trop proche; cependant ce style avait un caractère assez distinct pour être dit original.

Ses œuvres et son visage avaient donc valu à Félix Pyat la sympathie qui s'attache à tout ce qui est bien, moral ou physique. Si l'exagération de son radicalisme amoindrit cette sympathie dans la foule, le respect dû aux exilés rétablit l'équilibre.

Aujourd'hui cet homme s'est accouplé à une révolution sans nom. Une ambition effrénée l'a mené où un fatal aveuglement mena Delescluze, et, comme le vieux montagnard, il a renié son passé. C'est le Pyat de 48 qui condamne le Pyat de 71. C'est l'homme qui protesta contre les violences de l'Empire, qui juge celui qui aida aux violences de la Commune.

RANVIER.

Les hommes de la Commune sont devenus — presque tous — des hommes politiques à la suite de quelque accident qui les a ruinés ou les a complétement dévoyés. Un tel fit faillite, et, comme Job, n'ayant plus d'espoir, fit de la politique, métier qui ne demande point de frais préalables; tel autre ne put jamais réussir en son état et fit de la politique, métier à la portée de tous. C'est la misère qui lança Ranvier dans les réunions publiques, les conspirations, les associations secrètes et la Commune finalement, dernier repaire des hommes perdus qui ont passé par les phases précédentes.

Ranvier était peintre, la nomenclature de ses tableaux est plus longue que célèbre, il brossa plus de toiles qu'il ne toucha d'écus, ces paysages ayant peu de succès et n'ayant jamais orné que sa propre habitation. Une légende veut qu'il ait été marchand de peaux de lapin à la suite de ses infructueux travaux de peinture. Nous croyons que ce n'est là qu'une supposition vraisemblable, mais nullement avérée.

Il abandonna la peinture pour faire de la décoration, devint habile dans son art, obtint même une certaine réputation, gagna beaucoup d'argent comme ouvrier, se maria, s'établit et se ruina comme patron. Bourgeoise odyssée, comme on voit! Un procès intenté par la maison Goupil acheva la ruine de Ranvier.

Ranvier, né en 1817, croyons-nous, avait alors plus de quarante ans. Il était devenu, de simple ouvrier, patron; il n'eut pas le courage de redevenir de patron simple ouvrier. Jusqu'alors laborieux et rangé, il cessa de travailler quand il ne put plus travailler à son compte, et, moderne Démosthènes, il courut les clubs, les réunions publiques, les cabarets, s'emplissant la bouche d'injures en guise de graviers. C'est là qu'il se forma cette éloquence, réelle lorsque la fougue l'emportait, qu'il déploya à la Commune. Il fit tant et si bien, que la police impériale l'arrêta et le traduisit devant la 6e chambre, qui l'envoya à Mazas; la révolution du 4 septembre put seule l'en tirer.

Ranvier n'était jusqu'alors parvenu qu'à une notoriété de club, ne dépassant pas son public ordinaire très-peu renouvelé; sa condamnation lui valut une rapide popularité et, — rêve depuis longtemps caressé, — les journaux le citèrent les uns avec mépris, les autres avec éloge, tous lui faisant plaisir en inscrivant son nom dans leurs colonnes.

Ranvier avait trop besoin de vivre sans travailler et trop d'ambition à satisfaire pour ne point faire partie de l'Internationale et se mêler à ses agissements. Il prit part au 31 octobre, mais fut acquitté. Au sortir de prison en janvier 71, il fit partie du Comité central. Caractère irrésolu, il hésitait longtemps avant de prendre une décision, puis il obéissait à une sorte d'inspiration fatale qui en faisait le fanatique le plus enragé que l'on puisse voir.

Ces boutades forcenées en firent un des membres les plus violents du Comité central et de la Commune, bien qu'il fût d'une nature calme et douce, et qu'il aimât beaucoup son intérieur.

Il subissait une folie furieuse dont l'intensité dépendait du milieu dans lequel il vivait. C'est ainsi qu'échauffé par les colères, aux premiers jours d'avril, il alla sur le champ de bataille à Issy et se battit comme un lion. Sa nature douce reprit ensuite le dessus et Ranvier revint à Paris. Mais lorsqu'il eut vécu quelque temps au milieu de ses collègues, qui se surveillaient de près et enchérissaient en violences les uns sur les autres pour ne pas être suspectés, il fut l'un des plus féroces et des plus énergiques énergumènes de la bande. Aussi le jugea-t-on digne d'entrer dans le dernier Comité de salut public, qu'on pourrait tout aussi bien appeler Comité de la mort. Il signa les ordres de brûler Paris avec un sauvage orgueil d'en être arrivé à ce degré de courage, lui si irrésolu, si timide même.

Étant le plus aveugle, il fut le plus brave et fut tué ou pris et fusillé, s'il faut en croire les récits colportés. Nous croyons Ranvier mort, il était trop emporté, trop peu maître de lui-même pour songer à fuir.

C'était un homme de bonne taille, fortement charpenté, aux joues saillantes, à la bouche énorme avec d'épaisses lèvres, figure affreusement grêlée, mais sympathique cependant.

RASTOUL.

ASTOUL est de Marseille. Il avait du méridional l'accent très-prononcé et le geste vif, souvent répété. Il parlait beaucoup, mais était peu écouté.

Il avait fait ses études à Paris et fut longtemps médecin dans le quartier Saint-Martin. Le siège lui ayant donné des loisirs, il fit de la politique, parcourut les clubs, promena partout sa jactance méridionale et son indignation comique, et parvint à se faire nommer membre du Comité de vigilance de son arrondissement.

Candidat aux élections du 26 mars, il fut élu par 10,325 électeurs. Il fut délégué aux services publics, le 21 avril, puis nommé directeur des ambulances de la Commune, et s'occupa soigneusement de son service. Il demanda que l'*Officiel* fût vendu cinq centimes, vota contre la validation des élections complémentaires et contre le Comité de salut public, qu'il traita de dictature.

En somme, il fut un des membres les plus modérés de l'assemblée. Cependant il appuya très-fortement sur la nécessité des cartes d'identité. N'ayant, un jour, pu sortir de Paris malgré son titre de chef des ambulances et ses insignes de membre de la Commune, il s'en plaignit violemment. Ses collègues ayant prêté peu d'attention à ses récriminations, Rastoul de dépit donna sa démission de directeur des ambulances dans une longue lettre insérée dans l'*Officiel*.

Après avoir conseillé à ses collègues de se réfugier dans le camp prussien, il resta dans Paris et fut fait prisonnier.

RÉGÈRE.

RÉGÈRE est des environs de Bordeaux. Comme beaucoup de ses collègues, il essaya un peu de tous les métiers avant d'essayer du pouvoir. Des lettres publiées par la presse font connaître qu'il fut d'abord vétérinaire à Bordeaux, puis courtier de commerce à Libourne. Il fut exilé par l'Empire.

Membre de l'Internationale et propagateur

des idées de la Société en Italie, il revint en France après le 4 septembre, lorsque Paris devint un grand foyer de l'Internationale. Il se trouva mêlé au mouvement du 31 octobre. Il était alors capitaine adjudant-major du 248e bataillon. C'est lui qui signait les laisser-passer sans lesquels on ne pouvait sortir de l'Hôtel de ville. Arrêté, il déclara au tribunal s'appeler Henri-Théodore Régère de Montmore, docteur en médecine, qualité peu prouvée jusqu'ici. Il fut acquitté et retourna pérorer au club de la Reine-Blanche.

Il fit partie du Comité central et en fut l'un des membres les plus influents. Son âge, — il avait cinquante ans, — son instruction et son énergie lui créaient une certaine domination sur ses collègues. Il demanda, dans une séance qui précéda l'insurrection du 18 mars, que tous les membres du gouvernement fussent fusillés.

Ennemi particulier et acharné du général Henry, il faillit être arrêté par celui-ci et dut se cacher. La prise de Henry par l'armée lui rendit sa liberté d'agir. Nommé par 4,026 voix dans le 5e arrondissement aux élections du 26 mars, Régère eut à la Commune une ligne de conduite aussi accentuée qu'au Comité central. Il fit scier la croix du Panthéon pour y substituer un drapeau rouge. Il organisa dans son arrondissement de grandes chasses de réfractaires et vota toujours pour les mesures radicales.

Nommé d'abord à la commission des finances, il donna sa démission le 4 avril et fit plus tard partie du dernier comité de salut public. Comme tel, il signa les dernières affiches de la Commune, où à chaque phrase est répété l'ordre de brûler les monuments ou d'abattre les maisons. On se souvient du *Burn the houses* adressé à Millière.

Si féroce au dehors, Régère semble avoir subi une influence mystérieuse dans son intérieur. Le curé de Saint-Étienne-du-Mont fut très-étonné un jour de recevoir chez lui le membre de la Commune, qui commençait à avoir un certain renom de sauvagerie dans l'arrondissement.

« Monsieur, lui dit Régère, je vous amène mon jeune enfant, voudriez-vous l'instruire aussi vite que possible afin qu'il fasse au plus tôt sa première communion? »

Le curé se chargea de l'enfant. La cérémonie eut lieu et Régère père, sa femme et son fils aîné, qui avait un commandement dans l'armée fédérée, assistèrent à la cérémonie.

Caché d'abord dans le quartier du Temple, Régère vint ensuite habiter l'hôtel des Italiens, où il fut pris. Régère nia avoir donné les ordres incendiaires dont nous avons parlé, et déclara s'être retiré de la Commune quatre jours avant l'entrée des troupes dans Paris. Chose à noter : il avait 400,000 francs avec lui — ses économies à la Commune, sans doute.

Régère est grand, fort, sec comme un méridional. Il a la figure toute nouée, toute bossuée et couverte de larges taches de rousseur. Ses yeux bleus lui sortent de la tête et ont un air méchant tout particulier.

RAOUL RIGAULT.

Qu'un bambin méchant, par aventure, soit maître pendant deux heures à la maison, il narguera les personnes qui lui faisaient la leçon, il prendra grand plaisir à rompre avec les usages qu'on lui imposait, il défendra ce qu'on lui ordonnait, ordonnera ce qu'on lui défendait, le tout en se donnant un faux air de justice et d'homme raisonnable. Ainsi fit Rigault. Son rêve à lui fut d'être pris au sérieux par ses contemporains. Bien des gens regrettent la jeunesse, Rigault désira la vieillesse. Blanquiste furibond, quand il pérorait, on riait; quand il parlait de révolution sociale, on riait encore; quand il parlait de couper des têtes, on riait toujours. Comment croire à la parole d'un fou de vingt-quatre ans?

Ce fut là son supplice. Aussi, sitôt que la révolution lui eut mis un pouvoir dans la main, il frappa à tort et à travers, cherchant par la terreur cette réputation d'homme sérieux que ses talents n'avaient pu lui acquérir. A son tour, il rit des rieurs, se moqua de ses maîtres, affecta de parler avec sans gêne, et de sa préfecture, qui devait être le refuge de la morale, il fit un antre où des gouines vinrent installer leurs orgies. Il essaya de prouver au monde qu'il n'avait pas tort en souffletant cette morale dont on l'avait tant ennuyé.

C'est à sa jeunesse qu'est due sa férocité, c'est à ses antécédents qu'il dut sa position. Échappé de la maison paternelle, fondateur et rédacteur du *Critique*, qui ne critiqua rien, et pour ce mourut de venin rentré, coureur de clubs, habitué des réunions, collaborateur de la *Marseillaise* et surtout — surtout — sauteur en vogue des bals de Bullier et du Pré-aux-Clercs, il y avait là bien des raisons pour être appelé à garder les mœurs sous l'hétéroclite gouvernement étiqueté du nom de Commune.

Rigault s'était de bonne heure habitué à tous les ricanements, à tous les blasphèmes : « Mon père est un réactionnaire, disait-il, je ne puis vivre avec lui ; si j'arrive au pouvoir, ajoutait-il, sa tête tombera la première parce qu'il est bonapartiste. » Il abhorrait les prêtres, voulait supprimer Dieu et ne prononçait jamais les mots *saint* et *sainte*. Tout cela était affectation. Rigault était un fanfaron de perversité, qui voulait être au moins un grand vaurien s'il n'était un grand homme.

On cite de lui une bien singulière manie qui montre à quel degré d'intensité le besoin d'être quelque chose en était arrivé chez lui. Il s'était appliqué à reconnaitre les agents de la police secrète, à les filer ; il notait leur tournure, leur âge, leur demeure ; classait le tout et en faisait un dossier. Il connut peu à peu de cette façon tous les policiers impériaux, connaissance qui lui valut enfin sous le 4 septembre un commencement de considération dont il fut ravi. On le nomma commissaire de police, place que l'écervelé demandeur de têtes ne put garder longtemps.

Sa nomination à l'ex-préfecture fit son complet bonheur. Ce fut là la floraison de la débauche dans toute sa vigueur. Rigault refit tout le personnel de la préfecture, alla chercher des commissaires dans les caboulots du quartier Latin où il avait laissé des amis, des juges de paix parmi les étudiants vieillis en sa compagnie et des greffiers un peu partout. Les cafés de la place Saint-Michel devinrent une officine où se forgèrent les nouveaux fonctionnaires. Il n'est brute ou scélérat qui ne pût être quelque chose pourvu qu'il ait eu — une fois — la chance de boire avec Rigault.

On se souvient de la réception qu'il faisait aux personnes qui allaient réclamer soit un parent, soit un ami injustement arrêté. Rigault apprenait le français dans le *Père Duchêne*, ricanait aux solliciteurs et menaçait tout le monde de la prison. Il rendait des arrêts irrévocables. Nous l'avons vu faire plus étroitement emprisonner un malheureux qui avait osé déchirer une affiche de la Commune et relâcher un individu coupable d'attentat aux mœurs : « Nous avons bien autre chose à faire », dit Rigault.

Il porta différents titres : délégué à l'ex-préfecture, délégué civil à la sûreté générale, procureur de la Commune. En somme ses attributions même après son remplacement par Cournet ne furent jamais définies et ne furent guère limitées que par son bon vouloir. Il donna sa démission de délégué à la sûreté générale d'une façon qui donne la note de son caractère. Miot avait demandé la suppression du secret. Rigault en fit une question de cabinet et menaça de donner sa démission si on ne refusait pas. Le secret fut supprimé et Rigault tint parole.

Quoique se vautrant dans l'ordure, vivant au milieu de la canaille, canaille lui-même, Rigault restait élégant, c'était l'aristocrate de la voyoucratie. Il voulait être homme et se mettait convenablement; habit à la dernière mode, linge toujours blanc et parfumé, pince-nez élégant, et des gants jaunes, s'il vous plaît, sans doute pour ne point se crotter les mains à son travail. Il avait une grosse tête et l'air d'un bon enfant. Il relevait ses cheveux châtains, les rejetait en arrière et laissait à découvert le front qu'il avait assez beau; ses yeux étaient très-vifs et donnaient un reflet d'intelligence à toute sa figure. Il avait la voix forte et se plaisait à la grossir encore. Petit — ce qui faisait son désespoir — mais bien pris, il avait l'allure saccadée, presque anguleuse comme les personnes affectées de tics nerveux.

Après avoir — parodiant Danton pour se hisser jusqu'à lui — fait fusiller les otages dans les prisons et présidé à l'incendie de la rue du Bac et de la Croix-Rouge, Rigault eut un moment la velléité de s'enfuir. Mais son envie de se montrer homme lui fit surmonter cette défaillance, il revint sur le champ de bataille et fut pris dans la rue Gay-Lussac.

« Je suis Raoul Rigault », dit-il aux soldats. C'est avec un amer sourire qu'il se vit enfin quelque chose, une chose dont on voulait se débarrasser. Il mourut crânement, fanfaron jusqu'au bout.

« Vive la Commune! et que cela finisse », cria-t-il, et les balles lui coupèrent la voix.

SERAILLER.

C'EST à peine si celui-là peut revendiquer le nom de Français. Né en Angleterre, il y fut élevé; il est vrai que ses parents étaient des réfugiés. Il tint une boutique de formes pour la cordonnerie et se maria avec la fille d'un journaliste, également réfugié français. Dès que l'Internationale eut pris pied à Londres, il s'y affilia et par son intelligence plus que par son savoir — très-restreint — il en devint bientôt un membre influent.

Logé chez Dupont, il le remplaça pendant quelque temps au secrétariat général pour la France auprès du conseil général. Il présida de nombreux meetings internationaux, se lia avec Vésinier, puis se brouilla ; connut Pyat et n'eut pas toujours de très-bonnes relations avec lui.

Serailler est né vers 1840, il est de moyenne taille, rouge comme le feu, grêlé comme Rochefort et tout aussi poltron que Pyat. Il a l'œil vif et une physionomie très-intelligente qui rachète ses difformités physiques et lui fait une très-sympathique figure. Sa voix rauque et cassée, qu'il semble tirer d'incroyables profondeurs, est bien connue des habitués des clubs. Il est doué d'une certaine éloquence, malgré son peu d'instruction.

L'Internationale suivait avec une excessive attention les phases de la guerre de 1870. Le conseil général sut le résultat de la bataille de Sedan bien avant Paris et lâcha ses hommes qui arrivèrent dans la capitale en même temps que le bruit du désastre. Serailler en était.

Pendant le siége, on le vit fréquenter assidûment les clubs de la Cour-des-Miracles ou du

Château-d'Eau, prendre souvent la parole et se quereller avec Vésinier. Il fit partie du 121e bataillon. Il avait laissé sa femme en Angleterre. Le champ était ouvert aux petites aventures graveleuses comme il en est conté sur presque tous les membres de la Commune. Serailler, pour sa part, vécut avec une femme qui avait deux enfants, fit porter femme et enfants comme siens sur les listes de la garde nationale et toucha régulièrement la solde qui leur était allouée.

Nommé adjudant de sa compagnie, il put comme tel éviter la bataille; son bataillon étant allé à Choisy-le-Roi, le 2 décembre, c'est dans une voiture d'ambulance que se tint Serailler.

Au 31 octobre, Serailler avait été chargé de de deux petites bombes au picrate de potasse devant détruire les premiers soldats en cas d'attaque. L'irrésolu formier jeta les bombes dans la Seine et ne contribua pas peu à la non-réussite du complot. Il ne fut pas inquiété.

Il vint avec ses amis sur la place de l'Hôtel-de-Ville le 22 janvier, mais sut jouer des jambes et ne fut ni blessé ni pris.

Dès que l'armistice eut ouvert les portes de Paris, Serailler, chargé d'une mission pour le grand conseil général, partit pour Londres et revint seulement le 17 mars. Il prit part aux travaux du Comité central, assista aux séances mais ne signa point les affiches. Son nom ne fut prononcé dans l'*Officiel* que le 21 mars; son ami Malon et l'Allemand Franckel, tous deux délégués de la commission de l'échange et du travail, le nommaient membre de la commission d'initiative de leur délégation.

Serailler échoua aux premières élections; aux secondes il obtint 3,141 voix dans le 2ᵉ arrondissement. La validation de ces élections dérisoires du 26 avril est due, en grande partie, aux sollicitations des ambitieux qui brûlaient de siéger à l'Hôtel de ville et qui, pour la plupart, ayant des amis déjà siégeant, les supplièrent de ne point tenir compte des abstentions. L'ambitieux Serailler ne fut pas des moins solliciteurs et c'est à sa prière que Malon prit part aux débats qui eurent lieu à cette occasion.

Il fit partie de la commission de l'échange et du travail renouvelée le 21 avril. La Commune n'entendit que peu la voix rauque du formier en rupture de boutique; notre orateur ne reconnaissait plus son auditoire et se tint coi, se contentant de voter. Il signa le manifeste de la minorité et ne perdit jamais une occasion de nuire à Pyat et d'être désagréable à Vésinier, ce que ce dernier lui rendit bien.

Ambitieux, mais d'une ambition tempérée par une forte dose de pusillanimité, quoique rallié au parti socialiste dont il faisait naturellement partie comme international, il vota constamment contre les mesures violentes qui répugnaient à sa nature.

Il s'occupa, surtout dans les derniers temps, de sa mairie et s'y trouvait quand arrivèrent les troupes. Il se réfugia d'abord dans une maison de la rue d'Aboukir, puis, cerné de tous côtés, il descendit dans la fosse d'aisances et s'enfuit par les égouts : digne issue pour sortir de la Commune !

―――

SICARD.

NCORE un cordonnier, encore un infirme. Décidément le défilé de la Commune ressemble à celui des mendiants sur le perron de la cathédrale de Tolède un jour de grande fête. Celui-là avait un emplâtre sur un œil. Sicard était méchant parce qu'il avait un emplâtre, et violent parce qu'il était ignorant et incapable.

Il avait une trentaine d'années et avait débuté en politique par des discours dans les réunions du Pré-aux-Clercs. Il parvint à recueillir 1,699 voix dans le 7e arrondissement aux élections complémentaires du 16 avril.

Il prit assez souvent la parole à la Commune, mais sa loquacité ne put suppléer à sa nullité : il fut peu écouté. Il blâma l'institution d'un Comité de salut public et cependant vota pour.

Il fit partie de la dernière commission de la guerre.

THEISZ.

ous ne trompons personne, car nous sommes honnêtes, dit Theisz au jury de Blois. La chose était vraie pour lui. Ce n'était pas un de ces déclassés impuissants qui se jetèrent dans l'Internationale parce qu'ils y virent un moyen d'assouvir leur ambition. Intelligent et sérieux, d'une instruction assez négligée à certains égards, mais réelle à l'endroit du socialisme, Theisz agissait sans considération

personnelle, intimement convaincu de la nécessité d'une réforme sociale.

Theisz est né à Paris en 1839. Ils étaient trois frères qui tous trois appartenaient au même corps d'état. Theisz était ciseleur. Travailleur habile et assidu, il parvint à force d'économie à se monter un très-joli établissement à Montmartre, où il se fit une réputation de probité. Ses études le portèrent à s'affilier à l'Internationale, ce qu'il fit en 1867. Après la dissolution de l'Association internationale parisienne, il fut un des promoteurs de la Fédération des chambres ouvrières destinée à faire revivre l'Internationale sous un autre nom. Il y fut délégué par les ouvriers en bronze et nommé secrétaire correspondant de Londres.

En 1868, il alla au congrès de Bruxelles comme délégué de l'Association des bronziers de Paris et y fut nommé secrétaire du bureau pour la France.

Arrêté pendant la période plébiscitaire de 1870, il fut traduit devant la haute cour de Blois. Sa défense calme et bien étudiée, où il essaya d'établir une subtile distinction entre la Fédération parisienne et l'Internationale elle-même et où il protesta souvent de son honnêteté et de sa bonne foi, fit grande sensation. Le président lui-même, quoique peut-être prévenu, fut obligé de lui avouer qu'il avait dit des choses très-sensées.

Il n'en fut pas moins condamné à deux mois de prison. La révolution du 4 septembre, comme tous ses camarades, le délivra. Il fit partie de la garde nationale pendant le siége. Quoique averti des agissements de quelques internationaux qui se constituaient en Comité central, il refusa de prendre part à leurs travaux, en blâmant sévèrement toutes les manifestations qui eussent pu entraver la défense de Paris.

Aux élections du 26 mars, il se porta dans son arrondissement (le 18e) et y obtint 14,950 suffrages. Il reçut alors de la Commune la confirmation de son titre de directeur des postes qu'il avait provisoirement accepté pendant l'interrègne du Comité central. Il essaya vainement de s'entendre avec M. Rampont. M. Rampont abandonna Paris en emmenant son matériel, et Theisz, directeur des postes sans facteurs, comme Varlin était ministre des finances sans finances, et Grousset ministre des relations extérieures sans relations, Theisz, disons-nous, employa tout son temps à réorganiser le service des postes, qui ne fonctionnait pas encore à l'entrée des troupes dans Paris.

Theisz vint peu à la Commune, dont les violences et les creuses discussions lui déplaisaient. Il fit toujours entendre la voix du bon sens. A propos du secret, il dit ces paroles si vraies que tous les révolutionnaires devraient méditer : « Depuis bien des années, on nous répète ces paroles : « Plus tard ! Quand les événements « seront accomplis, alors vous aurez la liberté, « l'égalité, etc. » Nous protestons contre de pareils mots ; ce sont toujours les mêmes moyens. Nous, nous avons protesté contre le secret, et nous devons l'abolir. »

Incapable de tergiverser avec sa conscience, Theisz réprouva hautement les mesures barbares que la Commune prenait pour se défendre, et si, jusqu'au dernier jour, il resta à l'Hôtel des postes, ce fut pour le défendre contre l'incendiaire Lacaille venu pour y mettre le feu.

Les infamies de ses compagnons n'ont pu salir Theisz ; il a gardé la réputation d'un honnête homme, à tel point que le gouvernement de Versailles lui aurait, dit-on, donné un laisser-passer pour sortir de France.

TRIDON.

UTRE difformité. Celui-là n'est pas bossu, mais peu s'en faut. Il porte la tête enfoncée entre deux épaules que la faiblesse et la maladie ont considérablement voûtées. Cette tête est affreuse, couverte de cheveux d'un blond douteux; la couleur de la barbe est plus douteuse encore : par-ci par-là, quelques poils perdus sur une peau livide, où s'étalent, rougis et serrés, des boutons qu'entretient le sang vicié du personnage. Les joues pendent, non qu'elles soient grasses ; mais la maladie les a boursouflées. N'étaient des yeux qui lancent des éclairs et petillent d'intelligence, cette physionomie serait repoussante.

Persuadé sans doute qu'il n'y a pas grand soin à prendre d'un être pour lequel la nature en a pris si peu, Tridon va toujours dépenaillé.

Cependant ce n'est point un paria complet. Il n'eut point, comme Vésinier son collègue en laideur, à disputer sa jeunesse à la misère. Il trouva en naissant la richesse qui compense bien des défauts. Tridon est né dans la Côte-d'Or, en 1841, croyons-nous. Son père s'était enrichi à la façon de la bande noire, achetant en bloc d'anciens biens seigneuriaux, — terres et mobiliers, — et en les revendant en détail. C'est grâce à ce métier qu'il put transmettre à son fils les soixante mille livres de rente dont jouit Tridon.

L'envie et les déceptions ont seules pu jeter cet homme hors de sa voie. Objet de la pitié et peut-être des risées des autres, il s'en vengea par la haine et se trouva naturellement du clan de tous les déshérités et de tous les revendicateurs.

Venu à Paris étudier le droit, il débuta en littérature et en politique par une brochure publiée en 1864, *Les Hébertistes*, qui valurent à l'auteur trois mois de prison. Le *Critique* qui suivit n'eut pas meilleure chance et fut supprimé également.

Sorti de Sainte-Pélagie, il fonda le *Candide*, journal hebdomadaire, assez finement fait pour entrer dans la politique sans donner prise à la justice impériale. Il était parvenu à tirer à 11.000 exemplaires, chose rare en tel cas sous l'Empire. Au commencement de 1865, le vingt et unième numéro fut saisi, et Tridon en qualité de gérant condamné à six mois de prison.

A peine sorti de Sainte-Pélagie, Tridon se fait le chef d'une société secrète qui se réunissait au café de la Renaissance, sur le boulevard Saint-Michel. Là se trouvaient plusieurs hommes, qui ont depuis joué un certain rôle dans la Commune : Protot, Humbert le père Duchêne futur, Sornet qui devait l'imprimer, Levrault, que Protot fit chef de la 1re division de police, Landowski, qui fut chef de légion. Un beau soir, le commissaire Lagrange parut dans la salle de la conjuration et saisit les conjurés. Tridon, en qualité de président, fut condamné à quinze mois de prison, après avoir fait quatre mois de prison préventive.

Quoique souffrant, il fut impliqué dans le procès de Blois et condamné à la déportation. Il s'enfuit en Belgique et y resta jusqu'au 4 septembre. Il entra alors à la *Patrie en danger* de Blanqui, qu'il admirait beaucoup, et prit part aux furibondes campagnes du journal contre le gouvernement. Un mandat d'amener lancé contre lui après le 31 octobre n'eut point de suite.

Nommé par deux départements à la fois, la Côte-d'Or et la Seine, à l'Assemblée de Bordeaux, il s'y rendit. Puis, ayant à opter entre cette Assemblée et la Commune, il choisit la Commune et revint à Paris, où 3,948 votants l'avaient nommé dans le 5ᵉ arrondissement.

Il fit partie de la commission exécutive jusqu'au 21 avril. Il présenta un projet de loi pour les échéances, et, sachant le degré de confiance à accorder aux gardes nationaux, il demanda que les scellés fussent mis sur les armoires dans les maisons qu'ils occuperaient. Il signa le manifeste de la minorité et refusa absolument de reparaître à la Commune.

Écrivain de talent, nature haineuse mais distinguée, pourtant révolutionnaire et blanquiste à tout crin, mais honnête homme encore, Tridon récusa les derniers actes de la Commune. Les secousses douloureuses que lui ont causées la conduite de ses collègues ont influé sur son tempérament débile et on le dit aujourd'hui mortellement malade.

Tridon était méfiant, méchant et implacable. Laid au physique, laid au moral, il eut quelques familiers que lui firent sa fortune, mais jamais d'amis.

TRINQUET.

L serait curieux de chercher pourquoi les enfants de saint Crépin ont abondé dans toutes les révolutions en général et dans la Commune en particulier. Les cordonniers passent de longues heures assis et silencieux. Le travail de la main n'empêche point le travail de l'esprit, et tout le long de la journée, pour peu que la pratique ne paye point notre homme, il a le temps de songer aux misères sociales et d'en chercher les remèdes. De là de vastes utopies longtemps rêvées, caressées, qu'en un jour d'enthousiasme le cordonnier va développer dans un club qui l'applaudit, et ce cordonnier devient un homme politique.

Et Trinquet cordonnier devint ainsi membre de la Commune! Trinquet se manifesta pour la première fois aux élections de 69. Il soutint la candidature de Rochefort et débita, pour en assurer le succès, tous les discours que depuis dix ans il préparait sur sa chaise de bois. Rochefort reconnaissant lui fit quitter son échoppe et lui donna un emploi à la *Marseillaise*.

Quand disparut la *Marseillaise*, Trinquet,

qui avait perdu le goût du travail, délaissa l'alène et s'en fut reprendre ses philippiques dans les clubs qui se tinrent pendant le siége.

D'une notoire incapacité, mais se croyant sérieusement appelé à de grandes choses, sans savoir au juste lesquelles, Trinquet affectait un air important qui contrastait d'une façon comique avec sa petite taille, sa tournure vulgaire et son visage jauni par le renfermé de sa boutique. C'était un petit homme épais, solide, n'ayant aucune aptitude pour les affaires et, comme la plupart de ses confrères, cherchant à suppléer par l'instinct à la science qui lui manquait.

Il fut nommé par 6,791 électeurs du 20ᵉ arrondissement aux élections complémentaires du 16 avril et fut nommé membre de la commission de sûreté générale. Il parut peu à la Commune et se voua tout entier à sa charge. Soupçonneux et autoritaire, fourbe de caractère et naturellement méchant, il multiplia les arrestations autour de lui et lutta de rigueur avec Rigault. Cependant ni sa nomination à la Commune ni ses exploits à la sûreté générale ne le faisaient sortir de l'obscurité, et c'est à peine si l'on remarqua ce Trinquet qui demanda qu'on levât une contribution de cinquante francs sur chaque habitant ayant quitté Paris depuis le 18 mars.

Trinquet est une célébrité de la dernière heure. C'est lui qui succéda à Delescluze; il est le dernier délégué à la guerre de cette Commune maudite, déjà à demi disloquée lorsqu'elle le nomma.

La Commune siégeait en dernier lieu à la mairie du 11ᵉ arrondissement. C'est là qu'elle apprit la mort de Delescluze. Le farouche Trinquet, renommé pour sa violence et son implacable fermeté, fut à l'unanimité désigné pour le remplacer.

C'est lui qui fit établir les batteries du Père-Lachaise et du boulevard Puebla qui canonnèrent Paris pendant trois jours. Après la déroute complète, il se réfugia dans les Carrières d'Amérique. Il y fut découvert et fait prisonnier avec une femme qui s'était accouplée à sa destinée.

Il est à Versailles.

URBAIN.

E nom de cet homme rappelle un atroce souvenir. Urbain de nom mais peu de caractère, c'est lui qui demanda dans la séance du 17 mai que dix otages fussent fusillés, cinq dans la ville et cinq aux avant-postes. Urbain discourut longuement à ce propos et n'eut point de repos qu'il n'en fût venu à ses fins.

Il tenait une institution rue de Verneuil, institution d'où les parents retirèrent peu à peu leurs enfants à cause de l'étrange façon dont on y entendait l'éducation, ce qui fournit à Urbain de longues déclamations sur l'instruction obligatoire. Il garda de son école un certain air de pédagogue. Il pérorait avec emphase, se servait des tournures vieillies en usage sur les bancs et, tout en faisant ses cruelles propositions à la Commune, restait raide et froid. C'était un petit homme vieillot de quarante-cinq ans, aux allures bourgeoises mais prétentieuses, toujours vêtu d'habits que les années avaient rendus luisants.

Farouche et pudibond à la Commune, il se relâchait dans la vie privée, courait volontiers les cabarets de la rive gauche et y fit connaissance d'une veuve de vingt et un ans qui voulut bien partager ses petites débauches clandestines.

Il est remarquable que les dernières séances de la Commune ne sont pleines que des querelles et des creuses déclamations des nullités qui pullulaient à l'Hôtel de ville, mais qui s'étaient tues jusqu'alors. Urbain fut donc des orateurs de la dernière heure. De ses discours ressort la façon dont ce Calame échappé de ses bancs entendait la politique.

« Pour moi, disait-il lors de la discussion relative aux élections, l'abstention ne peut jamais être une raison. Qu'on vote avec des bulletins blancs, parbleu ! Je respecte toutes les opinions, disait-il une autre fois que Johannard lui riait au nez, qu'on respecte la mienne. Je trouve étrange que l'on se permette de rire à mon égard. »

Il vota pour le Comité de salut public en ces termes :

« Considérant qu'aucune mesure trop énergique ne saurait être prise par la Commune dans les circonstances actuelles, et voulant rester fidèle au mandat impératif que j'ai reçu de mes électeurs, je vote pour. »

Il fit une rude guerre à la minorité qui troublait toute la Commune par sa scission et déclara qu'elle avait failli à son devoir. Sa facilité d'élocution, sa violence qui lui assurait le concours de la majorité, lui donnèrent une certaine influence dont il ne pouvait qu'abuser.

Il fut arrêté au moment où il s'apprêtait à quitter Paris, sous un déguisement de cocher, quelques jours après la prise de la ville.

VAILLANT.

LA collection communeuse n'eût pas été complète si à côté de ses fondateurs de religion, de ses créateurs de systèmes, de ses journalistes et de ses cordonniers, elle n'avait pas eu au moins un philosophe. Voici un hégélien, un vrai philosophe venant du seul pays où il y en ait encore, de l'Allemagne directement.

Vaillant n'est Français que de naissance; il vécut en Allemagne, en aima la littérature et la philosophie, et y est retourné depuis que la France est devenue malsaine pour lui. Il est né à

Vierzon, tout comme Pyat avec lequel il ne fut jamais très-lié, en l'année 1840. Après avoir fait de bonnes études à Paris, il se mit à étudier la médecine, complota quelque peu et festina encore davantage. C'est ainsi qu'il connut, soit dans quelque cabinet où s'élaborait une conspiration destinée à l'avortement, soit au bal : Tridon, Rigault, Protot, Humbert et Regnard, auxquels il fut très-attaché.

Ayant été reçu ingénieur civil et docteur ès sciences, il partit pour l'Allemagne, suivit les cours de l'université d'Heidelberg, y connut Franckel, passa en Autriche, y continua ses études de médecine à l'université de Vienne et revint à Tubingen, d'où la déclaration de guerre le fit précipitamment partir à la fin de juillet 70.

Vaillant vint s'enfermer dans Paris. Il était affilié à l'Internationale depuis 1867 et il prit une part active à son extension dans Paris. Il avait retrouvé Franckel et ne se sépara désormais plus de lui. Tous deux étaient rêveurs et tous deux imbus de la nuageuse philosophie d'Hégel. Ils avaient ensemble de longues discussions, où Franckel s'emportait souvent, mais où Vaillant, plus Allemand que l'Allemand lui-même, restait froid, pédant et dogmatique. Ils agitaient souvent les questions sociales, et tous deux sérieux et convaincus, raisonnant d'après une fausse logique que Vaillant devait exposer plus tard dans son article sur l'*Élimination*, tous deux s'encourageaient à poursuivre l'œuvre de régénération, émulation qui n'eût rien eu que de noble s'ils n'avaient professé et mis en pratique l'axiome : La fin excuse les moyens.

Membre du Comité central, ses connaissances étendues, son instruction réelle, assuraient à Vaillant une grande supériorité sur ses ignorants collègues qui approuvaient, sans toujours le comprendre, l'exposition de ses brumeuses théories. Après la révolution du 18 mars, il fut nommé délégué à l'intérieur et fit encore partie de la commission de l'intérieur après son élection à la Commune, le 26 mars. 2,145 électeurs l'avaient nommé dans le 8e arrondissement. Le 21 avril, il fut délégué à l'enseignement et, comme tel, signa nombre d'arrêtés apportant des réformes plus ou moins sérieuses dans son département.

Il avait, à la fin de mars, dans un article dont Longuet effrayé déclina ensuite l'insertion à l'*Officiel*, exposé ses théories sur le tyrannicide et sur l'élimination.

En voici quelques fragments qui donneront idée du tout :

« La société n'a qu'un devoir envers les princes : LA MORT. Elle n'est tenue qu'à une formalité : la constatation d'identité. »

Ceci est pour les princes, voici pour les particuliers :

« De même que dans le cours inaltérable des choses tout élément discordant est *éliminé* et rien de ce qui est contre l'équilibre ne saurait prévaloir, de même, dans la société, tout objet de trouble dans l'ordre moral, tout obstacle à la réalisation de l'idéal de justice que poursuit la Révolution doit être brisé. »

Ce n'était pas mal communeux, comme on voit ; cependant la conduite de Vaillant à la Commune fut très-sensée et il essaya plusieurs fois d'arrêter ses collègues sur cette voie de violences qui devait précipiter leur chute. Il demanda que les otages fussent jugés par le jury régulier et il essaya, vainement il est vrai, de calmer la minorité et la majorité dont quelques nullités tapageuses et braillardes envenimaient les discussions. « Il ne faut plus de querelles intérieures, dit-il ; que la minorité déchire son programme, et que la majorité lui dise : « Réu-
« nissons nos efforts pour le salut commun ;
« soyez avec nous, car si vous êtes contre nous,
« nous vous briserons. »

Peu écouté, il professa pour ses confrères un mépris superbe et, drapé dans son manteau de philosophe, n'essaya point de le cacher. « Il faut faire, dit-il à propos du Comité de salut public pour lequel il vota cependant, il faut faire de la révolution et non de l'agitation, du pastiche. » « Je n'ai pu trouver parmi vous, disait-il une autre fois, un groupe d'hommes avec lesquels je puisse marcher. »

Fait remarquable qui la stigmatise, on ne trouve dans l'histoire de la Commune aucun de ces traits de courage, aucun de ces dévouements, de ces désintéressements héroïques qui abondent dans notre grande révolution et la font aimer à cause de leur grandeur. Ces nains imitateurs n'imitèrent que les vices et restèrent petits, petits. Voici comment Vaillant, l'un de ceux qui avaient, théoriquement du moins, les plus nobles sentiments, parvint à s'enfuir.

Blessé à la tempe et cerné dans une maison de la rue de Rivoli, il alla au-devant des soldats et leur dénonça comme l'ayant blessé un artilleur fédéré qui se trouvait avec lui. « Je ne voulais pas marcher, dit-il, et il a essayé de me tuer. » L'artilleur fut fusillé et Vaillant put gagner Saint-Denis, où des officiers prussiens, ses amis, lui fournirent les moyens de passer en Allemagne.

VALLÈS.

ALLÈS avait commencé ses études à Saint-Étienne; il les continua à Nantes et les acheva au lycée Bonaparte. Quand arriva la révolution de Février, Vallès était encore à Nantes, déjà le Vallès que devait connaître Paris. « J'étais, dit-il lui-même, un affreux écolier aux souliers mal lacés, aux doigts pleins d'encre, débraillé et fiévreux. » Tel il était alors, tel il fut toujours. Nature fiévreuse, à conduite décousue, propre par boutades lorsque lui venait le dégoût du ruisseau, mais habituellement plus que négligé.

Venu à Paris, il complota avec quelques collégiens, ses camarades, d'enlever le président Louis Bonaparte. L'exécution n'eut point lieu, la police eut vent de la chose, et pour la première fois Vallès fut enfermé à Mazas. Relâché sans jugement, il devint secrétaire de Gustave Planche, fut quelque temps professeur, puis débuta dans les lettres en 1857 par un pamphlet anonyme intitulé *La Bourse*. Du premier coup Vallès était arrivé à son style nerveux, haché, ayant le diable au corps, comme dit un critique d'alors.

Dans une préface évidemment ironique où, comme une obsession de l'auteur, revient ce cri : Vive l'argent! Vallès exprime brutalement ses désirs qui seront ceux de toute sa vie. Faisons de l'argent, morbleu! s'écrie-t-il, gagnons de quoi venger le passé triste, de quoi faire le lendemain joyeux, de quoi acheter de l'amour, des chevaux et des hommes.

Il ne put faire de l'argent et resta triste. Riche, il eût été un joyeux garçon; pauvre, ambitieux déçu, il s'aigrit, devint envieux, et, plongé dans la boue, essaya de l'aimer et s'y roula. Ne pouvant viser plus haut, il devint l'écrivain de la rue et des difformités, posa pour la laideur et se dit l'ami du voyou, du pauvre hère, de toutes les guenilles que son orgueil meurtri détestait profondément.

Il avait un style, mais peu de fond; ce n'était pas le moule qui manquait, mais le bronze; pour suppléer, il eut recours au paradoxe et au blasphème, dernières ressources de l'impuissance. Il affectait l'adoration du laid, l'amour du bizarre et du non-reçu, il devait donc détester le beau et se révolter contre les réputations acceptées sans conteste. C'est ce qu'il fit : il se moqua du Dante, déclara Molière ennuyeux, demanda qu'il ne lui fût plus parlé ni de Hugo ni de Michel-Ange, et, ridicule folie, envoya Homère aux Quinze-Vingts.

C'est de cette façon qu'on le vit ricaner tour à tour dans la *Revue européenne*, la *Presse*, le *Figaro*, le *Progrès de Lyon*, l'*Époque* et l'*Événement*, portant dans toutes les rédactions ce caractère mauvais, colère et envieux dont sont marqués ses écrits.

C'est au *Figaro* qu'il écrivit les articles réunis plus tard en volume sous les titres de : *La Rue* et *les Réfractaires*. Pauvre réfractaire lui-même, qui ne retrouva plus jamais son chemin!

Il eut un moment d'épanouissement. Chargé d'un article par jour à l'*Événement*, on lui donna 18,000 francs d'appointements. Vallès, heureux, se désencanailla un instant, se mit de façon convenable et ne souffrit plus que le pauvre hère, son ami de la veille, le coudoyât. Courte joie : le chroniqueur menait joyeuse vie, la copie devint rare au journal, l'argent baissa d'autant, et, un beau jour, notre homme, remercié par le journal, se retrouva sur le pavé, Vallès comme devant.

Il ne fit qu'un article dans la *Liberté*, article qui attira au journal un communiqué impérial peu rassurant, et fonda à son compte petits journaux sur petits journaux, donnés comme littéraires, clandestinement politiques et invariablement supprimés par l'implacable 6° chambre. *La Rue* est le plus célèbre et vécut huit mois.

Quoique voué aux revendications, et comme tel républicain, il s'était jusqu'à cette époque peu fait remarquer hors du monde littéraire. Mais dès lors sa ligne politique s'accentue de plus en plus. De nouveau misérable, voyant toujours fuir cette fortune tant poursuivie, cet argent qui achetait tant de choses, Vallès devint plus sombre et plus rageur. Il se prit à brailler de plus belle contre toutes les servitudes et toutes les lois, sans songer qu'il se ployait lui-même au despotisme le plus absolu de tous, celui de la foule, qui devait nécessairement le faire socialiste, communiste, puis communeux.

En 1869, il se porta aux élections législatives de mai comme candidat socialiste dans la huitième circonscription, fonda un journal, le *Peuple*, pour soutenir sa candidature, mais n'eut qu'un faible nombre de voix. Il essaya de nouveau des journaux littéraires; mais la 6ᵉ chambre ne se montra pas plus clémente. Au mois d'août 1870, Vallès fut arrêté pendant les troubles qui suivirent les défaites de Forbach et de Wœrth et remis à Mazas. La révolution du 4 septembre l'en tira.

Il fut arrêté au 31 octobre, acquitté et relâché. Il fonda pendant les derniers jours du siége le *Cri du peuple*, qui eut promptement un grand succès à cause de la modicité de son prix. Ce *Cri du peuple* fut compris dans l'arrêté du général Vinoy qui supprima cinq journaux en janvier. Vallès, depuis longtemps affilié à l'Internationale, était averti du complot du 18 mars, et dès le 19, le *Cri du peuple* reparaissait. C'est lui qui le premier émit l'idée de Paris ville libre.

Voyant que la province, qui se levait toujours au dire des communeux, ne bougeait pas du tout, il fallut bien aviser. Vallès trouva que le meilleur, si le gouvernement de Versailles y consentait, était de laisser la province, puisque la province laissait Paris. 4,403 électeurs du 15ᵉ arrondissement l'envoyèrent siéger à la Commune, le 26 mars.

Nous rencontrâmes Vallès à cette époque. Il

s'était lavé, et avait taillé sa broussailleuse barbe. Ses habits étaient neufs, et il rayonnait d'orgueil en considérant la frange d'or qui terminait son écharpe. Il avait de la joie pour tous et se demandait, alors qu'il était heureux, pourquoi l'on se battrait.

Il essaya de convaincre la bourgeoisie du parfait bonheur que devait apporter la Commune, et prêcha à outrance la conciliation. « Allons! que le rez-de-chaussée et la mansarde se raccommodent », écrivait-il. Les premières escarmouches du commencement d'avril l'irritèrent profondément, en lui faisant entrevoir l'issue finale de l'émeute où il avait trempé. Il n'eut dès lors plus assez de bave, plus assez d'épithètes à déverser sur le gouvernement.

Il lui revient une grande part de l'animosité et de la rage qui signala la lutte. Son journal très-répandu travestissait indignement les faits; présentait l'armée comme composée de barbares; persuadait que c'était Versailles, ville royale, qui s'insurgeait contre Paris, cité républicaine, et annonçait chaque jour que les *Versaillais*, toujours battus et repoussés avec pertes énormes, ne pouvaient continuer la guerre. Pendant deux mois, avec la même impudence, chaque jour à peu près, ce journal déclara que les insurgés s'avançaient sans cesse vers le pont de Neuilly.

C'est ce journal encore qui, le 16 mai, annonça que les Versaillais n'entreraient jamais dans Paris, dans un article obscur alors, mais que les incendies ne rendirent que trop clair ensuite et qui se terminait ainsi :

« Si M. Thiers est chimiste, il nous comprendra. »

Vallès fut délégué à l'enseignement. Choqué des absurdes discussions auxquelles se livraient les jeunes illettrés qui foisonnaient à la Commune, il n'y parla que très-rarement et, malgré ses prétentions à l'éloquence, n'y fit jamais de discours.

Il mourut comme il avait vécu, rageur.

Il se jeta plusieurs fois sur l'officier qui commandait le peloton d'exécution, et essaya de l'étrangler. C'est près du Châtelet qu'il fut fusillé le 25 mai.

Né en 1833, il avait trente-huit ans.

Vallès était de moyenne taille, presque petit. Toute sa personne avait un caractère de sauvagerie orgueilleuse. Il avait le front carré, le regard dur, les yeux inégaux en grandeur, sanguinolents et presque cachés par les mille replis des paupières ridées. Le nez assez gros tombait droit sur une bouche tordue, aux lèvres serrées. Sa barbe et ses cheveux incultes étaient d'un beau noir. Il avait la voix lourde et saccadée. Il parlait comme il écrivait, et son style à effet impressionnait toujours la foule. Sa parole était servie par sa figure pleine d'amertume, laide, mais non antipathique.

Du reste, il a tracé de lui un assez fidèle portrait. M. Thierry, le photographe de la Chaussée d'Antin, ayant placé la photographie de Vallès dans sa galerie des contemporains, celui-ci écrivit au-dessous le huitain qui suit :

> C'est bien là ma mine bourrue,
> Qui dans un salon ferait peur,
> Mais qui, peut-être, dans la rue
> Plairait à la foule en fureur.
> Je suis l'ami du pauvre hère
> Qui dans l'ombre a froid, faim, sommeil.
> Comment, artiste, as-tu pu faire
> Mon portrait avec du soleil?

Cet homme avait un mérite réel, mais ses convoitises précoces firent grimacer sa plume. Ce n'est point la conviction qui le mena à la mort : comme tant d'autres parmi la bande communeuse, c'est l'ambition qui l'a tué.

VARLIN.

ARLIN n'avait, croyons-nous, à se reprocher ni un assassinat, comme Vésinier et Mégy, ni une banqueroute, comme Pourille dit Blanchet. C'était un mauvais ouvrier relieur, aussi intelligent que paresseux, aussi ambitieux que remuant. Comme le rat de la fable, en rognant quelque livre, il le lut, se crut savant, laissa là l'ouvrage, qui ne lui plaisait guère, pour les intrigues qui lui allaient mieux.

Il fut d'abord mutualiste, puis eut son système socialiste propre et inventa de l'appliquer par un moyen qu'il appelait économique, moyen qui consistait à ne priver les riches de leur revenu qu'au bout de deux générations.

Dès les premières tentatives faites pour constituer la grande Association internationale, Varlin se donna corps et âme au mouvement. Il parut au congrès de 1863 à Bruxelles, congrès non international encore, mais où la plupart des chefs futurs de la Société se trouvèrent réunis.

En 1864, il fut secrétaire de la branche internationale parisienne, fit adhérer à l'Internationale la Société des relieurs dont il était président, et organisa, en compagnie de Tolain, son ami intime, de Murat, Malon et Héligon, les premières sections qui furent constituées régulièrement à Paris.

En 1866, il alla au congrès de septembre tenu à Genève, comme délégué des ouvriers français, et prit part à la formation des statuts de la Société qui furent alors réglés d'une façon définitive.

Le 22 mai 1868, le tribunal correctionnel de la 6e chambre de la Seine le condamna à trois mois de prison et à 400 francs d'amende pour délit d'association de plus de vingt personnes. Des souscriptions faites en faveur des grévistes de Bâle et de Genève avaient mis la police sur la piste de la Société, qui fut dès lors soigneusement surveillée.

Ce jugement du tribunal, joint à celui déjà rendu le 29 avril de la même année, porta un rude coup à l'association, qui ne faisait encore que de s'organiser dans Paris. Les sections cessèrent dès lors d'avoir des réunions générales. Ce n'est que par Varlin et plusieurs autres membres qu'existèrent dès lors et pendant longtemps les rapports des sections entre elles et avec le Comité central de Londres.

Varlin donna alors des preuves de cette intelligence et cette activité dont nous avons parlé. Il correspondait avec Bastélica de Marseille, avec Richard de Lyon, avec Aubry de Rouen, et leur transmettait les ordres du Comité central. Il avait une autre correspondance avec Cluseret, dont les campagnes aux États-Unis et en Italie étaient bien plus apostoliques que guerrières. Il était en outre chargé des grands centres ouvriers de Lille et du Creuzot, et s'y rendait souvent, en personne, prêcher dans des clubs clandestins la doctrine fascinatrice de la communauté des biens.

En 1869, nouveau procès, celui-là bien plus retentissant que les précédents. L'Internationale, si faible encore en 1868, avait couvert la France de ses sections, ayant leurs bureaux respectifs, correspondant entre elles, réunissant des fonds par des souscriptions volontaires, et soutenant les grèves par l'argent amassé.

Des arrestations furent opérées dans toutes les grandes villes. La haute cour de Blois fut chargée du procès. Varlin fut assez heureux pour passer en Angleterre, où il apprit sa condamnation par contumace à un an de prison et à 100 francs d'amende.

Nous ne savons quand rentra Varlin. Nous le

retrouvons à Paris dans les premiers jours de septembre, pérorant dans les clubs, où il s'acquit une réputation d'économiste distingué chez la gent clubiste. Il reprit à cette époque le secrétariat de la section de l'Est, forcément abandonné à la fin de l'Empire. Le 31 octobre fut le résultat d'un complot, Varlin d'avance était désigné comme ministre des finances du gouvernement qui devait naître de l'insurrection. Il faillit être pris dans le mouvement par les mobiles bretons accourus au secours de l'Hôtel de ville; il dut la liberté à l'intervention du bataillon du commandant Cyrille.

Varlin retomba alors dans l'obscurité des clubs, et fit, presque dès l'origine, partie du Comité central de la garde nationale dont il signa les premières affiches. Quand vint le triomphe de l'émeute, l'ambitieux Varlin n'oublia par la position à lui dès longtemps promise, et s'installa dès le 19 mars au ministère des finances en compagnie de Jourde, un tard-venu de l'Internationale.

Il fut nommé le premier dans le 17e arrondissement par 9,356 votes et dans trois autres arrondissements aux élections du 26 mars. Alors commence pour lui une obsession dont il ne fut délivré qu'avec son ministère. Ce ne fut pendant toute sa gestion qu'un défilé de quémandeurs répétant invariablement la même phrase : « Citoyen Varlin, nous voulons faire telle chose. » A quoi le délégué aux finances sans finances répondait invariablement : « Et de l'argent? » La Commune, devant ce refus continuel de donner l'argent qu'il n'avait pas, lui retira ses fonctions et chargea Jourde de la gestion de ses introuvables finances.

Varlin fut nommé à la délégation des subsistances, et, plus tard, chargé de la manutention.

Il fut arrêté le 25 mai dans un café du quartier de Notre-Dame-de-Lorette. Un lieutenant et quatre hommes le conduisirent rue des Rosiers, dans le jardin où avaient été fusillés les généraux Lecomte et Clément Thomas. Varlin fut un de ceux qui moururent avec le plus de courage : il reçut la mort sans sourciller. Cependant, particularité bizarre, nous tenons de témoins dignes de foi que sa chevelure, qui était d'un noir assez foncé, blanchit dans le court espace qu'il mit à aller du lieu de l'arrestation à celui de l'exécution.

Varlin était maigre et petit ; il avait le front grand et la figure comme éclairée par l'éclat de ses yeux noirs. Comme à peu près tous les communeux, il avait depuis quelque temps laissé pousser toute sa barbe, qui était très-fournie. Cet intrigant infatigable était, paraît-il, de la plus grande douceur dans sa maison et très-fidèle à sa femme, qualité assez rare chez ses confrères pour qu'elle soit citée. Il n'avait que trente et un ans et laisse deux enfants en bas âge.

VERDURE.

N bonhomme quelquefois méchant; une façon de maître d'école vieilli sous le harnais, portant lunettes et passant sa vie dans les bouquins; un de ces piocheurs qui cherchent et fouillent toujours, qui prennent même sur leur sommeil pour faire des songes creux, qui se bâtissent de beaux projets de bonheur commun et d'amour universel et se réveillent sensiblement toqués comme Allix, Arnaud ou Babick.

Il fut d'abord instituteur, puis associé au *Crédit du travail*, qui fit si triste fin, et enfin rédacteur et caissier de la *Marseillaise*. Il étala dans ce journal ses rêveries socialistes, tartines fort anodines qu'on n'était pas obligé de lire et qu'on ne lisait pas.

Cependant ces articles lui firent quelque renommée en le faisant poursuivre par la police impériale. Les électeurs du 11ᵉ arrondissement se souvinrent de ce persécuté et lui donnèrent 15,351 voix, le 26 mars.

Il fut nommé à la commission de l'enseignement dès la formation des commissions et y resta enfoui, poursuivant les réformes qu'il sentait utiles dans son ancien métier et signant dans l'*Officiel* quelques arrêtés qu'on ne lisait pas plus que ses articles.

Il parla fort peu à la Commune, s'opposa à la validation des élections, mais vota pour le Comité de salut public.

Le vieillard avait cinquante ans et de grands enfants, ce qui n'empêchait point les sentiments, comme dit la chanson. Il avait une maîtresse qui pour se débarrasser de lui le dénonça aux soldats lorsque ceux-ci reprirent Paris. Verdure est maintenant à Versailles.

VERMOREL.

PARMI les élus du 26 mars se trouvait Vermorel, dont les violences et les condamnations avaient rendu le nom célèbre. Dévoyé politique, voué à la satire, il eût critiqué la Commune s'il n'en eût fait partie. Les électeurs du 18e arrondissement l'y envoyèrent; mais, suspecté par ses confrères de la presse qu'il détestait cordialement, antipathique aux internationaux à cause de son origine, méprisé un peu par tous à cause de sa lâcheté présumée et de sa louche conduite, il fut à la Commune ce qu'il avait été auparavant dans le parti radical, une individualité isolée et comme tolérée, peu écouté de la foule, encore moins de ses collègues, et réellement sans influence.

Vermorel est né à Denicé (Saône-et-Loire) en 1841. Il avait la tête presque ronde, les joues bien pleines et le front assez bas. Il laissait très-longs ses cheveux plats et recourbés à l'extrémité d'une façon toute monacale. Sa bouche lippue et sensuelle avait une expression sournoise que ne tempérait point l'expression d'indomptable volonté répandue sur toute sa personne. Une peau jaune, lisse et presque glabre ajoutait encore à cette figure antipathique.

Il vint faire son droit à Paris, et débuta dans les lettres par un volume intitulé *Ces Dames*, que la justice poursuivit pour outrage aux mœurs et retira de la circulation. Vermorel fit amende honorable dans la préface de son second livre : *Desperanza*, dont la seconde édition porta le titre de : *Les Amours funestes*.

Il était venu habiter le numéro 29 de la rue des Saints-Pères vers la fin de 1862. Il s'y lia avec une femme qui, choquée de son caractère sceptique et de ses façons dédaigneuses, l'abandonna bientôt. Vermorel s'empoisonna de désespoir et fut transporté comme mort à l'hôpital de la Charité. On ne parvint à le sauver qu'après plusieurs mois d'atroce maladie. La leçon profita : Vermorel, excessivement passionné, eut de bien autres aventures, mais ne s'empoisonna plus.

Il acheta avec un de ses co-étudiants la *Revue pour tous* qui expira dans ses mains, et fonda ensuite les journaux littéraires *la Jeune France* et *la Jeunesse*, qui s'occupèrent de politique et furent tués par les condamnations. Vermorel dut passer en Belgique pour éviter la prison. Il dévint à Bruxelles le secrétaire de rédaction de *la Semaine universelle* de Marino Vreto. C'est là qu'il connut plusieurs proscrits : Jules Simon, dont il oublia la réception et qu'il attaqua plus tard, et Frédéric Morin, qui lui procura la rédaction en chef du *Progrès de Lyon*, qui venait de naître.

Vermorel, par un article violent, fit suspendre ce journal, d'où il fut congédié. Le bruit courut même, bruit bien des fois répété sur ce tortueux personnage, qu'il s'était entendu avec la police pour faire supprimer le journal qui prenait d'inquiétantes allures.

Dans un précédent article, Vermorel avait fait l'éloge de M. de Girardin. Cet éloge lui valut un bienveillant accueil à la *Presse*, que rédigeait le fameux journaliste. De la *Presse*, suspendue pour un article de C. Duvernois, il passa à la *Liberté*, toujours à la suite de M. de Girardin.

En 1865 il acheta le *Courrier français* hebdomadaire, dont le ministère lui défendit pendant quelque temps de prendre le titre de rédacteur en chef, que garda M. Lepage. C'est dans ce journal, où Vermorel put enfin, à l'aise, écrire et médire, qu'il faut l'étudier.

Espèce de Rodin au petit pied, faisant flèche

de tout bois, sans admiration, sans enthousiasme, n'ayant donc rien à ménager, il se rallia au parti radical, accepta l'argent de l'Empire et se moqua de tous les deux.

Vermorel n'avait qu'un mobile, l'ambition, et qu'un but, parvenir. La maladie de notre temps, le manque de respect, l'avait profondément gangrené. Esprit vif et satirique, prompt à trouver le point ridicule, et bon écrivain, il donna le triste spectacle d'un jeune homme se laissant aller au méchant plaisir de dénigrer les hommes les plus honorés, bavant sur toutes choses, calomniant des femmes, et attaquant à tort et à travers à la fois l'Empire et les républicains, Rouher et Jules Favre.

C'est lui, certes, qui commença à saper la popularité de la gauche dans les quartiers excentriques et avancés, mais il y perdit sa réputation et, qui plus est, le seul respect qu'il eût pu garder, celui de sa propre personne.

Ses attaques virulentes lui attirèrent de virulentes reparties et de sanglants outrages. Cassagnac fils le suivit dans la rue en le couvrant de crachats. Vermorel, orgueilleux à sa façon, ne se pliant à aucune influence, subit les injures et laissa faire; peu à peu il eut le cynisme de sa conduite et se moqua de ses adversaires. Il chercha la gloire à se mettre au-dessus de l'opinion et joua le rôle de Diogène, Diogène méprisé et honni jusque dans son camp, Diogène sans lanterne, ne cherchant pas la vérité, mais content de rire et de médire en quelque coin des idoles de la foule.

Trois condamnations furent prononcées contre Vermorel, la dernière pour offense à Mme de Metternich. Au commencement de 1868, Vermorel donna la mesure de sa probité en vendant le journal à M. Pellau, sans avertir ni son gérant ni ses rédacteurs. Les femmes avaient endetté notre débauché, qui, après avoir reçu 30,000 fr. d'à-compte, voulut se servir du gérant pour chasser M. Pellau, garder le journal et garder l'argent. Cette opération véreuse et des entrevues que le fougueux radical avait clandestinement avec M. de Lavalette amenèrent la démission de Lepage et de Georges Duchêne, qui quittèrent le journal que Vermorel ne put faire vivre.

En 1869 il entra à la *Réforme* de Malespine. Mais son caractère fourbe, désagréable et sournois le rendit insupportable à la rédaction, qu'il dut quitter. Il publia alors *les Hommes de 48, les Hommes de 51* et *les Vampires*, ouvrages où se retrouve son style nerveux, et qui eurent chacun plusieurs éditions. Il fit de la propagande pour l'élection de Rochefort, qui ne l'en accusa pas moins de complicité avec la police en pleine chambre des députés. C'est vers cette époque que Vermorel édita les œuvres de Marat et de plusieurs autres montagnards. Plus tard, il collabora secrètement au *Parlement* de Ganesco.

Il eut à subir de nouvelles condamnations, et c'est, croyons-nous, en prison que le trouva le 4 septembre. Il fut arrêté au 31 octobre, puis acquitté. Il fit dans la Commune partie de la commission de sûreté générale, puis de la commission exécutive. Il avait essayé de faire reparaître en septembre 70 le *Courrier français*; il essaya alors d'autres titres : l'*Ordre*, puis l'*Ami du peuple*, qui n'eut que quatre numéros et ne fut rempli que de ses diatribes avec Pyat, qui, reprenant les accusations de Rochefort, s'acharnait contre lui dans son journal. On lui attribue également la *Justice*, que d'autres disent être de Floquet. Il signa le manifeste de la minorité.

Contrairement aux prévisions de tous, Vermorel se montra brave et très-brave à l'heure du danger. Le cauteleux jésuite eut toute l'énergie d'un sectaire convaincu. On le vit se battre, d'autant plus farouche qu'il était sans espoir. Depuis longtemps la Commune lui déplaisait horriblement. La séance du pétrole mit le comble à son dégoût et à son indignation. Il fut l'un des rares hommes qui protestèrent. « On pourra me fusiller, écrivait-il à un de ses anciens camarades, mais je protesterai. »

Il était au Père-Lachaise à l'enterrement de Dombrowski, cet enterrement dramatique, qui ressemble à une scène où l'effet théâtral a été exagéré.

Quand, au bruit de la bataille qui se livrait autour de l'enceinte du cimetière, chacun des bandits restés debout eut baisé le front de son chef mort, et que le cadavre eut été jeté dans la fosse, Vermorel s'approcha et prononça un dernier discours où s'exhala toute l'amertume de son âme sceptique et ulcérée.

Il maudit les lâches qui, après avoir excité la foule, l'avaient abandonnée; il maudit cette foule, se maudit lui-même, et retourna derrière une barricade, où une balle lui traversa le ventre.

Vermorel, blessé et pris à la barrière du Trône, fut mené à Versailles, où il supporta les douleurs de sa blessure avec le plus grand courage, seule qualité qui pût encore exciter quelque sympathie pour les incendiaires de Paris. Il est mort dans les derniers jours de juin.

VÉSINIER.

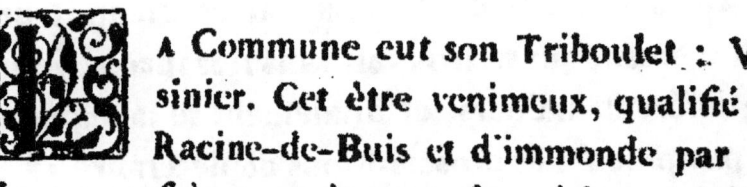A Commune eut son Triboulet : Vésinier. Cet être venimeux, qualifié de Racine-de-Buis et d'immonde par un de ses confrères, avait toute la méchanceté d'un bossu, doublée de la jalousie d'un ambitieux sans talent. Il était bossu et boiteux, avait la figure livide, les yeux ronds et farouches, les ailes du nez retroussées, et traçant dans les joues deux larges sillons qui ajoutaient à l'expression presque féroce de sa physionomie. Cette créature difforme et antipathique devait passer sa vie à maudire et à dénigrer.

Recueilli par Eugène Sue, Vésinier lui servit de secrétaire. C'est du moins le titre qu'il a pris lui-même dans un de ses ouvrages, bien que le bruit public lui attribue les simples fonctions de garçon de bureau. Vésinier fut reconnaissant à sa façon; sentant sa vocation se prononcer dans la compagnie du grand romancier, il lui déroba le plan de deux romans, les acheva et les fit paraître après la mort de Sue. Ce sont *les Mystères du monde*, pour faire suite aux *Mystères*

du peuple, et *les Travailleurs de l'abime*. Inutile de dire que la touche et la signature de Vésinier furent peu propices aux idées de Sue, et que ces deux ouvrages n'eurent aucun succès.

Après la mort de son patron et bienfaiteur, notre bossu, qui se trouvait sans ressources, vécut de différents métiers, et finalement se lança dans le pamphlet. Les proscriptions de décembre 1851 et une obscure histoire relative à un détournement de mineure, — détournement dont nous le croyons très-innocent, — lui firent quitter la France.

Il alla d'abord en Suisse, qui, gênée du personnage, l'expulsa. Il passa en Belgique, qui le retint pendant vingt mois en prison et l'expulsa à son tour à la suite de la grève de Charleroi, dont Vésinier malencontreusement se mêla. L'Angleterre seule restait : il s'y sauva.

La haine qui couvait chez Vésinier avait trouvé sur qui se répandre. Dans les meetings de Londres il se fit remarquer par ses insultantes sorties sur la famille impériale, et, se servant de la plume comme de la parole, il écrivit quelques petites brochures crapuleuses dont la plus connue est celle intitulée *Mariage d'une Espagnole*. — Vésinier, toujours peu scrupuleux sur le moyen de parvenir, la publia en la signant des initiales

M. de S..., qui la firent attribuer à Mme Rattazzi.

Londres, ce grand repaire où vont se réfugier les bannis de tous les pays, était le siège naturel de l'Internationale. C'est au milieu de cette population haineuse et mise au ban des nations que Karl Marx recruta les plus fervents émissaires de ses théories sur le renversement de la société. L'envieux Vésinier fut naturellement l'un des premiers adeptes.

Revenu en France, il fit quelques mois de prison à Sainte-Pélagie pour délit politique, collabora au *Rappel* et à la *Réforme*, et prit une part active à la formation des sections parisiennes de l'Internationale. Il en était un membre influent quand vint le 4 septembre. On lui attribue une lettre à un membre de l'opposition, dans laquelle il offrait 10.000 internationaux pour soutenir la révolution. Il entra ensuite au *Courrier français*, où ses diatribes passèrent inaperçues.

Il fut l'un des fondateurs du club de la salle Ragache, et parut souvent dans ceux de la Reine-Blanche et de la Marseillaise, où il tonnait contre les hommes du 4 septembre et contre ce qu'il appelait leur lâcheté. Il avait encore un sujet favori. Ce personnage mal fait arrivait en claudiquant à la tribune, s'appuyait, ou plutôt semblait se visser sur sa jambe la plus solide, et se mettait à déclamer contre le sort pitoyable que la société fait aux femmes.

C'est dans un de ces clubs qu'il attaqua Serailler et l'accusa de vol. Serailler se disculpa et répondit en accusant Vésinier de l'assassinat de Cournet père. Vésinier était, paraît-il, le témoin de Barthélemy dans cette ténébreuse affaire. Le jury anglais acquitta Vésinier, mais le public ne cessa point de croire au crime du témoin qui remit à Cournet un pistolet dont la cheminée était obstruée par un chiffon.

Aussi lâche que braillard, ce reptile se tint dans l'ombre aux heures du danger. Il tonnait dans les clubs, il tonnait dans les journaux de Blanqui et de Pyat; mais dans les mouvements tentés par ses amis, il restait à l'écart fort prudemment; il fut pourtant arrêté à la suite du 31 octobre, fit trois mois de prison préventive et fut acquitté.

Il fit partie du Comité central, ou tout au moins assista à ses séances de la salle Vauxhall, mais il n'osa mettre son nom au bas d'aucune affiche et attendit que l'insurrection fût victorieuse pour y prendre part.

Mais dès que le Comité central fut à l'Hôtel de ville, le bossu se réveilla. Le littérateur crut son jour arrivé, et prenant ses romans, prenant ses articles, il vint s'installer le 19 mars au *Journal officiel*, d'où il espéra enfin pouvoir faire lire sa prose à ses concitoyens, et s'empressa de mettre en annonce « tous ses ouvrages parus. »

Le 24 mars, il prit la qualité de rédacteur en chef du *Journal officiel*; mais deux jours après, le directeur Lebeau le mit à la porte. Aux élections du 26, il se porta candidat dans le 1er arrondissement, mais ne fut point élu. L'*Affranchi*, auquel il collaborait, mourut d'anémie.

Vésinier se consola de tous ces revers en fondant un journal qui lui appartint tout entier. Le *Paris libre* parut le 11 avril, et commença à publier deux feuilletons du citoyen P. Vésinier : l'un était cette série de scènes immondes intitulée *Mariage d'une Espagnole*, l'autre était les *Proscrits du XIXe siècle*, dont aucun éditeur n'avait voulu se charger.

Enfin, le 16 avril, les désirs de Vésinier se trouvèrent satisfaits : 2,626 électeurs l'envoyèrent rouler sa bosse à la Commune, où notre homme n'oublia point ses intérêts. Amouroux, qui savait à peine écrire, s'adjoignit Vésinier comme secrétaire des séances, et, dans le remaniement des commissions, Vésinier parvint à faire partie de celle des services publics.

Vésinier vota pour le Comité de salut public, et, tout occupé de son journal, de ses ouvrages et de ses intérêts, prit peu de part aux discussions de la Commune. C'est à lui qu'on doit la plupart des mesures de proscription prises contre les églises et les maisons religieuses.

Vésinier est prisonnier. Celui-là, certes, ne s'est pas battu; c'est caché qu'on l'a trouvé.

Chacun a ri, chacun s'est moqué de Vésinier; cependant il a eu une assez grande influence au commencement de la révolution. C'est à la confiance mise en lui par le Comité central de Londres, à la rédaction de l'*Officiel*, et plus tard à son journal qui fut l'organe du Comité central, comme le *Père Duchêne* fut celui de la Commune, qu'il dut cette autorité.

VIARD.

EUNE, mais pratique. Tel l'homme s'est peint lui-même. « Jeune, mais pratique », c'est-à-dire benêt, mais se croyant malin. Ce gaillard « jeune, mais pratique, » était énorme. Ce n'était pas du tout

l'adolescent qu'on se figurerait d'après cette description. C'était un gros homme de trente ans, avec une grosse tête, une grosse tignasse aussi longue qu'ébouriffée, et une grosse barbe, le tout d'un blond ardent approchant assez du roux.

« Jeune, mais pratique, » était le neveu de l'inventeur du *chromo-duro-phane*. Il habita, dit-on, Lyon pendant quelque temps et y pratiqua une petite opération véreuse qui le fit mettre à la porte de la maison de commerce où il était employé. Dès lors, mûr pour l'Internationale, il y adhéra, vint à Paris, s'y trouva renfermé par l'investissement.

Il fit partie de la garde nationale, se fit nommer membre du Comité central, signa l'affiche de décembre et les affiches du Comité central, et fut délégué par lui aux subsistances jusqu'au 28 mars. Ayant échoué aux premières élections, il n'en fut pas moins employé par la Commune et Varlin le chargea spécialement de veiller à l'enlèvement de l'argenterie de l'ex-empereur destinée à la Monnaie.

Il fut nommé, le 16 avril, par 6,968 électeurs du 20° arrondissement et reprit, le 21 du même mois, la délégation aux subsistances, dont il s'occupa très-activement. Il siégea assidûment à la Commune et prit souvent la parole, toujours pratique, mais encore plus souvent jeune.

Il fut quelque temps délégué au 11° arrondissement.

Il eut une assez triste aventure pendant sa gestion aux subsistances. Il avait confié 600,000 fr. à deux individus chargés d'acheter des vivres en province. Les deux individus disparurent avec l'argent et Viard attendit jusqu'au dernier jour les vivres promis.

Il demanda la réduction du prix de l'*Officiel* en motivant singulièrement sa proposition : « En présence des fautes que nous avons commises, dit-il, je demande que le prix en soit réduit à 5 centimes. » Il se montra assez intelligent lorsqu'il essaya de faire désavouer son manifeste à la minorité.

« Si nous avons des reproches à nous adresser, dit-il, ce n'est pas en récriminant que nous arriverons à un bon résultat. Il me semble que nous devrions nommer une commission de trois membres qui s'entendrait avec la minorité. » C'est lui aussi qui proposa l'introduction du public aux séances de la Commune.

« Jeune, mais pratique, » est en fuite. Son arrestation deux fois annoncée a été deux fois démentie. C'est par ordre alphabétique le dernier membre de la Commune, il clôt dignement cette bande, qui commence par un visionnaire devenu fou et finit par un faquin véreux.

LES MEMBRES
DU COMITÉ CENTRAL

LES MEMBRES
DU
COMITÉ CENTRAL

ANDIGNOUX.

NDIGNOUX était un marchand de vin, à tête de bouledogue, grand, brun et âgé de trente-cinq à quarante ans. Quelques dîners de vendredi saint faits chez lui par une société de libres penseurs le poussèrent à se faire nommer membre de la société. Dès lors il se mêla de politique encore plus que de religion, donna avec la ferveur d'un ignorant tête-bêche dans les théories socialistes et s'affilia à l'Internationale pendant

le commencement du siége. Plus actif qu'intelligent, il prit une part considérable à la réorganisation de l'association dans Paris, et fut secrétaire de la section du Père-Lachaise, section de formation récente.

Nommé membre du Comité central, il en fut le premier président, et en resta toujours une des sommités les moins verbeuses, il est vrai, mais les plus influentes à cause de son énergie. Il était particulièrement lié avec Chouteau, qui habitait le même quartier que lui, et avec Régère, dont l'audace lui plaisait. Il prit part à l'essai d'émeute du 29 janvier mené par Brunel et par Piazza, et signa les premières affiches de la révolution du 18 mars.

Il se porta candidat à la Commune dans le 15e arrondissement aux élections du 26 mars. Cette grosse bêtise bouffie de sa personne se croyait assurée du succès, et demanda que l'installation de la Commune fût faite avec toute la pompe possible. Andignoux n'obtint que 1,606 voix. Éclatante défaite. C'est lui et quelques-uns de ses collègues, rebutés comme lui par les électeurs, qui maintinrent le Comité central, afin de ne point laisser s'évanouir le pouvoir qu'ils avaient un moment saisi.

Il y eut, comme on sait, une sorte de conspiration ourdie à la fin d'avril dans le Comité central pour renverser la Commune en s'appuyant sur Rossel. L'ambitieux Andignoux était un des principaux meneurs. Devenu suspect à la Commune et même à une fraction du Comité central, Andignoux, non plus que Castioni et Ferrat ses amis, ne fut point renommé aux élections qui eurent lieu vers la même époque et qui firent croire un moment à la dissolution du Comité central.

Andignoux a été arrêté à Frouard au moment où il cherchait, sous un faux nom, à passer à l'étranger.

―――

AVOINE.

L y eut deux Avoine, le père et le fils, agissant en commun pour la cause générale et pour leur gloire particulière. La fortune répondit mal à leurs desseins. Malgré tous leurs efforts, leur propagande, leurs démarches, ils ne purent arriver à une réputation passable dans Montrouge qu'ils remuaient. Bien que le père ait conseillé aux électeurs de rejeter sur son fils les voix qu'ils auraient pu lui

donner, la famille Avoine ne put, dans le 14ᵉ arrondissement, réunir que 332 suffrages; nombre fort insuffisant — même pour un seul homme — malgré toute la bonne volonté possible.

Les deux Avoine étaient modeleurs; tous deux quittèrent leur état pour entrer dans l'Internationale. Le fils, nommé pendant le siége commandant du 103ᵉ bataillon, fut inculpé dans l'affaire du 22 janvier et parvint à se faire nommer membre du Comité central. Il y joua d'abord un assez grand rôle, mais son arrogance, sa vanité, ses airs vainqueurs de matamore en bonne fortune lui aliénèrent promptement ses collègues, gens chatouilleux sous tous les rapports.

Il brigua le commandement en chef de la garde nationale, mais, mis en suspicion, il échoua dans ses desseins. Il dut se contenter de la fantastique cavalerie de la Commune dont la direction lui fut confiée.

Son père, plus intelligent que lui et moins vaniteux, se fit nommer délégué à la mairie de Montrouge, mit le quartier sens dessus dessous, fit de fréquents appels à la caisse et y laissa un déficit net de 150,000 francs.

Le père Avoine, en compagnie du fils Avoine, a pu sortir de France et aller sous des cieux plus doux jouir de l'argent des sots qu'ils ont volés.

BARROUD.

ARROUD est un des membres les plus inconnus du Comité central. Son nom ne paraît dans aucune des séances. Il fut délégué le 19 mai à l'infanterie et signa l'affiche de conciliation du 24 mai. C'était un ouvrier d'une quarantaine d'années. Il avait obtenu 93 voix dans le 12e arrondissement aux élections du 26 mars.

BOUIS.

ASIMIR Bouis débuta dans la vie politique par des diatribes insérées dans la *Patrie en danger* ou débitées dans les clubs. D'où il vient, mystère complet; on sait mieux où il va. Recueilli par le Comité central, il en fut l'un des membres les plus in-

telligents et les moins loquaces aussi, car on ne voit son nom dans aucun des comptes rendus des séances du Comité central qu'on a pu se procurer.

Il fut chargé par la Commune de la publication des papiers et correspondances du gouvernement du 4 septembre, et en était au quatrième fascicule quand la prise de Paris vint l'interrompre. Il collabora en outre au *Cri du peuple*, où il alternait avec Pierre Denis pour les premiers articles. Il fut, le 19 mai, délégué aux subsistances au ministère de la guerre.

Il est arrêté.

BOURSIER

OURSIER était marchand de vin comme Andignoux. Nous ne savons pour quelle cause il abandonna son métier pour entrer dans l'Internationale et se mêler de politique. Membre du Comité central, il en signa les affiches et se montra constamment d'une grande modération et en même temps d'un grand bon sens. Il protesta contre les sau-

vageries de ses collègues, et leur dit un jour : « Ce n'est pas en effrayant tout le monde que vous rallierez à la cause de la république sociale les gens qui ont leurs motifs pour la haïr. »

Il était sincèrement décidé à rentrer dans la vie privée après les élections la Commune, et il le promit à différentes fois dans ses discours. L'exemple de ses collègues le décida à rester.

Il fut nommé colonel et chef de la 1re légion, et fut membre de la cour martiale. Son modérantisme le rendait suspect, et Boursier, qui blâmait hautement les violences de la Commune, fut arrêté, le 2 mai, sous prétexte qu'il avait fait marcher un bataillon sans ordre. Il écrivit alors au *Rappel* une lettre où il rappelait les services qu'il avait rendus à la Commune de Paris, qu'il appelait « l'émanation de la plus belle révolution dont la population parisienne puisse se glorifier. »

Quoique relâché, il ne semble plus être retourné au Comité central, car son nom ne paraît ni dans la distribution des services de la guerre, ni sur la dernière affiche du Comité central. Il garda le commandement de sa légion, et refusa, le 22 mai, d'exécuter l'ordre d'incendier le Palais-Royal, où il avait établi son quartier général.

Boursier a été arrêté.

CASTIONI.

ASTIONI était un Piémontais, tout feu, tout flamme, remuant, gesticulant, braillant, sans pour cela être d'une grande violence. Aussi franc que bavard, n'ayant rien de la race italienne, ni la ruse ni l'amour du clinquant qui possède ses compatriotes. Il allait mal mis, et eut le grand tort de prendre ses camarades pour de francs voleurs avec lesquels on pouvait cyniquement voler. Il déroba 10,000 francs à la caisse du 7e secteur qu'il commandait, et fut expulsé du Comité central pour n'avoir pas su les dérober adroitement. Il avait obtenu 1,425 voix dans le 15e arrondissement, aux élections du 16 mars.

Il n'en resta pas moins à Paris avec son ami Andignoux jusqu'à la dernière heure, et fut comme lui arrêté à la gare de Frouard, où se trouvait également Prudhomme.

CHOUTEAU.

ELUI-LA était communeux, mais il était aimable; il volait sans façon, mais c'était pour sa fille; il était bête et ne s'en cachait point. Il avait été peintre — en bâtiment, bien entendu; — mais, depuis 1867, il faisait de la politique. Il était ignorant, mais s'en souciait peu. Il appelait Assi *le beau commissaire* de la Commune, et quand on lui disait que c'était bouc émissaire qu'il aurait dû dire, il répondait : Je m'en moque. Plus intelligent, il eût été Robert-Macaire : ce n'était qu'un benoît coquin. Il avouait sans façon, au commencement de mai, qu'il avait déjà fait 300,000 francs *d'économie* dans sa nouvelle position.

Chouteau était né en 1834. Ce fut pendant longtemps un honnête ouvrier, bon père de famille, sage et rangé. Vint un sieur Godichet qui l'affilia à la société secrète Naquet et Accolas et le dévoya complètement. Chouteau embrassa avec ardeur l'idée de faire de l'Europe une vaste république d'Etats unis. Il tint des réunions chez lui et y cacha les statuts de la société. La police éventa les réunions, découvrit les statuts, et Chouteau, traduit devant le tribunal, fut condamné à quinze mois de prison et à 300 francs d'amende, le 24 décembre 1867.

Pouvant dès lors poser comme martyr et décidé à poursuivre sa carrière politique, Chouteau, connu des clubs du siége, se fit nommer officier de la garde nationale, puis membre du Comité central. Il en signa les affiches, assista à ses séances et fut un moment arrêté comme suspect de trahison. Jugé dans la séance du 27 mars, il fut déclaré innocent et relâché.

Chouteau s'était porté comme candidat aux élections du 26 mars dans le 6º arrondissement, et n'obtint que 2,128 voix. Il se rattrapa sur la garde nationale, se fit nommer major, se galonna, réquisitionna un cheval, se fit suivre d'une ordonnance, et mit son plaisir à parader dans son ancien quartier, devant ses voisins étonnés. C'était un vaniteux enfantillage. Chouteau n'était pas plus sérieux.

Lorsque le Comité central se partagea le 19 mai les différents services de la délégation de la guerre, Chouteau fut chargé de la cavalerie.

On le croit fusillé.

FABRE.

ABRE fut un des membres les plus intelligents et les plus énergiques du Comité central, mais sans violence. C'était un homme de trente-cinq ans, que la débauche avait vieilli, à la figure jaune et maligne. C'était un employé de commerce qui s'était occupé de socialisme et faisait partie de l'Internationale (section du faubourg Saint-Antoine).

Il demanda une amnistie complète pour les crimes et délits politiques, la remise intégrale des objets déposés au mont-de-piété, la reprise des négociations avec le gouvernement pour arriver à une solution pacifique et l'élargissement de tous les prisonniers. Il recommanda cependant de se défier des maires de Paris, qui devaient tenir à garder leur position, et proposa de négocier directement avec l'Assemblée. C'était, comme l'on voit, un révolutionnaire sage et raisonné. Il fut, le 19 mai, nommé à la commission médicale.

Au dernier moment, il prit les armes et se

battit derrière les barricades, agissant comme il parlait, avec conviction. On lui reproche d'avoir fait sauter la poudrière du Luxembourg.

FERRAT.

EMBRE du premier Comité central dont il signa les affiches, Ferrat n'a pas été renommé à la fin d'avril. Il se donne pour homme de lettres. Il fut délégué à la mairie du 6e arrondissement, puis nommé chef du 80e bataillon et alla comme tel au fort d'Issy. Nommé plus tard chef d'état-major de la place, il devint suspect et fut arrêté, le 22 avril, au sein même du Comité central, ce qui donna lieu à une protestation de celui-ci.

Il avait demandé au Comité central de reprendre les négociations avec Versailles. Candidat le 26 mars dans le 6e arrondissement, il n'avait obtenu que 2,062 voix.

Il est prisonnier.

GAUDIER.

AS plus connu que Pougeret, fit partie de la commission du contrôle général et informations, et signa la dernière affiche du Comité central.

GOUHIER.

OUHIER fut un des violents du Comité central. Laid et ignorant, il n'en était que plus farouche. Il avait lu quelque part que 93 avait été la grande époque, et sans en connaître l'histoire, sans savoir au juste ce qu'il disait, lorsqu'il était à bout d'idées, ce qui arrivait fréquemment, il s'écriait : Revenons aux principes de 93. Il fut le premier commandant de cette flottille communeuse qui en compta tant, et siégea à la première cour martiale avec le titre de colonel.

Il demanda que des armes fussent délivrées à

quiconque en demanderait, et invita les membres du Comité à user de leur légitime influence sur la garde nationale pour y conserver son *admirable amour* de la Commune.

Il fit partie de la commission du contrôle général et *informations*.

On le dit prisonnier.

GRÊLIER.

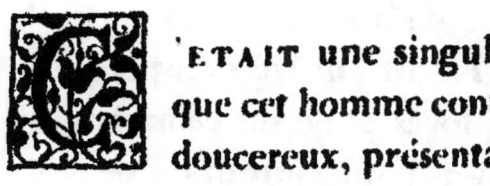'ETAIT une singulière petite créature que cet homme contrefait, prétentieux, doucereux, présentant les plus grandes énormités avec les gestes pleins de minauderie d'une vieille fille qui coquette. Il était insinuant, rampant, bavard, flatteur; il voulait à tout prix séduire et était ennuyeusement comique. Il avait été blanchisseur et semblait toujours prendre du linge sale, ne touchant aux choses que du bout des doigts. Il avait également tenu une maison de bains à la Villette, — ce qui ne peut expliquer ses relations avec les membres du Comité central.

Ce personnage parut pour la première fois

au procès des bombes à Blois, où, avec bien d'onctueux avant-propos, il déposa cette motion : « Considérant que le coup d'Etat est une illégalité et que les juges issus du gouvernement né de ce coup d'Etat n'ont conséquemment pas qualité pour prononcer un jugement, etc. » Il y avait ainsi plusieurs considérants qui ne firent que provoquer le rire.

Nommé membre du Comité central, Grélier fut délégué par lui au ministère de l'intérieur, ce qui fit et sera toujours — si le digne homme vit encore — l'objet de son plus profond étonnement. Il n'osa d'abord s'asseoir sur les fauteuils du ministère qu'on l'avait envoyé occuper, réunit jusqu'à trois employés et ne sut comment recevoir les personnes qui lui vinrent — demandant à chacune, d'un air confit et étonné, pourquoi on le dérangeait. C'est avec joie qu'il se vit remplacer par Vaillant au bout de quelques jours.

Il fut délégué aux subsistances le 19 mai. Ce fut un de ceux qui se montrèrent les adversaires les plus irréconciliables de la Commune. C'est lui qui publia le 21 mai dans l'*Officiel* et fit afficher sur papier blanc l'avis suivant, qui ne se trouva point une vaine menace :

« Les habitants de Paris sont invités à se rendre

à leur domicile sous quarante-huit heures : passé ce délai, leurs titres de rente et grand-livre seront brûlés. »

Tel était le caractère de ce petit souffreteux qui semblait prêt à se désarticuler à chaque mouvement. Les titres de rente et le grand-livre furent brûlés et le ministère des finances par-dessus le marché, après quoi Grélier dut quitter ce Paris dont les habitants ne voulaient pas revenir à sa voix.

———

GROSLARD.

ROSLARD avait avalé des sabres et des poulets crus; il crut pouvoir rendre des lois. Il avait été pitre et saltimbanque, il avait sa place toute faite dans l'insurrection du 18 mars. On l'avait vu dans les foires et les fêtes de la banlieue parisienne, paradant et débitant admirablement son boniment de sa grosse voix de major. On ne s'étonna nullement de le voir réciter des tirades socialistes et humanitaires à l'Hôtel de ville. Il était toujours pitre.

il avait changé de maître, de boniment et d'oripeaux, voilà tout.

Il parvint à se faire nommer commandant du 225ᵉ bataillon et se cambra fièrement dans un uniforme à triples galons qu'il ceignit plus tard de l'écharpe rouge à frange d'argent. Il fut membre du Comité central et y fut sinon influent du moins très-verbeux.

Il demanda après le 18 mars que la solde des gardes nationaux fût régulièrement payée, proposa de vendre les biens des députés, sénateurs et ministres qui avaient voté la guerre de Prusse, proposa de traiter avec les Prussiens au cas où ceux-ci prendraient l'offensive, et, toujours pitre, assura maintes fois à ses collègues que les troupes de Versailles étaient animées du meilleur esprit.

Il n'osa se porter candidat aux élections pour la Commune le 26 mars, et ne fut point réélu aux élections d'avril pour le Comité central. Groslard n'eut jamais conscience de ce qu'il faisait. La tête bourrée de clichés à l'usage des démagogues, il les débitait comme il débitait ses drôleries à l'entrée de sa tente de saltimbanque. Aussi fut-il très-étonné et très-effrayé quand on l'arrêta.

JOSSELIN.

OSSELIN pourrait bien être cet employé du Comptoir d'escompte dont ses camarades se souviendront longtemps. Il avait monté une banque d'assurance pour la vieillesse appelée banque d'avenir mutuel et qui avait pour actionnaires les employés du Comptoir d'escompte. Josselin, au bout de quelque temps de gérance, disparut avec les 30,000 francs que contenait la caisse.

C'était un gros homme ventripotent, à face de chanoine vermillonnée et joyeuse, aimant, comme tous ses confrères, la parade et le clinquant. Il fut l'un des nombreux généraux que le Comité central donna à Montmartre et ne fut point réélu aux élections de la fin d'avril.

Il avait une quarantaine d'années. On ignore son sort.

LACORD.

E fut une des plus grosses trivialités de cette bande triviale par excellence. Il avait été d'abord cuisinier, puis fut gargotier en chef et tint un établissement dans le 6ᵉ arrondissement. Rigault, Tridon, Eudes, avaient passé, dîné, soupé, fait des orgies et laissé des dettes chez Lacord. Lacord, en cuisinier bien élevé, tournait autour de ses convives, lançait un gros mot pour rire, approuvait toutes les excentricités des jeunes fous et surtout — qualité fort appréciée — n'était point exigeant pour le règlement des comptes. Eudes et Rigault se souvinrent de Lacord au moment de leur splendeur et payèrent les cartes arriérées en donnant au cuisinier une délégation à la mairie du 6ᵉ arrondissement, dans lequel il n'avait pu se faire nommer aux élections du 26 mars.

Lacord déposa la serviette et ceignit une écharpe. Le grotesque gâte-sauce devint terrible, d'autant plus terrible qu'il n'était point respecté et que ses façons grossières et son langage non émondé dénonçait tout de suite chez lui le cuisinier en rupture d'office.

Comme délégué au 6ᵉ arrondissement, il releva du Comité central. Il en fut membre après les réélections de la fin d'avril, fut délégué à l'infanterie, le 19 mai, et signa l'affiche du 24.

On se rappelle les burlesques placards dans lesquels il traitait le gouvernement d'immonde, prétendait le monde *moral* en péril et dénonçait les neutres comme des lâches. Le mot : « Soyons stoïques » est de ce cuistre culinaire, qui s'occupait spécialement des chasses aux réfractaires.

Il a été arrêté. Des perquisitions faites à son domicile ont amené la découverte d'une lettre adressée par lui à Raoul Rigault, et dans laquelle il supplie le procureur de la Commune de ne pas lui régler le montant d'un petit compte qu'il lui avait ouvert autrefois :

« C'est, dit-il, *baucou d'oneur pour moi que vous ayé mangé chez moi.* »

Français de cuisine, comme on voit.

LAROCQUE.

AROCQUE ne fit point partie du premier Comité central; il ne fut nommé qu'aux réélections de la fin d'avril. C'était un grand séminariste de vingt-huit ans, aux cheveux longs et monacalement bouclés, à la figure d'un béat tartufe, pédante et fausse.

Ayant jeté la soutane aux orties, on le vit passer dans différents journaux : la *Revue des provinces*, le *Journal de l'instruction publique* et en dernier lieu dans le *Parlement* de Ganesco, pour lequel il fut chargé de la correspondance du Creuzot au temps de la grève de 1870. Faite d'une façon fort louche et fort partiale, cette correspondance était très-favorable à Assi, avec lequel Larocque se lia en cette occasion.

Il fut également employé au ministère du commerce, le journalisme ne suffisant pas à le faire vivre. Au 31 octobre, il entra l'un des premiers à l'Hôtel de ville et fut également l'un des premiers à en déguerpir à l'arrivée des Bretons.

Larocque remplaça Valigrane dans le commandement de l'Hôtel de ville et fut lui-même remplacé par Assi. Il fut l'un des promoteurs de l'*Alliance républicaine des départements*, dont Millière devint le président. Membre du Comité central à partir de la fin d'avril, il fut, le 19 mai, délégué à l'artillerie. Larocque tint jusqu'au bout et signa la dernière affiche du Comité apposée le 24 mai sur les murs de la partie de Paris où tenait encore l'insurrection. Il parvint à se réfugier à Vincennes et y fut arrêté lors de la reddition de ce fort.

Il est maintenant à Versailles.

LAVALETTE.

Ce personnage n'est pas plus connu que ses confrères. Il était beau-frère du général du Bisson. Il fut d'abord avocat, mais, n'ayant ni causes ni clients, il se mit à faire du commerce, et vendit du drap et des habits sur le carreau du Temple.

C'était un grand homme, doux, affable, qui avait gardé quelque chose de son premier état et une certaine aménité de son métier de marchand. Il commanda le 169ᵉ bataillon pendant le siége, se battit avec lui et fit partie du Comité central.

Le 28 mars, jour de la proclamation de la Commune à l'Hôtel de ville, il fit un discours aux gardes nationaux, leur disant : « C'est par vous qu'est établi le principe de la fédération des peuples. » Il ajouta ces paroles singulières : « Le Comité central remet ses pouvoirs à la Commune, mais il fonctionnera comme avant. »

Il était très-brave, accompagna son beau-frère dans ses expéditions à Levallois et à Neuilly et s'y mit à la tête de son bataillon, dans lequel il était très-populaire. Il fut nommé, le 19 mai, à l'état-major du ministère de la guerre.

Il a été arrêté à Reims, au moment où il cherchait à fuir après la prise de Paris. Il est prisonnier à Versailles.

LISBONNE.

LISBONNE fut un des membres les plus tapageurs du Comité central; il en fut, par conséquent, l'un des plus influents. Élevé au théâtre, il fut de bonne heure un sceptique gouailleur, ne croyant ni au diable ni à Dieu, sacrifiant toute chose pour un bon mot et ne comptant trop que sur sa bonne fortune et son courage éprouvé. C'était un vrai condottiere que cet homme, brave jusqu'à la folie, batailleur enragé, peu scrupuleux, et qui eût tué en ville ou à domicile, comme Saltabadil, s'il eût vécu au bon temps des grands coups d'épée.

On le dit de Lesparre (Gironde), nous le croyons né, tout simplement, dans le faubourg du Temple, vers 1828. Sa mère était une grande modiste travaillant spécialement pour les actrices, son père était quelque peu acteur lui-même, de sorte que Maxime Lisbonne dès ses premières années se trouva jeté dans le monde *artiste*, où il devait passer sa vie.

Ayant soif d'aventures et désirant voir le

monde, il s'engagea à dix-sept ans, passa en Afrique et donna là une haute preuve de sa témérité. Quatre soldats parlèrent en termes peu obligeants des zouaves dont Lisbonne faisait partie; notre matamore les défia tous quatre, se battit dans la même matinée successivement avec chacun d'eux et les blessa tous quatre aussi.

Il garda toujours une certaine roideur militaire dans sa tournure, roideur entretenue par les rôles qu'il joua, une fois son engagement fini. Pendant près de quinze ans, il parcourut la province avec une troupe composée de rebuts de Paris, jouant ici Don César, là Gaspard, et Buridan, son rôle favori, un peu partout. Il fut pendant quelque temps directeur du théâtre d'Elbeuf. Il jouait mal, sa diction sonore péchait justement par là et tombait dans une emphase ridicule, mais il posait bien et excellait dans les airs *vainqueurs* que réclament les rôles ci-dessus.

Différentes opérations véreuses lui sont reprochées; ayant plusieurs fois tenté des directions de théâtre, il fit autant de fois banqueroute. Bref son métier étant tombé dans l'eau et lui dans la misère, il s'engagea comme employé dans une maison d'escompte, y détourna 1,000 francs et fut condamné à six mois de prison. Lisbonne dut alors regretter amenèrent la Cour des miracles, où la maréchaussée n'osait aller.

En 1866, il prit — en compagnie de son père cette fois — la direction des Bouffes-Saint-Antoine, sur le boulevard Richard-Lenoir. Le capital de l'association était de 150,000 francs, divisés en 30,000 actions de 5 francs. Il paraît qu'il se trouva des actionnaires, car Lisbonne garda la direction jusqu'au siége de Paris. Cependant l'affaire ne put jamais prospérer. Sitôt qu'un acteur jouait bien un rôle, Lisbonne, très-fat et très-jaloux, prenait le rôle pour lui-même, le remplissait mal et taillait ainsi de larges trous dans les recettes.

Il fut capitaine de la garde nationale pendant le siége; le génie des aventures le poussa à se mêler du Comité central, dont il fut membre et dont il signa les affiches. Il était de l'Internationale des travailleurs — nous ne savons à quel titre — depuis 1869, et s'était déjà trouvé mêlé aux affaires du 31 octobre.

Très-brave, mais n'ayant aucunement le génie de la guerre, il était totalement incapable de commander le moindre détachement; on le fit cependant colonel le 2 avril pour le récompenser de sa belle conduite au 18 mars, et on le laissa — jouant toujours Don César — se pavaner sur les boulevards en grands galons de toutes sortes. Il ne se mêla plus de rien, pas même du Comité central, qui continua pourtant à fonctionner.

Lisbonne se battit comme un lion à la dernière heure; il défendit seul, tout seul, une barricade près de la Bastille et y fut fait prisonnier.

MALJOURNAL.

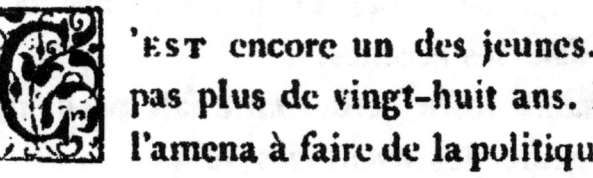'EST encore un des jeunes. Il n'avait pas plus de vingt-huit ans. La misère l'amena à faire de la politique. Comme tant d'autres, si son travail eût bien marché jamais il n'eût songé à nous donner des lois. Maljournal est un Bellevillois pur sang, il s'établit d'abord comme relieur et fut gagné à l'Internationale par Varlin, qui présidait sa corporation.

La guerre porta un rude coup à son commerce : les collèges ne donnèrent point de prix, les amateurs de livres s'enfuirent et Maljournal se trouva avec un magasin monté sur un grand pied, un fort loyer et point de travail. Il résilia son bail, abandonna le métier, retourna chez son père et de désespoir se jeta à corps perdu dans les réunions publiques et dans le socialisme outré.

Il avait une femme et deux enfants. Pour les faire vivre il s'enrôla dans les compagnies de marche du 117e bataillon, parvint à s'y faire nommer lieutenant et ne se soutint pendant le siège que par la solde accordée aux gardes nationaux et à leur famille.

Quand fut fondé le Comité central, les instigateurs, tous internationaux, choisissaient leurs hommes parmi les internationaux. C'est ainsi que Maljournal, d'abord délégué de sa compagnie, parvint à être délégué de son bataillon et membre du Comité central. Il était peu instruit, il n'avait vu des livres que la couverture et ses connaissances se bornaient à lire, écrire et quelque peu compter. Cependant il prit très-souvent la parole et se fit remarquer par son énergie.

C'est lui qui commandait la place Vendôme, le 22 mars. Maljournal fut blessé par derrière par l'un des siens, mais très-légèrement, car quelques jours après il reparaissait aux séances du Comité central, et là, quand il apprit les tentatives de conciliation qui étaient faites, s'écria :

« Les hommes de Versailles ont déchaîné la guerre civile, qu'ils périssent! La Commune de Paris ne veut ni ne peut accepter de transaction. »

Elle est toujours vraie la parole du Christ : « Qui se sert de l'épée périra par l'épée. » Maljournal, nommé commandant de son bataillon, puis lieutenant d'état-major, fut blessé par un éclat d'obus à la porte Maillot, vers le 15 avril. Transporté à l'ambulance du Palais de l'Industrie, il y fut abandonné par les siens le 23 mai et fait prisonnier par nos soldats.

C'était un petit homme, d'une jolie et énergique figure, qu'encadraient de très-beaux cheveux noirs. Il avait de l'audace, mais était très-ignorant. — Cela suffisait au Comité central.

MOREAU.

ORSQUE les plus intelligents et les plus ambitieux des membres du Comité central se furent portés aux élections et eurent été nommés, lorsque Andi-

gnoux, irrité du chemin suivi par ses collègues, se fut retiré de la lutte, Moreau resta sans contredit le membre du Comité central le plus instruit, le plus influent et le plus redoutable à la Commune. C'était un jeune homme de trente ans à peine, nature fine et distinguée, esprit ambitieux, qui avait résolu d'arriver à la célébrité en se faisant un instrument de ce Comité central qu'il espérait pouvoir mener à son gré.

Il proposa plusieurs fois à ses collègues d'emprisonner la Commune et de se saisir du pouvoir pour faciliter une conciliation; il crut même arriver à son but le jour où le Comité central le nomma délégué civil à la guerre. Mais Delescluze, que la Commune avait appelé aux mêmes fonctions, le révoqua net, sans souci de son influence dans la garde nationale. Moreau s'établit alors à l'intendance générale, d'où les frères May venaient d'être chassés sous prétexte de concussion.

POUGERET.

OUGERET — que l'*Officiel* communeux appelle indifféremment Fougeret, Pougeret, Fourgeret et Pourgeret — était un membre de l'Internationale qui suivit Serailler dans le voyage que fit celui-ci à Londres après la conclusion de l'armistice. Nommé membre du Comité central, il s'y effaça complétement. Il fut nommé à la commission d'habillement le 19 mai.

ROUSSEAU.

OUSSEAU s'était préparé aux grandeurs par un long noviciat dans une loge de portier. Il tirait le cordon depuis trente ans et depuis trente ans aussi faisait les chambres d'un hôtel meublé de la rue d'Amsterdam, lorsque le siége, le privant de locataires et de travail, le jeta dans la politique et l'amena ainsi au Comité central.

C'était un grand homme, atrocement laid, de tournure triviale, mais qui apportait dans ses fonctions de membre du Comité central la même bonne foi qu'il mettait à la gérance de son hôtel. Il se montra sensé. Il ne se fit jamais beaucoup d'illusion sur les chances de réussite de la révolution et était indigné de la rage que mettait la Commune à se perdre en entassant violences sur violences. C'est lui qui, dans une séance où l'on discutait sur le sort des soldats transfuges, déclara qu'on ne devait avoir nulle confiance dans des hommes qui avaient pris l'habitude de vendre leurs armes au premier venu.

Il fut nommé à la commission d'artillerie, le 19 mai.

Nous le croyons prisonnier.

LES OFFICIERS
DE LA COMMUNE

LES OFFICIERS
DE
LA COMMUNE

BERGERET.

ON prénom est Jules, et son surnom *lui-même*, Bergeret ne marche jamais sans *lui-même*. Singulier général! Il eut deux chevaux tués dans sa courte carrière militaire, tués non sous lui comme il est coutume, mais devant lui, ce qui est neuf. Le citoyen Bergeret ne faisait la guerre que sur les grandes routes et, pour ce, n'allait qu'en voiture. Ne sachant point monter à cheval, sa brusque élévation aux grandeurs ne

lui permit point de prendre des leçons d'équitation, et c'est dans un modeste sapin que se trouvait notre homme quand l'*Officiel* communeux nous annonçait qu'il se mettait à la tête de ses soldats.

La Commune de Paris se crut appelée à rééditer la grande époque de 92. Mais ses volontaires en sabots étaient de vulgaires coquins et ses Marceau étaient des Bergeret. Ce fut une burlesque parodie, et les plus drôles de la farce furent encore ces généraux improvisés avec quelques pouces de galon. Bergeret, Duval, Eudes : « Beau trio de baudets », eût dit Hoche, qui lisait La Fontaine.

Bergeret est des environs de Paris. Il commença par être garçon d'écurie à Saint-Germain, puis fut correcteur d'imprimerie à Paris. Il entra dans l'Internationale, mais n'y fut jamais influent, se trouvant ignorant parmi des ignorants. Il était pendant le siège simple sergent dans la garde nationale ; il avait, paraît-il, déjà occupé ce grade dans l'armée, et fut jugé digne d'être nommé sergent instructeur. Délégué par sa compagnie aux réunions qui eurent lieu pour la création du Comité central, il sut, par ses relations avec les internationaux, s'en faire nommer membre, et, bien avant le 18 mars, se trouva investi du commandement de la butte Montmartre, dont le Comité central était ouvertement le maître.

Il paya de sa personne dans l'insurrection, et se montra très-incapable, mais assez courageux. C'est lui qui reprit les canons aux gendarmes à la tête d'un détachement du 128ᵉ bataillon. Lorsque arrivèrent le 88ᵉ et le 135ᵉ de ligne, il s'avança lui-même au-devant d'eux et sut les entraîner, non en les haranguant — il ne put jamais faire suivre correctement deux phrases — mais en criant : *Vive la ligne!*

Il signa toutes les affiches du Comité central et en parut un moment comme l'incarnation. Emporté par sa guerrière ardeur il fit rompre les négociations et demanda que le Comité central préparât la lutte à outrance. Bergeret avait mis écharpe rouge, ceinture rouge, harnachement dans lequel le garçon d'écurie semblait enfoui, costume complété par une épée tenue comme un balai. Une casquette évidemment faite pour un autre envahissait la moitié de la tête du nouveau général et rehaussait sa bénigne figure de l'éclat d'un tour de lauriers.

On lui crut du génie; on lui confia tous les services militaires; on le mit à la tête d'une armée de 30,000 hommes; et, comme Marlborough s'en va-t'en guerre, Bergeret *lui-même* partit pour Versailles — toujours en voiture. Le mont Valérien arrêta ce bel élan. On ne savait quand reviendrait Bergeret une fois lancé à la conquête du monde; il rentra, le soir, piteux et dépouillé de sa gloire d'un moment.

La Commune eut beau annoncer que Bergeret *lui-même* était à Neuilly, Bergeret *lui-même* eut beau afficher qu'il avait formidablement fortifié Neuilly, Neuilly fut emporté deux jours après, et la Commune dut ouvrir les yeux sur son Marceau, qui lui revenait garçon d'écurie battu et peu content.

Le 2 avril, après un éphémère et peu brillant généralat de quatorze jours, Bergeret était disgracié, et une semaine plus tard le Polonais Dombrowski le remplaçait. Comme fiche de consolation, le palefrenier obtint le commandement de la place Vendôme. Il se consola en venant assister aux séances de la Commune dont, le 26 mars, 14,003 électeurs de Belleville l'avaient fait membre.

Tout à coup on apprit que la Commune, imitant Carthage, emprisonnait son général vaincu. Bergeret avait fait rire, on s'intéressa à lui. Aussi est-ce avec satisfaction qu'on apprit, le 22 avril, qu'il était relâché. Entrant dans la salle des séances. Bergeret éprouva le besoin de dire : « Je n'apporte ici aucun sentiment d'amertume. » Phrase préparée dans la solitude de la prison et qui obsédait notre homme.

Nous avons vu deux fois le général Bergeret devant faire un discours. Deux fois, après avoir vainement cherché la phrase qui devait suivre le « Citoyens » pompeusement commencé, il déclara que l'émotion l'empêchait de parler. Aussi renonça-t-il à l'éloquence et se renferma-t-il dans un silence aussi absolu que forcé.

On ne savait décidément que faire de cette nullité qui ne voulait point rentrer dans l'ombre. Les ordres s'embrouillaient dans la cervelle du commandant de la place Vendôme et l'armée tournait au gâchis. On le délégua à la guerre comme adjoint de Delescluze, le 28 avril, et Delescluze l'annihila.

Le 5 mai, ce dernier, devenu dictateur de fait, lui donna le commandement de la 1re brigade de réserve, avec le Corps législatif pour état-major. Dérisoire sinécure qui laissa à Bergeret bien des loisirs, employés à faire confectionner des pantalons pour ses hommes.

Bergeret avait trente-deux ans. Il était petit et très-brun ; son visage était jaune, maigre, banal, sans physionomie distincte, peu intelligent. Il n'était pas imposant du tout dans les habits galonnés où il se perdait, et ne fut jamais bien sympathique aux fédérés. Très-ignorant et d'une intelligence ordinaire, il sembla compter sur l'inspiration, qui ne vint pas, et ne put jamais être qu'un petit homme en toutes façons.

C'était bien là le général qu'il fallait à la Commune. A ces bonshommes fourbus d'esprit ou de corps convenait bien ce *Boum* placide qui menait plaisamment, au milieu de ses troupes, sa femme, piètre ouvrière qui attendait une prochaine perquisition pour avoir une robe de soie.

Ce beau couple est parti ; où planteront-ils et leur tente et leurs choux ? Que ni Pâques ni la Trinité ne les ramènent ! Paris, revenu à la gaieté, leur ferait cirer ses bottes en grand habit officiel.

BRUNEL.

A vie politique de Brunel commence au 28 janvier 1871. Un moment de patriotique enthousiasme, nous voulons bien le croire, le porta à s'opposer à l'exécution de l'armistice conclu et à chercher à continuer

cette guerre que le manque de pain rendait dès lors impossible. Deux commandants de la garde nationale, Piazza et Brunel, dans la nuit du 27 au 28 janvier, prirent, l'un le titre de général et l'autre celui de chef d'état-major et firent afficher dans Paris un ordre du jour à la garde nationale.

Arrêté et traduit devant un conseil de guerre, Brunel fut condamné à deux ans de prison pour usurpation de pouvoir. Les gardes nationaux le délivrèrent et le condamné parvint à se cacher sans grand'peine jusqu'au 18 mars.

Brunel était né dans le petit hameau de Chelleloux (Saône-et-Loire) et avait été sous-lieutenant de chasseurs d'Afrique. Il avait gardé du militaire une tournure cavalière et de l'Afrique un teint bronzé qui en faisaient un très-beau type d'officier. Il fut nommé commandant du 107e bataillon tant à cause de ses connaissances — peu étendues pourtant — qu'à cause de son influence dans son arrondissement, le 7e, où ce communeux futur était un riche propriétaire. Oui, un propriétaire!

La condamnation de Brunel l'enfiévra, il n'avait de conviction que son intérêt particulier et s'était jusqu'alors peu soucié de politique. Le sentiment de la vengeance le porta à se rallier aux ennemis du gouvernement et il s'aboucha avec le Comité central, qui, composé d'inconnus, ramassait toutes les *célébrités* de ruisseau qui battaient alors le pavé de Paris. Brunel obtint ainsi ce généralat qu'il s'était adjugé lui-même quelques mois auparavant, et sa promotion parut à l'*Officiel* le 24 mars.

Brunel commanda avec Eudes le corps d'armée qui manœuvra sur Meudon pendant les premiers jours d'avril et, là, donna des preuves de la difficulté avec laquelle s'improvise un général, en dépit des allégations de Johannard. Bon soldat, brave jusqu'à la folie, comme tous les généraux de la Commune du reste, — Bergeret et Cluseret exceptés, — il se battit avec fureur, mais laissa ses soldats sans ordre et fut complétement battu chaque fois qu'il tenta un mouvement offensif.

Brunel tomba dès lors en disgrâce. Nommé membre de la Commune par 2,163 électeurs du 7e arrondissement, il ne vint jamais aux séances et on ne sembla plus s'occuper de lui. Il fut fait chef de la 20e légion dans le courant d'avril et prit le commandement du village d'Issy au commencement de mai. L'évacuation du village lui fut imputée comme une trahison, et Brunel dut protester de son dévouement par de longues lettres dans les journaux.

Brunel s'aigrit de toutes ces tracasseries ; un accès de rancune l'avait jeté dans les rangs communeux, il s'en repentit longuement, et, voyant combien on lui tenait peu compte du sacrifice de son repos, il devint de plus en plus sombre et de plus en plus farouche. Il fut l'un des plus féroces incendiaires des dernières journées. Sans relation avec l'extérieur, n'entrevoyant point le moyen de s'échapper, n'ayant d'amis que dans le parti de l'ordre, — parti qu'il avait abandonné, — Brunel se sentait isolé, pris et perdu, bien perdu.

Cette fin fatale, irrémédiable, l'affola. C'est lui qui fit mettre le feu aux magasins du *Tapis rouge*. On lui reproche également l'assassinat de plusieurs réfractaires dans le quartier de l'Enclos-Saint-Laurent, où il se retira le 22 mai pour organiser la défense intérieure.

Brunel avait pour maîtresse une servante de M. Fould qui, avant la guerre, tenait une boutique pour consultation magnétique à Strasbourg. S'il faut en croire la légende, plusieurs membres de la Commune n'agissaient qu'après l'avoir consultée. Brunel, trouvé chez elle, rue de la Paix, le 25 mai, essaya de résister aux soldats et fut passé par les armes.

La somnambule est prisonnière à Versailles.

CLUSERET.

CLUSERET est né à Suresnes, en 1823. Il fut élevé à Saint-Cyr, en sortit comme sous-lieutenant en 1843 et fut nommé lieutenant en 1848. Nommé chef du 23ᵉ bataillon de la garde mobile par le gouvernement de Février, Cluseret, qui n'avait point encore goûté aux idées socialistes, combattit les insurgés de Juin. Il se fit même remarquer par sa belle conduite à la tête de son bataillon, qui enleva toutes les barricades de la rue Saint-Jacques à la rue des Mathurins et fut décoré de la Légion d'honneur pour ce fait d'armes.

N'ayant pu entrer dans l'armée avec son grade de chef de bataillon et ne voulant point du grade de lieutenant qu'on lui offrait, il fut retraité en 1850 et laissa passer le coup d'État sans protester ni s'émouvoir, la conviction chez lui n'étant que la résultante de son ambition. Quelque temps après, sur les instances de sa famille, Cluseret reprit du service et fut nommé lieutenant de chasseurs, puis capitaine.

Il fit la campagne de Crimée et s'y conduisit, paraît-il, avec une bravoure que ne ferait point supposer sa conduite pendant la guerre de France. Cependant il court sur son compte différents bruits d'abandon de poste, et l'on dit que c'est par punition qu'il fut envoyé en Afrique. — Bruit et dire que nous croyons fondés car il n'obtint point d'avancement pendant la campagne.

En Afrique, nouvelle histoire infamante : un ancien chef de bureau arabe a écrit dans la presse que Cluseret, étant en garnison à Cherchell, fit prendre chez l'officier d'administration cinquante couvertures de campement, les vendit à un juif à vil prix et en secret ; puis, que profitant de la légèreté de son sergent-major, qui égara le bon fait pour percevoir ces couvertures, il nia les avoir reçues et porta contre ce même sergent-major une accusation de vol et de faux. La chose n'a pas été démentie. Prié de donner sa démission à la suite de cette vilenie, Cluseret fut définitivement rayé des cadres de l'armée et entra comme régisseur dans une ferme appartenant à M. Carayon-Latour. Un troupeau de moutons tout entier ayant disparu sous sa gérance, le filou fut remercié.

Cluseret se rendit alors à New-York, y forma une légion d'aventuriers comme lui et vint la mettre aux ordres de Garibaldi, qui entreprenait sa campagne pour l'unité de l'Italie et fit Cluseret colonel et bientôt général, titre que l'aventurier garda dès lors. Là se place encore une de ces escapades qui eussent plu sans doute à la Cour des Miracles, mais qui ne sont plus aujourd'hui que matière à condamnation. En allant en Italie, Cluseret passa à Londres et proposa à différents journaux de leur envoyer des correspondances, — correspondances d'autant plus précises, disait-il, qu'il allait être acteur du drame. Quelques journaux écoutèrent ses propositions, lui donnèrent de l'argent et ne reçurent jamais de correspondances.

Ayant ramené sa légion en Amérique après le succès définitif de Garibaldi, Cluseret en bon aventurier prit immédiatement part à la guerre de sécession qui venait d'éclater, combattit dans l'armée du Nord, où ses talents de stratégiste furent très-appréciés et où il garda son titre de général. C'est après la fin de la guerre qu'il essaya du journalisme pour la première fois en fondant à New-York un journal qu'il abandonna bientôt.

Il revint en Europe et se fixa à Londres. Alors se dessina nettement l'ambition forcenée de cet homme qui avait renié sa patrie en Amérique pour y briguer des honneurs et qui renia l'hospitalité que lui offrait l'Angleterre pour conspirer contre elle. Cluseret avait un insatiable besoin de domination, ses succès en Amérique l'avaient rendu orgueilleux et intraitable, il voulait remuer le monde pour s'imposer à lui. Les suites lui importaient peu, pas plus que le parti qu'il servait, pas plus que les ruines qu'il aurait pu faire, pourvu que ce parti le choisisse pour chef, pourvu que sur ces ruines il restât un homme et que cet homme fût lui.

Il se fit fenian parce qu'il vit dans le fenianisme une route au pouvoir et prit part à la ridicule expédition qui fut faite contre le château de Chester. Poursuivi par la police anglaise, Cluseret s'enfuit en France, où il refit du journalisme autant pour vivre que pour faire au moins parler un peu de lui. Il écrivit dans le *Courrier français* de Vermorel, avec lequel il se lia, dans la *Démocratie*, dans le *Rappel* et dans la *Tribune*, et fonda un journal intitulé l'*Art*, qui le conduisit tout droit à Sainte-Pélagie.

Dans son passage en Angleterre, Cluseret avait connu quelques-uns des hommes qui venaient de fonder l'Internationale; il en retrouva plusieurs dans la prison où le double procès de 1868 les avait conduits. Devinant dans cette association, encore dans l'enfance, une force qu'il pourrait plus tard employer, Cluseret s'affilia, mais ayant affaire à plus forte partie que lui encore, il ne fut jamais que l'instrument et non le génie directeur comme l'ambitieux l'avait rêvé.

Impliqué dans les affaires de juin 1869, Cluseret, qui n'était ni rat ni oiseau, se réclama de son titre de citoyen américain et parvint à quitter la France. Il retourna en Amérique, où il s'occupa activement de relier entre elles les associations ouvrières américaines déjà existantes et de les fondre dans l'Internationale. Il était alors en correspondance suivie avec le grand conseil fédéral de Londres et le conseil fédéral de Paris. C'est dans sa correspondance avec Varlin qu'a été trouvée cette phrase où Cluseret se peint d'un seul trait : « Ce jour-là nous devrons être prêts. Nous ou le néant! Paris sera à nous ou Paris n'existera plus. »

« Ou Paris n'existera plus! » C'est là le cri de l'ambition envieuse qui ulcérait le cœur de ces bandits et qui leur firent brûler notre capitale. Ils régénèreront le monde, mais si le monde est rebelle, ils le détruiront. Cluseret parlait avec conviction; sa fortune, quoique brillante, ne lui tenait point ce qu'il s'en était promis. Ses demi-succès, échecs réels, lui avaient aigri le caractère ; disposé à tenter un dernier effort, le dernier en cas d'insuccès nouveau, il avait résolu d'entraîner avec lui dans sa défaite cette société qui lui refusait ses désirs. Cluseret ne s'en cachait du reste point à ses amis. Avec un sourire amer et sarcastique, cet homme, qu'on ne voyait presque jamais parler et jamais rire, répétait avec un froncement de sourcils orgueilleux et féroce : « Nous verrons, nous verrons. »

Arrivé en France dès qu'il apprit la chute de l'Empire, Cluseret voulut d'abord organiser un corps franc et promit au gouvernement le concours d'une légion de 12,000 Américains qui n'arrivèrent jamais. Il eut un certain succès de boulevard, où les badauds, charmés de son élégante tournure et de son air dédaigneux, l'acclamaient de confiance, ne sachant au juste ce qu'était le personnage. Se croyant une réelle influence et croyant pouvoir combattre le gouvernement avec quelque chance de succès, Cluseret l'attaqua dans le premier numéro de la *Marseillaise* reparue, que la foule indignée lacéra sur les boulevards.

Désagréablement surpris de son impopularité, Cluseret passa en province, où il se tint constamment éloigné des Prussiens avec un soin qui a fait élever des doutes bien fondés sur sa bravoure, nous ne dirons point sur son patriotisme: le misérable était international et l'avait déjà prostitué à l'Amérique. Loin de chercher à défendre notre pays envahi, il suscita mille embarras au gouvernement en essayant de soulever tour à tour Lyon et Marseille, où l'aventurier voulait se faire nommer dictateur.

Cluseret ne parut dans la révolution du 18 mars qu'à la fin de mars où on le vit se pavaner de nouveau sur le boulevard. Le 2 avril, il était nommé à l'administration de la guerre, et bientôt il était nommé délégué ou plutôt ministre.

Ce fut l'épanouissement de Cluseret. Il trouvait enfin à assouvir son ambition effrénée et à utiliser ses talents, réels il est vrai, mais que l'aventurier se grossissait beaucoup.

Se croyant nécessaire à la Commune, certain qu'on ne pourrait le remplacer, entouré de la célébrité qu'il s'était acquise en Amérique, vrai général enfin au milieu des paillasses, ses collègues, les Eudes et les Bergeret, Cluseret s'abandonna à son caractère, se montra absolu et trancha du despote.

Incapable d'émotion, ayant trop vécu et trop pervers pour n'être pas sceptique, arrogant tant à cause de son talent qu'à cause de son mépris pour ceux qui l'entouraient, autoritaire et dédaigneux par nature, et peu communicatif par calcul, cet homme parvint un moment à inspirer un véritable respect, une véritable confiance par la froideur hautaine avec laquelle il recevait les gens, par l'air de certitude du succès, par la façon impérieuse dont il donnait ses ordres et surtout par la simplicité toute romaine qu'il affecta, — vieux moyen que l'astuce souvent exploite et qui réussit toujours auprès de la foule.

Si Cluseret fut populaire dans l'armée fédérée, il ne put jamais se rendre sympathique à la Commune et encore moins au Comité central dont les nullités ne pouvaient voir aucun homme capable sans le soupçonner de visées dictatoriales. Du reste, l'aventurier se prêtait peu à la sympathie; Cluseret n'hésitait pas sur les moyens. Il y avait longtemps qu'il avait fait le sacrifice de sa conscience et l'honneur était pour lui lettre morte; mais une chose qu'il ne put jamais faire, c'est ployer son indomptable caractère et ramper devant ceux dont il avait besoin. Très-vaniteux et très-infatué de lui-même, il se considérait comme bien supérieur aux imbéciles — c'est son terme — qui siégeaient à l'Hôtel de ville et il ne leur épargnait ni ses sarcasmes ni ses dédains.

Cluseret sembla un moment rétablir les affaires de la Commune, et c'est certes à lui qu'est due la longueur de la guerre civile sous Paris. Il fit donner une solde de campagne aux gardes nationaux qui sortaient, décréta la levée en masse de dix-neuf à quarante-cinq ans, conseilla aux fédérés de faire eux-mêmes la chasse aux réfractaires de leur quartier, défendit les inutiles dépenses de munitions que faisaient les insurgés aux avant-postes et conseilla la rigoureuse exécution du traité à l'égard des Prussiens. On a retenu de lui deux mots, l'un ridicule, l'autre atroce. Il annonça un jour qu'il était fait au mont Valérien une brèche *appréciable*, et annonça une autre fois qu'il venait d'envoyer à Neuilly des engins *suffisants* pour bombarder le village. Il fit emprisonner Bergeret pour refus d'obéir et s'en fit un ennemi acharné.

Bergeret écrivit sur le mur de sa prison lorsqu'on le délivra : « Cluseret, je t'attends là dans huit jours. » Bergeret lui tint parole, dans un délai un peu plus long, il est vrai. Le 30 avril, Mégy évacua le fort d'Issy, Cluseret se mit lui-même à la tête des bataillons qui le réoccupèrent. Mais pendant son absence Bergeret avait travaillé; Cluseret mis en suspicion fut arrêté, détenu à Mazas, puis à l'Hôtel de ville.

Il écrivit de sa prison différentes lettres, l'une pour démontrer l'utilité d'un système de défense au Trocadéro, travail dont il avait donné l'ordre d'exécution non suivi et une autre pour demander sa mise en liberté.

« Comme homme, disait-il, j'ai droit à la justice; ne me la refusez pas.

« A quoi suis-je utile ici?

« Et surtout pénétrez-vous bien de cette pensée : que je suis de ceux qui croient qu'il y a autant de gloire à obéir qu'à commander, quand le peuple gouverne. »

Sinistre baladin!

Relâché le 21 mai, l'*Officiel* annonça qu'il s'était immédiatement rendu aux avant-postes. Qu'y devint-il? On ne sait. On l'a dit tué, on le dit en fuite.

Il fut nommé membre de la Commune aux élections complémentaires par deux arrondissements à la fois : le 1er, où il eut 1,968 voix; le 18e, où il en eut 8,480. Il ne siégea point.

JAROSLAW DOMBROWSKI.

Si un conteur s'empare de l'histoire de Dombrowski et en fait un de ces petits livres à six sous si répandus dans les campagnes, cet homme deviendra célèbre et légendaire au même titre que les forbans illustres, les corsaires rouges, les bandits, les Cartouche, les Mandrin : voleurs, il est vrai, disent les bons lecteurs, mais voleurs courageux, intelligents, bien élevés, galants, protégeant les dames contre les rudesses de leurs brigands, ne détroussant que les riches, donnant aux pauvres et faisant mille autres tours aussi connus qu'amusants.

Cartouche commandait une bande et Dombrowski une armée; il n'y a de différence que dans la grandeur des moyens, la grandeur du théâtre. C'est une étrange figure, l'une des plus saillantes du musée communeux, que ce condottiere qu'on rencontre sur tous les champs de bataille, officier russe dans le Caucase, insurgé en Pologne, historien en Bohême, fenian à Londres, faux monnayeur à Paris avant d'être général, partout malheureux, arraché maintes fois à la mort, pris, repris, emprisonné, deux fois sur le point d'être fusillé, toujours échappant, toujours un peu mystérieux et toujours sympathique au fond, parce qu'il est toujours brave et que cette existence tourmentée, malheureuse, semble une lutte avec la fatalité.

Et il ne faut point croire que ce fut un isolé, un vagabond perdu et sans amis. Elle est encore nombreuse cette race de soudards qui vend son bras au plus offrant, cette race qu'on retrouve à toutes les époques de l'histoire, mercenaires à Carthage, barbares à Rome, condottieri en Italie, routiers en France, reîtres en Allemagne. Cette armée se recrute aujourd'hui parmi toutes les nations du monde, et, disséminée et se tenant dans l'ombre des complots pendant la paix, on la voit reparaître dans toutes les guerres autour des Garibaldi, des Cluseret ou des Dombrowski. De là, cette foule de noms étrangers étalés dans les rapports militaires de la Commune, ces noms biscornus, impossibles à prononcer, jurant à l'œil français, qui, comme dernière consolation, font songer du moins que ce ne sont point des Français qui ont ainsi épouvanté, ruiné, brûlé notre ville.

Ce ramassis d'aventuriers, auxquels se mêlèrent les repris de justice de toute la France en quête de position sociale, se monte, selon les calculs les moins exagérés, de quinze à vingt mille hommes. Armée de désespérés, de gens n'ayant rien à perdre ; armée terrible si elle eût été bien disciplinée et bien conduite. Mais les chefs : les Dombrowski, les Wroblewski, les Okolowicz, les La Cécilia, n'étaient eux-mêmes que des soldats, braves jusqu'à la mort, n'ayant plus que leur vie à vendre, âme et conscience ayant disparu, mais incapables de concevoir un plan, ayant trop peu d'autorité pour organiser la discipline et manquant totalement du matériel nécessaire à une armée.

Ce qui jeta Dombrowski dans les aventures fut un indicible besoin de gloire, de bruit, de tapage. C'était un vrai noble Polonais avec tous les défauts de sa caste poussés jusqu'à l'exagération, la vantardise et la vanité, — la vanité surtout. Le besoin de briller, de paraître, se montrait dans ses moindres actes, dans la moindre particularité de ses vêtements; il avait les doigts couverts de bagues, la chaîne de sa montre était chargée de breloques, sa cravate avait un diamant, les boutons de ses manchettes étaient énormes. Il était toujours correctement mis, trop correctement même, car il ressemblait à un tailleur. Il était assez beau, mais d'une beauté banale, vulgaire. Il avait un front presque démesuré, en fer à cheval, des yeux vifs, le nez droit tombant sans repli du front, et portait les moustaches très-longues et soigneusement cirées. Il affectait un peu le négligé sous la Commune, était familier avec ses soldats et se promenait bourgeoisement parmi eux en habits civils.

Jaroslaw Dombrowski, d'après les bruits les plus accrédités, est né en Volhynie en 1835; c'est l'aîné de trois frères. Il entra en 1848 au corps des cadets de Saint-Pétersbourg, passa à l'école de l'état-major, s'y lia avec le général Tiepoff et sortit le premier de l'école.

En 1862, il était chef-d'état major et suivait le prince Constantin, qui vint à Varsovie. L'année suivante, à la suite de l'insurrection, il parlementa avec le gouvernement provisoire polonais afin d'entraîner dans l'insurrection le parti libéral russe, dans lequel il avait une grande influence. Ces relations furent découvertes et Dombrowski condamné à mort, peine commuée en un exil perpétuel en Sibérie.

Avant de partir, il obtint l'autorisation d'épouser une demoiselle Swidzinska, du duché de Posen. Sa femme le suivit dans son voyage et parvint à le faire évader à Nijni-Novgorod. Dombrowski se cacha pendant quelque temps à Saint-Pétersbourg, parvint à passer en Prusse, de là en Suisse, et arriva en France en 1865. Il essaya de s'immiscer dans les affaires du Comité central de l'émigration, et, peu scrupuleux sur les moyens d'arriver, produisit de fausses pièces pour s'établir une réputation contestée. Ces agissements peu délicats ayant été découverts firent écarter Dombrowski.

En 1866, il alla en Bohème, suivit les péripéties de la guerre austro-prussienne et consigna ses renseignements et ses observations dans un ouvrage intitulé *la Guerre de Prusse en 1866*, ouvrage écrit en polonais, traduit en français et très-remarqué des spécialistes. Dombrowski s'occupa ensuite d'achats d'armes pour la Pologne et fut alors impliqué dans un obscur procès pour faux billets de banque. Le tribunal ne put se procurer des preuves de la culpabilité de Jaroslaw Dombrowski, — preuves trouvées depuis à Yverdun, — et l'acquitta.

Dombrowski fit à Londres quelque temps après un voyage dont il n'a pas été parlé. Il s'y lia avec les internationaux heureux de faire cette conquête et adhéra à la Société.

Revenu à Paris, il y était encore lors de l'investissement et s'occupa alors de la formation d'une société nommée *la Garibaldienne*, non militaire comme on pourrait le croire, mais toute politique. Dombrowski, l'homme aux mystères, en pâtit un beau jour ; il parlait allemand avec un inconnu de choses relatives au siége ; une actrice fort connue l'entendit et le fit arrêter.

Dombrowski n'avait encore pu se disculper lorsque arriva une dépêche de Garibaldi adressée au gouvernement et ainsi conçue : « Envoyez-moi l'intelligent Dombrowski, général polonais, par n'importe quel moyen. » Le gouvernement s'opposa à son départ, ce qui procura aux journaux révolutionnaires l'occasion de tapager un peu, ce dont profita le vaniteux Polonais.

Il était au courant des agissements du Comité central, et, avant le 18 mars, avait été désigné comme l'un des généraux de la future révolution ; mais, par prudence bien plus que par pudeur, ces Français renégats qui se servaient d'étrangers pour déchirer leur patrie hésitèrent pendant quelque temps à mettre au jour ce nom dont on ne pouvait dissimuler le caractère étrange et étranger.

Ce n'est qu'à la suite des désastres des 4, 5 et 6 avril que l'on se décida à placer Dombrowski à la tête des troupes qui manœuvraient à Neuilly. Cette nomination fut assez mal accueillie de la garde nationale, et la Commune dut faire une proclamation dans laquelle elle disculpait le général et le présentait comme un martyr de la bonne cause en Pologne. Les journaux communeux firent fête au Polonais : le *Cri du peuple* l'appelait héroïque, et le *Vengeur* lui inventait de temps en temps quelques petits traits de bravoure destinés à en faire un personnage légendaire.

Dombrowski fut accepté, mais, malgré ses efforts, ne fut jamais populaire, et, chiffre dérisoire, obtint 65 voix aux élections complémentaires. Tout ce qu'il y avait encore d'honnête et de français dans Paris protestait contre cet exilé reçu en France comme un frère et qui venait y soutenir la guerre civile, et certes l'indignation fut au comble lorsqu'on lut la dépêche suivante, publiée par le *Paris libre :*

« *Place de guerre.*

« Dombrowski m'apprend que des paysans cachés dans « les maisons nous ont tué plusieurs hommes.

« Paysans pris et fusillés séance tenante.

« Le chef d'état-major,
« HENRY. »

Il est inutile de parler de ces dépêches où il était toujours vainqueur, non plus que de ses réels exploits. Les dépêches étaient faites à la Commune, les exploits se bornèrent à disputer Neuilly pied à pied contre les soldats qui n'avaient d'autre but que de laisser les fédérés aussi longtemps que possible se tenir dans ces rues où la guerre d'embuscade était si facile.

Au dernier moment Dombrowski fut chargé de la défense de Montmartre. Le 24 mai, il traversait la rue Myrrha près du boulevard Ornano, lorsqu'il reçut dans le ventre une balle qui lui fit une affreuse blessure. Transporté à l'hôpital Lariboisière, il expira deux jours après en disant : « Et ces hommes m'accusaient de les trahir ! »

C'était là, en effet, le supplice de Dombrowski. Il ne put jamais faire oublier son passé véreux qui ne promettait rien de bon pour l'avenir. Cependant il avait trop besoin d'héroïsme pour s'illustrer, trop besoin de gloire et de vraie gloire sans tache, le vaniteux scélérat, pour qu'il ait jamais songé à trahir les hommes qui lui avaient donné les moyens d'arriver à son but.

LADISLAS DOMBROWSKI.

ADISLAS était le frère cadet de Jaroslaw et partagea son existence aventureuse. Il fit avec lui campagne en Pologne en 1863 et 1864, et fut également poursuivi dans l'affaire des faux billets de banque.

Nommé colonel par la Commune, puis chef de place en remplacement de Bergeret, puis commandant des troupes d'Asnières, il ne put jamais se rendre sympathique aux fédérés et fut remplacé à ce dernier poste par Okolowicz.

Il a été arrêté.

Un autre frère encore, Émile Dombrowski, employé de chemin de fer et dessinateur, ne semble pas avoir été tenté par la fortune de ses frères et a gardé cette neutralité que les étrangers ne doivent jamais violer dans le pays qui les a reçus.

DU BISSON.

U Bisson fut un clair de lune de Dombrowski, aussi aventureux, aussi malheureux dans les affaires, aussi heureux dans le danger, mais en petit, en raccourci. Dombrowski était taillé sur le patron des bandits grandioses. Du Bisson n'était plus qu'une canaille. C'était un adroit faiseur, un bon pickpocket. Le Polonais aurait tué ses victimes, le Caennais se contentait de les voler.

Sa vie est encore une de ces vies destinées à devenir légendaires, tant elle est extraordinaire, incroyable. Né à Caen il y a quelque soixante ans, le comte Du Bisson, — qui n'était à cette époque encore que Dubisson, — débuta dans les armes en Espagne dans l'armée de Cabrera. Après la déroute de ce général en 1840, il passa quelque temps en Portugal et revint en France. Des relations qu'il avait conservées avec le parti carliste le poussèrent dans une conspiration dont la découverte, en 1847, lui valut deux ans de prison.

Il n'est rien de si légitimiste qu'un noble qui

ne l'est point. Du Bisson, qui commençait à écrire son nom en deux mots, resserra plus étroitement les liens qui l'attachaient au parti royal et se mêla des journées de Juin, d'où il espérait voir sortir la royauté de Henri V. Poursuivi et condamné par contumace, il dut s'exiler et passa en Belgique.

De Bruxelles, sa résidence, il continua ses machinations, correspondit avec les légitimistes restés en France, fit partie d'un nouveau complot ourdi à la suite du coup d'État de décembre, et subit, en 1853, une nouvelle condamnation, quatre ans de prison et dix ans de surveillance.

Du Bisson devenait quelque chose; bonne ou mauvaise, il avait une épée; le futur communeux alla l'offrir au très-haut roi Ferdinand II de Naples, qui l'accepta et donna à notre homme le titre de comte, titre qui était son rêve chéri, et le grade de général de division, — grade dont Du Bisson se montra toujours très-jaloux.

Il se maria alors avec une parente de Lavalette, qui, comme lui, fit plus tard partie du Comité central. Du Bisson fit ensuite plusieurs affaires véreuses : — achat de fusils qui n'arrivèrent jamais, fournimients toujours à la confection, — concussions dont on ne s'aperçut qu'à la chute de Ferdinand.

Privé de son généralat par la disparition de la monarchie qu'il servait, Du Bisson vint habiter quelque temps à Nice au milieu de la famille de sa femme, et tenta bientôt cette expédition inouïe, — incroyable au xixe siècle, — cette expédition en Abyssinie montée par actions.

L'entreprise échoua, et Du Bisson, sans soldats plus que jamais et sans argent comme toujours, vint à Paris et s'associa à une bande de chevaliers d'industrie qui avait formé une société dite Société des billets de complaisance. C'était en 1868. Du Bisson eut alors des démêlés avec le journal le *Derby* et avec M. Aurélien Scholl. Il intenta même au journaliste un procès en diffamation. Il protesta à cette occasion de ses services et de son dévouement à la légitimité, prétendant garder les sentiments de son grand-père, guillotiné comme royaliste.

Tous ces métiers louches, ces industries inavouées ne pouvaient suffire à Du Bisson, qui, traqué et poursuivi par les créanciers, était sur le point d'être mis en faillite. La guerre arrêta les poursuites. Du Bisson se fourra dans le 26e bataillon, se fit nommer capitaine en étalant ses cordons et ses croix, et commanda les compagnies de marche, qui, du reste, ne marchèrent jamais.

Il fonda, à la fin du siége, une société appelée Confédération républicaine, qui se tint en rapport avec le Comité central et fut chargée de la garde des canons de Montmartre.

Il prit donc part à l'insurrection du 18 mars, essaya, peu chaudement du reste, de sauver les généraux Lecomte et Clément Thomas, et fut nommé chef d'état-major général et commandant de la place Vendôme. Comment ce vieux et fougueux légitimiste devint un enragé communeux, c'est ce que nous ne saurions dire. N'y faut-il voir que le fait d'un aventurier qui se bat où il trouve à se battre, ou bien le parti légitimiste y était-il pour quelque chose?

Le Comité central pencha pour la dernière hypothèse. Se trouvant fermement établi et pouvant se passer de tous les Du Bisson du monde, il fit arrêter, le 23 mars, le malencontreux général, qui n'eut dans son passage au pouvoir que le temps de faire exécuter quelques gendarmes, — exécutions approuvées par le Comité central, — et de faire tirer sur le peuple, le 22 mars, à la place Vendôme.

Du Bisson fut plus tard relâché et se battit à Neuilly, mais il n'eut jamais grande autorité parmi les communeux. Il n'en garda pas moins son uniforme et essaya vainement de se refaire une popularité en écrivant d'atroces infamies sur la façon dont le gouvernement de Versailles traitait les prisonniers.

Nous croyons Du Bisson prisonnier.

DUVAL.

DUVAL est né dans la Manche, en 1841, et vint de très-bonne heure à Paris, où il apprit le métier de fondeur en fer. Manquant totalement d'éducation première, des contestations entre ouvriers et patrons le portèrent à étudier les questions sociales. N'ayant point l'instruction nécessaire pour juger sainement des théories dont il s'occupait, il s'en grisa et devint un des révolutionnaires les plus convaincus qu'ait eus la Commune.

Dès 1864 il prit une part active à la grève de sa corporation, fut l'un des promoteurs de l'Union syndicale des ouvriers fondeurs, et en fut successivement secrétaire, administrateur et président. En 1867 il s'affilia une première fois à l'Internationale, et sortit de la Société au bout d'une quinzaine de mois.

Il y rentra — cette fois d'une façon définitive — en avril 1870, lorsque la corporation des fondeurs, engagée dans une grève interminable, adhéra tout entière à la Société afin d'en tirer des secours, et fut nommé secrétaire auprès de la chambre fédérale parisienne. Duval fut impliqué dans le procès de Blois, y fit une défense sans apprêt, mais convaincue et se fit retirer la parole à cause de ses récriminations contre le coup d'État du 2 décembre. Il fut condamné à deux mois de prison et à 25 francs d'amende.

Simple officier dans la garde nationale, vendant des pantoufles pour vivre, tandis que sa femme continuait son métier de chemisière. Duval se mêla aux mouvements du 31 octobre et du 22 janvier ; mais, comparse effacé et sans valeur, ne fut ni nommé ni poursuivi. Il fut bien avant le 18 mars nommé général d'une partie de la garde nationale par le Comité central, dont il fut un des premiers membres.

Quoique d'un caractère sincère, Duval n'était point sans avoir son grain de vanité ; il faillit compromettre le succès du complot en venant, plusieurs fois avant le 18 mars, visiter en uniforme galonné les canons de Montmartre.

Il prit part à l'insurrection du 18 mars, mais n'eut point à y déployer son génie militaire, les gardes nationaux ayant marché un peu de tous côtés, pêle-mêle et sans ordre. Le 21 mars, Duval fut nommé délégué à l'ex-préfecture de police ; le 25 mars sa nomination de général parut à l'*Officiel* en même temps que celles de Brunel et de Bergeret.

Le 26 mars, 6,482 électeurs de son arrondissement — le 13ᵉ — le nommèrent membre de la Commune. Duval ne siégea jamais. Le 30 mars, il était nommé membre de la commission militaire et délégué par cette commission à la commission exécutive. Il alla à cette époque se mettre à la tête des troupes destinées à manœuvrer vers Châtillon.

Ouvrier fondeur, intelligent, mais non d'une façon extraordinaire, Duval, qui n'avait jamais manié un fusil, ne pouvait être un général et ne fut qu'un vaillant soldat. Comme Eudes, comme Bergeret, il se mit devant ses bataillons qui marchaient mêlés, entassés, sans artillerie, quelques-uns sans munition et partis pour la gloire. C'est la mort qu'il rencontra.

Duval est mort avant les infamies de la Commune. Le respect que l'on a pour les malheureux, la pitié que l'on a pour les fanatiques, se sont attachés à son souvenir, et sa mort — héroïque vraiment — le rend sympathique, malgré les atrocités commises plus tard par ses collègues.

Au premier choc, ses soldats l'abandonnèrent. Duval n'en resta pas moins sur le champ de bataille et fut pris.

Conduit devant le général Vinoy, celui-ci lui dit : « Quel serait mon sort si j'étais votre prisonnier ? — Général, répondit Duval sans sourciller, je vous ferais fusiller. »

Le jeune homme avait prononcé lui-même son arrêt de mort. Il fut immédiatement exécuté. Sa malheureuse femme, affolée de douleur, s'est promenée dans Paris tant qu'a duré la Commune dans un étrange accoutrement. Mignonne et jolie, elle s'était affublée d'une écharpe rouge, ne quittait point un beau revolver dont on lui avait fait présent, et jurait fréquemment de venger son mari.

Elle est aujourd'hui prisonnière.

EUDES.

Un parallèle entre Bergeret et Eudes choquerait ce dernier. Ce ne fut pas évidemment un foudre de guerre, la Commune en sait quelque chose, mais enfin il avait du militaire la tournure qui manquait totalement à Bergeret et qui fait bien la moitié d'un bon général lorsqu'il ne s'agit que de passer sur le boulevard. Et puis Eudes était joli; et puis il était grand; et puis, chose enviée, il montait à cheval; et puis, geste inimitable, il relevait fièrement la pointe de son épée, aussi fièrement que maître don César de Bazan, patiemment étudié dans les théâtres des faubourgs.

Eudes est né dans la Manche, en 1838, à Roncey. Il montra de bonne heure une remarquable intelligence et une grande facilité à apprendre; à dix-sept ans il était reçu bachelier. Il vint à Paris étudier la médecine. En peu de temps, entraîné, débauché, il devint un de ces tarés destinés à rester toujours étudiants, vécussent-ils autant que Mathusalem!

Il fréquenta assidûment les bals, passa le reste de son temps dans les maisons borgnes du quartier Latin, essaya de se faire journaliste, puis, n'y pouvant réussir, se jeta dans les réunions publiques et devint orateur.

Cependant ses parents étaient pauvres, sa façon de vivre ne faisait fructifier ni ne ménageait son argent, et Eudes pour vivre dut se résigner à devenir humble *calicot*, cette bête noire de l'étudiant. Mais bientôt il trouva une position plus digne : il entra à la *Libre Pensée* de Verlet et étant totalement incapable de faire un article, malgré son instruction, on lui donna la place de gérant, place qui lui valut un mois de prison quand fut imprimé le journal.

Au sortir de Sainte-Pélagie, Eudes se trouvait plus que jamais sur le pavé, gueux et paresseux. Il s'était fait quelques amis et quelques relations au temps de sa gérance, car Eudes ne s'était montré jusqu'alors qu'un peu fou et très-bohème, mais point méchant. M. Asseline le fit entrer chez Mottu comme employé à la souscription à l'*Encyclopédie du XIXe siècle*, alors en publication.

Mais la mesquinerie de sa vie ennuyait Eudes, les lauriers de Blanqui avec lequel il était lié l'empêchaient de dormir, et il résolut lui aussi de conspirer, lui aussi de faire des émeutes. On venait d'apprendre que nos armées étaient vaincues à Reichshoffen et à Forbach; on se battait en dehors, Eudes crut qu'il serait bon de se battre en dedans et, tentative insensée, avec une poignée d'hommes que lui procura Blanqui, il essaya de révolutionner Paris. Le tout échoua devant un poste de pompiers où deux hommes et un enfant de six ans furent lâchement assassinés. Eudes, traduit devant un conseil de guerre, fut condamné à mort et s'acquit par là des titres à une reconnaissance impérissable de la part des citoyens bellevillois. Michelet et la presse entière avec lui demandèrent un sursis pour les coupables. Le sursis accordé les sauva. Arriva le 4 septembre et Eudes devint un héros de faubourg côte à côte avec Mégy.

Satellite de Blanqui, international, communiste avant d'être communeux, et par-dessus tout révolutionnaire, Eudes fut naturellement mêlé au 31 octobre, fut arrêté, cassé de son grade, puis relâché. Il collabora à la *Patrie en danger* de Blanqui. Chose incroyable, il ne savait rien du complot du 18 mars, qui le surprit. Dès le premier jour, il alla offrir son *épée* au Comité central, qui l'accepta. Bergeret ne savait monter à cheval, Eudes n'avait jamais été soldat; mais, comme disait le beau Johannard: « C'est sur le champ de bataille que les hommes de guerre se révèlent », et tous deux furent généraux. Au bas des affiches, à partir du 22 mars, on lut le nom d'Eudes devenu membre du Comité central ; le 26 mars, il obtint 17,392 voix dans le 11ᵉ arrondissement et fut élu.

Fut-il joyeux, ce vaniteux en huit jours épanoui ! Il se galonna, mit des écharpes, des franges, parada, caracola ; il avait étudié l'art militaire dans les théâtres au point de vue du costume surtout ; il se costuma en héros et prit des poses de paladin. Il se fit un état-major aussi brillant que possible, y fit rentrer des têtes les plus disparates — jusqu'à un spahi trouvé on ne sait où.

Il fallut bientôt donner des preuves de cette capacité non montrée jusqu'alors. Ces gens s'étaient persuadé que les généraux de la République étaient habiles parce qu'ils sortaient du menu peuple ; ceux-là sortaient des basses classes et n'avaient jamais été soldats : double raison pour être d'une surprenante habileté. Le général Eudes partit donc allant à Versailles par Meudon, comme Bergeret y allait par Nanterre, sans songer à rencontrer nulle résistance, sans s'éclairer, ce qui leur fit à tous deux donner tête-bêche dans l'armée.

Eudes, nommé général le 24 mars, adjoint à la commission exécutive le 30 et nommé délégué à la guerre, le 2 avril, fut remplacé par Cluseret à ce dernier poste. Se repliant en désordre derrière les forts du Sud, il borna là ses exploits et attendit désormais qu'on vînt l'attaquer.

Le 4 avril, Cournet le remplaça à l'exécutive, et Eudes ne fut plus qu'un simple général. On ne l'entend plus faire bruit. Le 29 avril, Wroblesky est nommé commandant des forces du Sud sans qu'on daigne informer Paris de ce qu'il advient à ce vaillant Eudes.

On ne voit reparaître son nom que le 5 mai; un décret de Delescluze le nomme alors commandant de la 2ᵉ brigade de réserve avec la Légion d'honneur pour état-major. Mais quand vint l'heure du péril, heure à laquelle bien des gens manquèrent, le bouillant Eudes fut nommé membre du Comité de salut public, où il se montra sinon le plus résolu, du moins le plus féroce. « Faites sauter les maisons, incendiez les édifices, brûlez Paris, » criait-il. Le misérable se sentait perdu, et, avec cette rage du vaincu qui s'empara de la Commune, il eût voulu dans sa chute étreindre le monde et l'entraîner avec lui.

Il n'est point mort pourtant, cet écervelé de jadis qui est un scélérat aujourd'hui. Bergeret était bête et comme tel assez bon; Eudes était intelligent et fut encore plus pervers.

FLOURENS.

 USTAVE FLOURENS est le fils du célèbre secrétaire perpétuel de l'Académie française. Il naquit à Paris en 1838. Ses études furent très-soignées. A vingt ans il jouissait d'une réputation d'érudit très-méritée. Rien ne faisait deviner alors en lui l'aventurier politique; son talent faisait espérer qu'il continuerait les travaux où son père avait trouvé tant de gloire.

A vingt-cinq ans il fut appelé à suppléer son père, professeur au Collége de France ; sa leçon d'ouverture, imprimée plus tard, sur l'*Histoire de l'homme, corps organisé*, lui fit tout de suite une certaine notoriété dans le monde savant. Il publia ensuite une brochure : *Ce qui est possible*, brochure continuée par un petit roman philosophique : *Ottfrid,* où il exposa ses idées et ses désirs politiques.

Au bout d'une année de professorat, obligé de

rendre la chaire à son père, Flourens en garda un certain dépit; et, d'autre part, inquiété pour délit politique, il quitta la France et partit pour Crète. Alors commence cette série d'aventures chevaleresques qui lui valurent un renom de bravoure poussée jusqu'à la folie.

Nous avons eu notre Don Quichotte tout aussi courageux, tout aussi fou, tout aussi ridicule que celui de Cervantès, tout aussi sympathique. Flourens avait sa Dulcinée : la liberté. C'était une nature généreuse, mais à vue courte; comme Don Quichotte, il eût délivré des forçats parce que ces forçats étaient enchaînés; comme Don Quichotte il comptait sur son bras invincible, et nous l'avons vu proclamer, tout seul, la république sur le boulevard de Ménilmontant. C'était un fier redresseur de torts qui voulait purger la terre non des monstres ni des enchanteurs, mais des oppresseurs et des injustes. Il allait droit à l'adversaire, droit au but, sans songer aux lois, aux usages, aux conventions sociales, et se faisait prendre aux ailes de moulin et sottement rouer.

Il était sévère à son égard et sévère à l'égard de ses amis, ne souffrait d'eux pas la moindre infraction aux règles d'honneur qu'il s'était imposées, ne leur pardonnait pas la moindre peccadille. Il se croyait assez fort pour aller seul comme un chevalier errant, et brisait immédiatement avec quiconque lui semblait suspect de félonie. Il avait secouru les insurgés crétois, il s'insurgea bientôt contre eux parce qu'il les trouva timides. Il était l'ami de Rochefort et son collaborateur à la *Marseillaise*; il cessa avec lui relations d'amitié et relations de métier parce que Rochefort eut le bon sens de ne point entrainer à l'émeute dans Paris les 200,000 personnes qui suivaient le cortége de Victor Noir.

Flourens, était comme on le voit, d'une indépendance qui aurait été souvent impertinente si elle n'avait été si naturelle. Il était incapable d'avoir un mot d'ordre, de suivre un parti, de combattre dans la mêlée commune. Il n'était né ni pour obéir ni pour commander. C'était un volontaire qu'il fallait laisser agir à sa guise, et qui plus d'une fois contrecarra les plans de son propre parti.

Comme nous l'avons dit, après avoir servi en Crète dans les rangs des insurgés, il se mutina contre eux, fut décrété d'arrestation, et passa en Grèce, où on lui signifia l'ordre de quitter le pays. Il revint alors en France et fut dès lors intimement mêlé à tous les mouvements populaires qui eurent lieu.

Il s'occupa activement des élections de 1869, soutint les candidatures irréconciliables, et à la suite des troubles de Juin fut condamné à trois mois de prison.

Il essaya vainement, à l'enterrement de Victor Noir, le 7 février, d'entraîner la foule dans Paris et de provoquer une insurrection. Il avait, ce jour-là, traversé tout Paris, une carabine sur l'épaule. Quelques jours plus tard, lors de l'arrestation de Rochefort, il proclama la république à Belleville, et, suivi de quelques individus, descendit s'armer au théâtre de Ménilmontant. Quand il y arriva, il était tout seul.

Traqué de nouveau, il passa en Angleterre, où sa générosité se laissa exploiter par Beaury, ce qui le fit impliquer dans le complot contre la vie de l'empereur.

Rentré à Paris après le 4 septembre, il fut nommé chef de bataillon. C'était trop ou trop peu. Flourens ne pouvait être traité comme un être ordinaire; on créa pour lui une dignité spéciale: on le nomma major de rempart avec le commandement de cinq bataillons. Il faut bien le dire, il ne joua point, pendant le siège, le rôle qu'on attendait de lui, et ne sembla se servir de sa popularité de faubourg que pour entraver la défense.

Il prit une grande part au mouvement du 31 octobre, fut cassé de son grade de major, donna sa démission de chef de bataillon du 174ᵉ bataillon, organisa un corps de volontaires, fut poursuivi par le gouvernement, arrêté aux avant-postes et enfermé à Mazas. Délivré par la foule le 21 janvier 1871, il s'empara, le lendemain, de la mairie du 20ᵉ arrondissement dont il avait été nommé adjoint le 6 novembre 1870, et dut dès lors se cacher pour échapper à la police, qui le recherchait avec d'autant plus d'activité qu'il venait d'être condamné à mort par un conseil de guerre.

Le 18 mars lui rendit la liberté, et Flourens se nomma immédiatement général de Belleville. Le Comité central ne vit que d'un très-mauvais œil l'intrusion dans ses affaires de cet écervelé qu'il ne pouvait espérer diriger. Il lui créa tant d'embarras que Flourens envoya sa démission, qui fut immédiatement acceptée. Mais il ne pouvait pas ne pas combattre le gouvernement contre lequel il avait une rancune toute personnelle; il ne tint compte en rien du Comité central, et se désigna comme général — provisoire, il est vrai, — commandant la 20ᵉ légion.

Les électeurs du 19ᵉ et du 20ᵉ arrondissement le nommèrent membre de la Commune, où Flou rens ne siégea jamais. Il prit le commandement d'une des colonnes dirigées sur Versailles, le 2 avril, et incapable, comme nous l'avons dit, de commander un détachement, il se montra aussi imprévoyant, aussi insuffisant que ses collègues.

Les amis de Flourens — ils étaient nombreux — se demandaient comment finirait cette nouvelle escapade. Cet homme franc, généreux, amoureux du beau et des belles actions, ne serait point resté au milieu du tohu-bohu communeux.

Flourens mourut comme il avait vécu, en Don Quichotte, toujours brave, toujours fou. Isolé de ses soldats, le 5 avril, il s'était réfugié dans une maison de Chatou. Des gendarmes l'y trouvèrent ; il cassa la tête au premier qui se présenta, croyant pouvoir, comme Roland à Roncevaux, tenir un homme contre une armée. Il fut tué à coups de sabre, et tous — amis comme adversaires — dirent, affligés de cette mort déplorable :

« Pauvre Flourens ! »

Sa figure s'était moulée sur son caractère. Là encore se retrouvait le Don Quichotte jeune dont nous avons parlé. Il était blond, avait peu de cheveux et le front découvert et très-grand ;

le nez — un nez romain — avait de puissantes narines, qu'un souffle de mécontentement faisait souvent trembler. La barbe s'étalait en éventail, et la moustache cachait à demi une bouche fine et souriante où se peignait toute la douceur, toute la bonté de l'homme. On devinait l'écervelé dans le regard extatique et souvent étrange à force d'être hagard.

GAILLARD.

La ville de Nimes avait revendiqué Gaillard comme un de ses enfants. Elle s'est rétractée depuis, et il paraît certain que Gaillard est Italien et nommé Gagliardini de son vrai nom. On prétend même qu'il était de grande famille et que c'est à la suite d'aventures politiques qu'il vint s'établir en France. C'était une étrange, laide, mais assez bonne tête au fond. Il avait un grand front, blafard et granuleux, un nez de forme indécise, — une vulgaire pomme de terre, — une bouche tordue, de longs cheveux bonassement bouclés, la physionomie fière et intelligente, comme éclairée de l'éclat de ses yeux verts.

Il était cordonnier de son état, mais barricadier par goût, et fit plus de barricades que de souliers, quoiqu'on le dise inventeur de la *semelle inusable* qu'il vendait dans les foires de la banlieue. Nous avons vu plusieurs fois Gaillard jouer au domino dans un café de la place de la Bastille qu'il affectionnait. Au milieu d'une partie il essayait une barricade avec les dominos qu'il avait dans la main, interrompait le jeu pour continuer sa barricade, y mettait tous les dominos du jeu, puis les verres voisins, puis les bouteilles, construisant ainsi des ouvrages qu'il faisait admirer à tous les habitués de la salle. C'était chez lui une passion, une manie; il en avait fait un art et ne voyait dans une révolution qu'un prétexte à barricades, cette joie de sa vie.

Il professait pour les idées socialistes, qu'il avait étudiées autant que le lui permettait son insuffisante instruction, une vénération presque superstitieuse et toute italienne; il avait un culte pour les célébrités de la démocratie et n'en parlait jamais qu'avec un grand respect. Quoique s'étant battu ou plutôt ayant fait des barricades en décembre 1851, la prudence qui le guidait — c'est son expression — ne l'avait point fait connaître. Il fut pour la première fois parlé de lui en novembre 1868 pour l'affaire Baudin. Il déclara alors avoir cinquante et un ans et parut accompagné de son fils, qu'il traitait avec une onctueuse rigidité vraiment bouffonne.

Il fut condamné à cinq cents francs d'amende pour avoir glorifié la mémoire de Baudin et provoqué la souscription pour son monument. Dès lors célèbre, Gaillard père eut dans le faubourg une notoriété qui ne se démentit plus. Intelligent, plus persuasif encore qu'éloquent, il courut les clubs et les réunions publiques de l'Empire et y ramassa force applaudissements et force condamnations.

Il continua pendant le siége et demanda constamment dans les clubs le réquisitionnement général et le rationnement obligatoire, et fit partie du Comité des vingt arrondissements. Il était en même temps affilié à l'Internationale et s'occupait activement de la propagande de la société. La Commune le nomma directeur général des barricades, commandant le bataillon spécial des barricadiers. Gaillard fut au comble du bonheur et, avec son emphase italienne, déclara qu'il acceptait avec reconnaissance la mission *grandiose* de directeur de ces barricades qui devenait d'une si *formidable* opportunité.

C'est lui qui fit détruire le tunnel de la porte Maillot et qui fit construire les barricades de la place Vendôme et de la place de la Concorde. Ces dernières le rendaient fou, l'enivrait : il y venait chaque jour passer quelques heures et frappait complaisamment de la main sur le talus avec la satisfaction d'un cavalier qui caresse son cheval. Hélas! il n'y a pas de bonheur sans mélange. Gaillard, qui voulait faire les choses grandiosement, avait promis une haute paye à ses ouvriers. Cluseret la refusa et Gaillard, qui venait d'apposer d'immenses affiches où étaient consignés les dimensions et profils des ouvrages, donna sa démission, qui fut acceptée.

Plus tard, fortement repenti, ne pouvant vivre loin de ses chères barricades, Gaillard obtint de nouveau, à force de supplications, la direction dont il s'était démis et commença les travaux du Trocadéro. L'armée en entrant dans Paris l'interrompit. Fait prisonnier, Gaillard, qui ne s'était point battu, fut mené à Versailles, où il se fit tuer dans un essai d'évasion.

Son fils, comme lui nommé Napoléon, et surnommé Costès, après avoir fondé différents petits journaux plus ou moins illustrés dont il faisait le texte et les dessins, fut fait prisonnier et partagea la captivité de son père. C'est un être lourd et d'un courage brutal ; il avait provoqué Cassagnac dans un duel où ils devaient se battre au pistolet à la longueur d'un mouchoir dont chacun d'eux aurait tenu un bout entre les dents. Il a subi également plusieurs condamnations pour délits politiques sous l'Empire.

GANIER D'ABIN.

ENCORE une existence fantastique, une incroyable odyssée. Ganier était de la trempe de ces aventuriers qui, selon que la fortune leur est ou non propice, finissent leur vie admiré ou pendu. Partout où s'est tiré un coup de canon on a rencontré ces gens-là, ici républicains, là royalistes; le drapeau n'y fait rien : aujourd'hui avec les faibles, demain avec les forts, simples soldats ou généraux, partout tourmentés par ce besoin d'aventures qu'ont éveillé en eux les histoires merveilleuses des conquérants d'Eldorado dont leur parlaient leurs nourrices, et partout laissant ce renom de bravoure qui sert de passe-port en tous les pays.

Nous ne savons trop dans quel coin de la

France est né cet être cosmopolite qui débuta dans les armes en Italie, au service du pape, et s'y fit décorer de l'ordre de Saint-Grégoire-le-Grand.

Il passa ensuite en Pologne, commanda un corps d'armée insurgé et fit toute la campagne de 1863-64 en compagnie des deux Dombrowski, qu'il retrouva plus tard à Paris.

Après la déroute complète des Polonais, Ganier, — qui s'appelait d'Abin, du nom de son hameau, — vint en France, obtint une place d'employé du chemin de fer à Lyon et se maria. Mais, incapable de se plier à une vie sédentaire et réglée, il abandonna sa femme un beau jour et disparut sans donner de nouvelles.

On le retrouve, — bouffonnerie énorme, — généralissime des troupes du roi de Siam. Le consul français avait présenté notre aventurier au prince asiatique, et, de grade en grade et de service en service, Ganier, qui organisa l'armée siamoise à la façon européenne et lui procura des canons, était parvenu à la plus haute dignité du pays. Il ne manqua point de se remarier et même, au lieu d'une, épousa deux Siamoises.

A la première nouvelle du conflit franco-prussien, Ganier d'Abin se souvint qu'il était

Français et vint offrir son épée à l'Empire. A son arrivée en France, la République existant, Ganier offrit ladite épée à la République, et Gambetta lui donna un commandement. Les journaux, même à cette époque, louèrent fort le patriotisme de cet homme qui accourait du fond de l'Asie secourir sa patrie. Si l'on avait su que le Siamois allait à Montmartre !

Quatre mois de repos commençaient à fatiguer beaucoup l'aventurier qui songeait à retourner à Siam, lorsque éclatèrent les premiers symptômes du mouvement qui devait avoir lieu le 18 mars. Ganier flaira une aventure, et, toujours muni de son épée, alla l'offrir au Comité central, qui l'accepta avec non moins de reconnaissance que ne l'avaient fait successivement le pape, la Pologne, le roi de Siam et Gambetta.

Ganier fut nommé général commandant de Montmartre, titre dont le Comité central ne se montrait du reste point avare, car c'était bien au moins le quatrième général qu'il nommait à cet endroit. Ganier ne prit pas une part bien éclatante à l'insurrection du 18 mars et resta chargé du commandement de la Butte. C'est lui qui envoya le 21 mars au Comité central ce petit rapport, terrible exemple d'une naïveté toute siamoise :

« Rien de nouveau. La nuit a été calme et sans incident.

« A dix heures cinq, deux sergents de ville déguisés en bourgeois sont amenés par des francs-tireurs et fusillés immédiatement.

« A midi vingt, un gardien de la paix, accusé d'avoir tiré un coup de revolver, est fusillé.

« A sept heures, un gendarme, amené par les gardes du 28°, est fusillé. »

Ganier n'était pas fait pour être compris par les fédérés. Cet homme sans conviction se battait pour se battre et avait une épée pour la vendre. Il fut promptement mis en suspicion, et le 2 mars le Comité central le condamnait à mort par contumace. Ganier avait disparu.

On prétend qu'il est revenu dans les rangs insurgés au dernier moment et qu'il a été tué sur une barricade ; nous croirions plutôt qu'il est en route pour Tombouctou.

LES HENRY.

Ls étaient quatre au début de la Commune : trois étaient frères; l'un fut commandant de bataillon, l'autre chef de légion, le troisième général. Le quatrième était un ancien contrôleur de la Compagnie des omnibus qui fut commissaire central à la préfecture de police et signa le singulier ordre suivant adressé à Garreau, directeur de Mazas sous la Commune :

« Le directeur du dépôt ne donnera ni à boire ni à manger *au* six individus avant qu'*il ait* fait des aveux. »

Le commandant de bataillon Henry était le second des trois frères et avait vingt-six ans. C'était un lieutenant d'infanterie qui avait été fait prisonnier dans les premières défaites et qui sortit d'Allemagne après l'armistice pour revenir à Paris. Il avait été d'abord nommé adjudant-major par la Commune; on lui donna ensuite le commandement d'un bataillon. Il accompagna Bergeret dans la grotesque sortie qui se termina au mont Valérien et fut tué par un éclat d'obus auprès dudit général.

Le chef de légion Henry était le cadet et n'avait que vingt-trois ans. C'était un grand jeune homme, aux cheveux châtains, longs et abondants, aux yeux bleus, au nez aquilin, figure en somme fière et intelligente. S'il en faut croire son propre témoignage, il étudia la peinture, et fut élève de Gérome, ne barbouilla du reste jamais que des copies et s'occupa au fond beaucoup plus de politique que de peinture. Son frère le général l'avait fait nommer chef de légion. Il accompagna Duval dans sa sortie sur Châtillon et fut pris avec lui.

On a fait un moment courir le bruit de son évasion avec grand renfort de circonstances dramatiques. La vérité est que Henry est aujourd'hui à Belle-Isle, où il attend son jugement.

Le grand Henry, l'aîné, le général, était au rebours de son frère, un épais courtaud, d'un blond fauve, rougeaud, suant la graisse et la sottise, ayant beaucoup plus l'air d'un marchand de cassonade que d'un militaire et âgé d'une trentaine d'années. Il joua pendant quelque temps le rôle d'utilité au théâtre de Montrouge, exerça ensuite le métier de dessinateur lithographe et, ayant fort à se plaindre de la société qui l'obligeait à travailler s'il ne voulait mourir de faim, il s'affilia à l'Internationale et fit partie du Comité central.

Désigné comme général, nous ne savons à quel titre, pas plus que pour Eudes ou Duval, voire Bergeret, il se porta aux élections du 26 mars, n'obtint que 4,084 voix dans le 19ᵉ arrondissement et ne fut point nommé. Nommé chef d'état-major le 3 avril, son titre de général lui fut reconnu par la Commune dans l'*Officiel* du 6 avril. Nullité complète sous tous les côtés, il se contenta de contre-signer ces ineptes rapports militaires qui faisaient les délices des communeux aveuglés et ne joua jamais un bien grand rôle dans la Commune, bien qu'il ait été chargé d'organiser l'infanterie. C'est lui qui donna l'ordre de visiter les trains de chemin de fer à leur entrée dans Paris et de les faire dérailler s'ils ne s'arrêtaient point.

Il fit partie de la cour martiale et fut nommé par Rossel, le 5 mai, directeur de l'organisation et des mouvements au ministère de la guerre avec Meyer pour sous-directeur. Ses services étant de plus en plus appréciés, ou plutôt sa nullité n'effarouchant pas trop les nullités de la Commune, il fut appelé dix jours après au commandement de la place de Paris et fut nommé chef d'état-major de Delescluze.

Nous croyons pouvoir affirmer que ce personnage qui signait Henry P... à la Commune était absolument le même qui signait Prudhomme au Comité central, car Prudhomme était son nom de famille aussi bien que celui de ses deux frères.

On ignore encore son sort.

JACLARD.

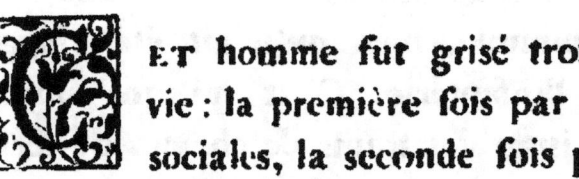ET homme fut grisé trois fois en sa vie : la première fois par des théories sociales, la seconde fois par Blanqui, la troisième fois par des reproches de trahison. C'était une sorte de joli garçon posant pour le héros, bravache, susceptible, auquel la crainte d'être suspecté d'indélicatesse ou de lâcheté aurait fait commettre les choses les plus monstrueuses.

Jaclard était né à Metz en 1843 et avait été professeur de mathématiques. Il eut, comme nous l'avons dit, trois ivresses, c'est-à-dire que trois fois il crut avoir trouvé la voie qui conduisait à l'héroïsme et trois fois il s'y jeta aveuglément, tête baissée, avec toute l'ardeur d'un fanatique, toute la témérité d'un d'Artagnan. La première fois ce furent des théories socialistes qui le séduisirent, théories auxquelles il ajoutait celle de la République universelle et de la paix perpétuelle. On conçoit avec quelle activité ce fougueux écervelé dut s'occuper de la réalisation de ses splendides utopies. Il trempa un peu dans toutes les sociétés secrètes de l'Empire, entre autres dans celle du café de la Renaissance. Il alla au congrès tenu par les étudiants de Liége en octobre 1865, ne manqua point de s'affilier à l'Internationale et fit un livre : *Théorie sur le communisme*.

Ce bel enthousiasme s'éteignit bientôt comme un feu de paille. Blanqui le raviva. Le vieux conspirateur voyait chanceler l'Empire et guettait le moment propice. Vieille tête aux vastes conceptions, mais corps débile et caractère pusillanime, il chercha un bras, un exécuteur, et jeta l'œil sur Jaclard. Le terrible étourdi ne manqua point de se laisser entraîner. Sur ses avis il constitua au vieux sectaire, dans Paris même, une bande redoutable de douze à quinze cents bandits prêts à donner au premier signal. Bientôt Jaclard s'aperçut de la profonde scélératesse du conspirateur : son honnêteté se révolta, et Blanqui, ne pouvant plus compter sur lui, le remplaça par Eudes.

Le siége arriva. Jaclard fut nommé commandant du 158e bataillon, prit part au 31 octobre et fut cassé de son commandement le 6 novembre. Le même jour, les électeurs du 18e arrondissement le nommaient leur adjoint. Jaclard était devenu calme, il devint même par réaction d'un modérantisme qui le rendit suspect à ses vieux amis. Il fut quelque temps indécis à la suite du 18 mars, se rallia même un moment à l'Assemblée et donna sa démission après la violation de sa mairie. Ce fut alors une clameur de malédictions parmi la gent révolutionnaire et communeuse. Jaclard mis à l'index échoua aux élections pour la Commune et en devint désespéré.

Il se crut sérieusement coupable à l'égard de son parti, et, toujours prompt à tomber dans les extrêmes, devint soudain un des communeux les plus enragés. Cette nouvelle conversion lui valut sa nomination comme chef de la 18e légion. Le candidat à l'héroïsme se retrouva alors, on le vit boucler ses cheveux, friser sa barbe, galonner son képi, galonner son uniforme et se couvrir d'un immense manteau noir que retroussait fièrement son grand sabre de cavalerie. Ainsi drapé, il faisait sonner ses éperons sur le pavé de Montmartre en gesticulant comme un matamore de théâtre.

Il ne fut au reste que peu sévère pour les réfractaires de son quartier et s'enfuit bravement malgré ses rodomontades à l'endroit de la mort. Fait prisonnier, Jaclard retomba dans un profond désespoir, et, outré jusqu'au bout, essaya de se pendre dans sa prison. Il est à Versailles.

LA CÉCILIA.

LA CÉCILIA est plus difficile à juger que ses compagnons d'aventure. De récentes lettres écrites par d'anciens camarades de l'armée nous le montrent comme un soldat énergique, exalté, espèce de tête de fer, inaccessible à la peur et soigneux observateur de la discipline. Faut-il donc dire encore que c'est l'ambition — cette lèpre qui les rongeait tous — qui l'a jeté dans les rangs communeux ?

De nature méridionale, La Cécilia était fougueux jusqu'à l'emportement ; dans ses moments d'exaltation furieuse ses narines se dilataient et laissaient échapper comme un renâclement de bête fauve. Il avait cette impétuosité toute soldatesque qui ne sait point tergiverser et le faisait gouailler les membres de la Commune; il possédait aussi le courage qui ne connaît aucun danger. Il était laid et maigre, portait des cheveux ras, avait le front presque totalement dégarni, les joues creuses, le nez recourbé et narquoisement pincé aux ailes, une moustache noire et dure sur une lèvre moqueuse. Il était affreusement grêlé de la petite vérole, était d'une nature chétive et ne se soutenait que par une sorte d'excitation nerveuse. Ses yeux, même derrière le lorgnon qui ne les quittait presque jamais, avaient un air d'indomptable énergie qui fascinait à force de volonté.

Les bruits les plus contradictoires ont couru sur sa naissance. Les uns le disent Italien, d'autres affirment qu'il est né en 1834 à Beauvais, d'autres encore à Versailles dans la même année. En tout cas, il paraît prouvé que La Cécilia était Français et portait bien son vrai nom, quoi qu'on en ait dit.

Après de bonnes études qui lui permirent

d'être reçu bachelier à dix-sept ans et après avoir été exonéré du sort, il se fit professeur de mathématiques, ne put jamais rester dans aucune institution à cause de l'exaltation de ses idées politiques et finit par aller se mettre, en 1860, au service de Garibaldi, qui commençait alors la conquête de la Sicile. Il se signala à Marsala et à la prise de Palerme et fut nommé colonel. Le roi Victor-Emmanuel lui proposa de passer dans son armée avec le même grade, mais La Cécilia refusa.

Il alla alors en Allemagne, reprit son ancienne profession et fut quelque temps professeur de mathématiques à l'université d'Ulm. Revenu en France en 1860, il s'y maria avec une de ses parentes et s'occupa de l'Internationale, à laquelle il s'affilia. Lorsque éclata la guerre, La Cécilia s'enrôla dans le 1er bataillon des francs-tireurs de Paris et fit toute la campagne de France, dans laquelle il se couvrit de gloire.

Engagé comme sous-lieutenant, lieutenant au départ, le petit succès de Milly-sur-Oise le fit nommer capitaine. Il coopéra à la prise du village d'Ablis, où il se jeta dans la mêlée à la tête de sa compagnie, assista aux combats de Châteaudun, de Varize, de Burneville et d'Alençon, partout brave et partout remarqué. Il fut nommé commandant à Nogent-le-Rotrou, lieutenant-colonel après la bataille de Coulmiers et colonel pendant le mois de janvier.

La brigade des francs-tireurs de Paris, sous les ordres du général Lipowski, ayant été licenciée, La Cécilia, à la tête des 127 hommes qui restaient du 1er bataillon qui se composait à l'origine de 1,200 hommes, rentra dans Paris et y rapporta le drapeau qu'on lui avait confié.

Trahissant son glorieux passé, abandonnant ses amis, le fougueux La Cécilia se jeta tête baissée dans l'insurrection et offrit ses services au Comité central, qui le nomma général de division et lui donna le commandement des troupes de Billancourt à la Bièvre, — commandement ôté à Eudes, dont l'incapacité était bien prouvée. On s'étonne de l'insuccès des généraux communeux, dont quelques-uns ne manquaient cependant pas de talent, tels que Dombrowski et La Cécilia. Qu'on songe à l'effrayant désarroi de ces bandes indisciplinées qui prétendaient combattre en révolutionnaires, c'est-à-dire pêle-mêle, et semblaient avoir pris pour devise la parole que Shakspeare met dans la bouche de Cade, un insurgé du temps jadis : « Nous, nous sommes surtout en ordre, quand nous sommes le plus en désordre. »

La Cécilia, non plus que ses collègues, ne put rien faire. Il s'en dédommagea en vrai soudard et essaya de compenser à table les revers que ses troupes essuyaient ailleurs. Malin comme un Italien, La Cécilia se plaisait à rire de la sottise des membres de la Commune et leur semait ses lettres de citations latines qui mettaient les cordonniers du lieu en très-grand embarras. « *Promissio boni viri est obligatio*, leur écrivait-il un jour; avec la cordialité qui vous distingue vous m'avez promis deux épées, des cigares, des boîtes de conserves, des bottes d'asperges et deux pièces de vin. Comme sœur Anne je ne vois rien venir. »

La Cécilia réunit les débris des corps francs garibaldiens et cosmopolites que la fin de la guerre avait mis sur le pavé. Il s'en fit un corps d'élite au milieu duquel il se complaisait à cause de la bravoure de ces aventuriers qu'il estimait beaucoup.

Au commencement de mai, la Commune lui délégua Johannard comme commissaire civil. Le proxénète et le routier étaient faits pour s'entendre et firent bon ménage. La Cécilia se moquait de la pusillanimité de Johannard, qui s'en vengeait par des bons mots. Le 20 mai, La Cécilia, cerné de trois côtés, acculé contre les remparts à Montrouge, écrivit à Delescluze qu'il lui était impossible de tenir plus longtemps hors des murs, et rentra.

Posté sur les hauteurs de Belleville, La Cécilia, voyant la partie perdue, désespérant de l'avenir, refusa de marcher sur Saint-Augustin qu'on lui ordonnait de reprendre et s'enfuit à Vincennes. Le 29 mai, les soldats ayant commencé des travaux d'approche contre le fort, les fédérés se rendirent. La Cécilia se fit sauter la cervelle, seule fin digne qu'eût pu faire ce soldat déshonoré.

CHARLES LULLIER.

LULLIER naquit évidemment avec la bosse de l'insurrection, bosse tellement prononcée qu'elle l'entraîna jusqu'à la folie. Ce fut le type parfait du révolutionnaire permanent, insurgé contre les lois, contre les usages, insurgé contre l'Empire, insurgé contre l'insurrection elle-même, toujours insurgé.

Il était intelligent, mais sans suite dans les idées, sans but et sans volonté; sa vie décousue n'est qu'une succession de scènes de violences et de folies amenées par son caractère ombrageux et insociable. Il avait commencé une brillante carrière, sa conduite scandaleuse et souvent peu compréhensible l'écourta bientôt. Son intelligence l'appelait aux plus hauts grades, mais il ne sut jamais ni obéir, ni commander, se complut orgueilleusement à rompre en visière avec tout le monde et à marcher seul sans s'inquiéter du *Væ soli*. Il en résulta que sa manière étrange et ses burlesques aventures en firent la joie des journaux et la risée de tous.

Il est né dans les Vosges, à Mirecourt, en 1838; ses parents étaient assez riches et très-honorables. Après lui avoir donné une solide instruction ils le firent entrer à l'Ecole navale, d'où il sortit comme aspirant en 1856.

Son premier vaisseau fut l'*Austerlitz*, le second la *Licorne*. Sur ces deux vaisseaux il donna des preuves de cette insociabilité dont nous avons parlé. Roide, cassant avec ses collègues, insultant avec ses supérieurs et méprisant avec ses intérieurs, il se fit bientôt détester.

Grand partisan de la liberté illimitée, il quittait le banc de quart au milieu du service, trouvait extraordinaire qu'on l'en punît, injuriait ses commandants, frappait ses matelots, et se fit condamner sur le premier navire à un mois d'arrêt et sur le second à la mise en non-activité.

Ne sachant que faire de son temps et se croyant sérieusement destiné à de grandes choses, Lullier, qui écrivait bien et avait des connaissances littéraires très-étendues, se mit à faire du journalisme. Puis, comme premier pas sur la route des honneurs, il posa sa candidature dans le Finistère. Il fit à ce propos une profession de foi, chef-d'œuvre du genre burlesque.

Des personnes honorables qui s'intéressaient à Lullier obtinrent enfin que le ministre abrégeât la durée de la punition et rappelât Lullier à l'activité.

Il fut toujours Lullier, arrogant et bataillard sur l'*Ariel*, sur lequel il se rembarqua. Revenu à Granville, il y menait une vie ignoble, vraie vie de routier, tapageant dans les rues, insultant les passants et battant ceux qui osaient en murmurer.

A la suite d'un scandale causé dans une maison de tolérance il fut une seconde fois remis en non-activité. De nouvelles démarches adoucirent le ministre, qui abrégea encore une fois la punition. Lullier le remercia par une lettre émaillée d'inconvenances.

Il s'occupait alors de son grand ouvrage :

Mission politique et maritime de la France au XIXe siècle, ouvrage qu'il dédia à l'amiral la Roncière le Noury, et qui n'était que la préface d'un livre de politique universelle dont quelques fragments ont été publiés dans la *Marseillaise* et le *Rappel*. Il y était fort question de la justice entre citoyens, que notre batailleur entendait si bien.

Rappelé à bord du *Fleurus*, Lullier arrive huit jours trop tard et est de nouveau puni.

Puis il continue sa vie passée, débauche une partie de l'équipage, prétexte d'une animosité personnelle du commandant Lapière, voire du ministre Rigault de Genouilly lui-même pour excuser ses nombreuses condamnations, contrôle les actes de ses chefs, les travestit odieusement et se met ouvertement à la tête des quelques matelots que son exemple a entraînés à l'insubordination.

Traduit devant un conseil d'enquête, il fut mis en réforme et reçut notification de sa condamnation à Toulon, où il était revenu. Il venait d'être nommé lieutenant de vaisseau, et, arguant de ce titre, il taxa le décret d'excès de pouvoir du ministre et n'en continua pas moins à prendre le titre d'officier.

Venu à Paris, Lullier ne changea point, continua à se battre et fut deux fois condamné pour tapage, coups et blessures. Le conseil d'État ayant rejeté sa requête, il écrivit au ministre une lettre aussi folle qu'insolente, se terminant par ces mots :

« J'ai l'honneur de vous cracher au visage. »

Sa démence lui valut six mois de prison. A peine sorti de Mazas, il chercha querelle à des agents de police et pour ce fait fit encore un mois de prison.

Désormais son fol orgueil, jusqu'alors assez supportable, aigri entre quatre murs, atteint les plus hauts degrés du comique. Il passe son temps à se faire emprisonner, à s'évader et à se faire reprendre. Emprisonné à Strasbourg par l'Empire, puis relâché par le 4 septembre, il fut de nouveau incarcéré pour avoir cherché à faire déserter les soldats de garde aux remparts pendant le siége.

Esprit inquiet, dès qu'il eut vent du Comité central il s'y jeta avec bonheur, prit part à ses séances, signa ses affiches et marcha sur l'Hôtel de ville le 19 mars. Il fut un moment général en chef des forces parisiennes. Mais le garçon d'écurie Bergeret lui fit une rude concurrence et le Comité central, se souciant peu de cet écervelé, un beau jour l'emprisonna. Stupéfaction dans Paris. Lullier et la Commune allaient si bien ensemble! Les uns disent que Lullier, reprenant ses habitudes, avait cassé des chaises sur le dos de ses collègues à l'Hôtel de ville, — chose possible; — les autres que Lullier ne rêvait rien moins que de renverser le Comité central, — le fou l'avait pu rêver; — le plus probable est que Lullier, divergeant d'opinion, ses camarades, qui avaient assez à faire avec les contradicteurs du dehors, firent taire ainsi ce contradicteur du dedans.

Évadé, puis repris, Lullier s'évada encore et déclara dans une lettre au *Mot d'ordre* qu'il ne marcherait plus désormais qu'avec une escorte de deux cents hommes et une douzaine de revolvers. Un beau jour on apprit qu'il commandait la flottille. La Commune, qui l'avait privé de son premier commandement, déclara aussitôt que Lullier n'avait rien à voir dans sa marine. Et les Parisiens de rire encore de ce pauvre diable, qui ne pouvait pêcher un commandement dans une insurrection à laquelle il avait tant travaillé! Lullier se plaignit de l'obstination néfaste avec laquelle on refusait d'utiliser ses talents et attendit une occasion propice qui ne vint pas.

On a dit que Lullier avait été fusillé sur le boulevard Magenta. Le Lullier fusillé n'était pas le général de la Commune : celui-ci est prisonnier à Versailles.

MÉGY.

Ce sinistre gredin dut sa réputation à un crime; c'est par le crime qu'il la soutint. C'était un homme de bonne taille, à la barbe et aux cheveux noirs et soyeux, à l'œil vif, à la physionomie intelligente, ayant jolie figure mais fatiguée, brisée, chargée de rides précoces par une vie de débauches de toutes sortes.

Il est né à Essonnes (Seine-et-Oise) en 1841, ne reçut qu'une instruction très-incomplète, fut mécanicien à Châlons-sur-Seine, puis chauffeur sur la ligne du chemin de fer de Paris à Lyon, et en dernier lieu vint se fixer à Paris, où il travailla de son premier métier.

Fainéant et débauché, jouissant d'une certaine intelligence, il se donna bientôt à la politique, s'affilia à l'Internationale en 1869 et fit partie sinon d'un complot comme l'en accusa la police, du moins d'une société qui s'occupait de politique. Un mandat d'amener fut lancé contre lui au mois de mai 1870.

Les agents chargés de son arrestation se présentèrent chez lui un peu avant six heures du matin, heure à laquelle seulement peuvent commencer légalement les arrestations. Mégy, qui connaissait la loi, déchargea un pistolet sur les agents, tua un nommé Mourot et blessa le commissaire de police.

Ce fut un énorme esclandre dans la presse et dans l'opinion fort tendue à cette époque par l'approche du plébiscite. Les honnêtes gens s'émurent; quelques exaltés révolutionnaires, Delescluze en tête, firent l'apologie du crime. Mégy, traduit devant la haute cour de Blois, fut condamné à quinze ans de travaux forcés. En fouillant, on trouva chez lui des vers comme Lacenaire en aurait pu faire ; une pièce entre autres, — pièce contre les propriétaires, — se terminait par ce vers :

Ces lâches crèveront ne pouvant pas mourir.

La révolution du 4 septembre l'arracha de Toulon. Mégy revint à Paris et fut nommé porte-drapeau dans un bataillon de la garde nationale, le 74°, croyons-nous. L'assassin se croyait des droits à la reconnaissance du peuple ; il posait en Harmodius et voulait qu'on lui parlât comme à une notabilité du parti républicain. Ayant eu des démêlés avec son chef de bataillon, il le souffleta, fut traduit pour ce fait devant un conseil de guerre et condamné encore à deux ans de prison.

Délivré de nouveau par la révolution du 18 mars, Mégy fut chargé par le Comité central d'aller avec Landeck et Amouroux soulever la province. Les trois personnages se rendirent à Marseille, s'abouchèrent avec Crémieux et les fauteurs des désordres qui venaient d'éclater dans cette ville, et essayèrent d'y établir la Commune. Le projet ayant échoué devant la fermeté du général Espivent, Mégy parvint à s'échapper et à regagner Paris, où il fut nommé commandant du fort d'Issy.

Mais le meurtrier ne brillait pas précisément par la bravoure. En dépit de son passé et de la confiance qu'on avait en lui, Mégy, que gênait horriblement le sifflement des obus, évacua le fort malgré les ordres formels de Rossel, qui le fit mettre en arrestation. Cette aventure porta un rude coup à la réputation de Mégy, qui ne reparait plus que le 22 mai. Il était avec le général Eudes établi à la Légion d'honneur ; le misérable ordonna et alluma lui-même les incendies de la rive gauche de la Seine. En compagnie du louche Millière, digne acolyte de ce scélérat, il parcourut la rue de Lille, la rue de Verneuil, laissant partout les flammes derrière lui.

Le brigand, d'après une version, aurait le jour même trouvé la mort sur une barricade de Montrouge. D'autre part on le dit en fuite.

OKOLOWICZ.

Le peu de renseignements certains que nous avons pu recueillir sur Okolowicz le présente sous un jour encore moins favorable que Dombrowski. Dombrowski avait gardé une certaine élégance, un certain décorum suffisant encore à indiquer un noble en déconfiture; Okolowicz, lui, tour à tour saltimbanque, acteur, directeur de café-concert, pianiste et marchand de chaussures, fut partout voleur et partout méprisé. C'était un petit homme à la figure méchante et intelligente; ses sourcils fortement prononcés et d'un noir superbe lui donnaient un air farouche qu'il se plaisait à augmenter encore en faisant papilloter ses narines qui étaient d'une extrême mobilité.

Né en 1838 et le premier de dix-sept frères, dit-on, il vint avec toute sa famille, père, mère et frères, se fixer en France après la grande insurrection de 1863. Il chanta d'abord au théâtre de La Tour d'Auvergne, brocanta un moment des chaussures, essaya de relever le Casino-Cadet, et tira le plus clair de ses revenus de quelques opérations de nature douteuse et des leçons de piano qu'il donnait.

Il servit, pendant la campagne de France de 1870-71, en qualité de sous-officier d'un corps franc, et revint à Paris lorsque éclata la Commune.

Il connaissait, paraît-il, très-particulièrement le passé des deux généraux Cluseret et Dombrowski, passé que tous deux cherchaient à effacer. Aussi Okolowicz obtint-il le grade de colonel et le commandement d'Asnières, qu'il demanda; mais d'autre part, on chercha à se débarrasser de lui, trois fois on essaya de l'assassiner, la troisième fois c'était à Asnières même. Dombrowski envoya à la Commune cette énigmatique dépêche : « On vient encore de donner l'assaut sur Okolowicz. » On crut qu'il s'agissait du corps d'armée Okolowicz, c'était du colonel simplement.

Il se montra pendant son court passage à Asnières d'une bravoure vraiment folle; il se plaisait à rester sur le pont d'Asnières, au plus fort du bombardement; il y fut blessé le 19 avril.

Transporté au palais de l'Industrie, il y était encore le 23 mai, quand nos troupes s'emparèrent des Champs-Élysées. Le saltimbanque qui avait renié notre hospitalité fut passé par les armes.

RAZOUA.

AZOUA est du Midi. Sa tête presque chauve, ses yeux vitreux, cerclés, gonflés, son épaisse et longue barbe, ses joues creuses, sont bien connus de quiconque est allé une ou deux fois au café de Madrid, où ce législateur allait chaque jour oublier les soucis du pouvoir au milieu des fumées de sa pipe.

Cet homme avait passé sa vie en Afrique. Sa

nature indolente lui avait fait aimer l'Algérie, et il était depuis peu en France, lorsque ayant fait la connaissance de Tony Révillon, celui-ci, charmé de ses récits orientaux, l'engagea à les publier. *Les Souvenirs d'un Spahi*, publiés par A. Faure, sont les débuts de Razoua en littérature. Pleine de verve, un peu sèche, sa manière de conter séduit et entraîne.

Il fit quelques articles dans la *Vie parisienne* et dans le *Pilori*, et essaya du journalisme politique dans le *Réveil* de Delescluze, avec lequel il s'était lié au café de Madrid. Il fut chargé de la chronique militaire et de cette propagande antigouvernementale que les journaux démocratiques avaient alors entreprise dans l'armée.

Il fut impliqué dans le complot qui fut jugé à Blois et fit sept mois de prison préventive. Nommé commandant du 61e bataillon, il prit part au mouvement du 31 octobre, fut cassé de son grade et revint à la rédaction du *Réveil*.

Il fut élu membre de l'Assemblée nationale aux élections du 8 février 1871, et donna sa démission en même temps que Delescluze, qu'il ne quittait point. Il fut nommé par la Commune chef de l'Ecole militaire et reprit le commandement de son bataillon après le 18 mars. Il se battit comme un brave dans les journées des 4 et

5 avril à Meudon, à la tête de son bataillon, et ne joua plus après qu'un rôle des plus effacés.

Il fit cependant encore partie de la cour martiale. Razoua n'était pas un homme politique. C'était un vieux soldat qui s'égara dans le journalisme et se perdit complétement dans la politique, mal dirigé par les amis qu'il fréquenta.

Il parvint à gagner la Suisse où il fut arrêté, mais les autorités de Genève refusèrent de le livrer à la France et le relâchèrent.

ROSSEL.

C'EST bien là le plus étrange personnage de cette galerie où se rencontrent tant d'étrangetés. Cet homme, tout jeune encore, qui sembla un moment relever l'insurrection chancelante et assurer son succès, qui passa dur, impérieux, intraitable, antipathique à tous, mais entouré de cette puissance que donnent une volonté de fer, une inaltérable confiance en soi, cet homme eût certainement laissé un renom mystérieux de génie non deviné, si sa bizarre odyssée n'avait sottement fini entre les deux gendarmes qui l'ont mené à Versailles.

C'était une maigre tête comme celles que les peintres font aux partisans huguenots : les joues osseuses, les moustaches et la barbe épaisses, les lèvres fines et serrées, un peu railleuses, le nez légèrement aquilin, le front carré et les yeux resplendissant d'un feu qui semblait consumer et amaigrir toute sa personne.

Sa soudaine fortune lui avait fait perdre toute la grâce de la jeunesse; il allait pesamment, comme infatué de son commandement, et affectait la brièveté dans la parole et la raideur dans les gestes. Sous des dehors de désintéressement se cachait l'ambition profonde d'un esprit un peu superstitieux croyant à sa bonne étoile et pensant commander aux événements eux-mêmes par cette croyance à la prédestination.

Le sort des Rienzi, des Masaniello, des Bonaparte, de ces aventuriers dont un événement extraordinaire jette tout d'un coup d'une façon éclatante le nom à la face du monde, dut être l'envie de son enfance, car il essaya de se modeler un caractère sur le patron de ces grands hommes, visa à l'héroïque et chercha à se tenir prêt, certain qu'il était que la fortune tôt ou tard lui donnerait à lui aussi le moyen de s'illustrer. Cette ambition précoce ne laissa point de donner une teinte d'aberration à son esprit, et lorsqu'il lui arrivait de sortir de son mutisme orgueilleux et de faire part de ses projets à ses camarades de l'école ou de l'armée, il devait leur paraître d'une exaltation qui frisait la folie.

Une chose distingue Rossel des aventuriers qui furent ses compagnons d'armes : c'est l'honnêteté dans l'ambition. Il ne voulait point de ces réputations que les Cluseret, les du Bisson cherchaient à acquérir tout en volant des moutons ou en trichant sur des achats pour vivre. Cluseret avait l'ambition du pouvoir, Rossel n'avait que l'ambition d'un grand nom, d'un nom glorieux. Être célèbre, occuper le monde de soi. De là ces manières franches et carrées, cette réponse au colonel Leperche, réponse dans laquelle Rossel voulait imiter l'héroïsme antique; cette punition de Wetzel pour une simple illégalité, et cette démission finale si nettement formulée; ces allures de Spartiate en un mot qui firent croire à du cabotinage et qui n'étaient que le fait d'un ambitieux exalté, qui pour être un grand homme cherchait à faire grand.

Rossel est né à Saint-Brieuc (Côtes-du-Nord) en 1844. Son père était un chef de bataillon en retraite et sa mère était Anglaise. Il alla au prytanée de la Flèche et acheva ses études militaires à l'École d'application du génie, d'où il sortit le second de son année.

Il se trouvait, au commencement de la guerre avec la Prusse, capitaine du génie détaché à Bourges. Il voulait alors se faire journaliste et avait commencé à écrire dans le *Temps* sous le nom de Randal. Après la bataille de Wissembourg, il publia dans le même journal un plan défensif de la France.

Quelques jours après, il demanda un service actif et fut placé auprès du général Coffinières comme capitaine d'état-major du génie. Il assista au siége de Metz, fut révolté de l'inaction de Bazaine, crut que l'occasion de percer lui était offerte par la fortune, organisa un complot et essaya de persuader au général Changarnier de se mettre à la tête de l'armée.

Il fit tous ses efforts pour faire convoquer un conseil de guerre et faire arrêter le maréchal Bazaine, mais personne n'osa le soutenir, et son patriotisme ne trouva point d'écho parmi les officiers qui l'entouraient. Metz capitula, mais Rossel parvint à s'échapper.

Gambetta le fit colonel et le chargea de la direction du camp de Nevers, où il se trouvait encore à la conclusion de l'armistice.

Dès qu'il apprit le résultat de l'insurrection

du 18 mars, Rossel crut enfin son jour arrivé, le jour de Masaniello. Il fit correctement les choses, envoya sa démission de colonel à M. Thiers et s'en vint à Paris, où les insurgés, qui manquaient justement d'hommes spéciaux, s'empressèrent de le nommer directeur du génie. Il fut également nommé chef de la 17ᵉ légion, et en cette qualité poussa, le 2 avril, jusqu'à Courbevoie une reconnaissance qui le fit soupçonner de connivence avec Versailles.

Il fut arrêté, mais Cluseret intercéda pour lui, et, croyant n'avoir rien à craindre de ce jeune homme, le nomma son chef d'état-major sur la recommandation du membre de la Commune Ch. Gérardin. Rossel présida la première cour martiale, et se fit dès lors remarquer par sa froideur et sa dureté.

Le 1ᵉʳ mai, Rossel était au comble de ses vœux : il avait une armée à commander et un peuple — il le croyait — à sauver, à délivrer. Il allait pouvoir se faire un nom : un décret le nommait délégué à la guerre en remplacement de Cluseret renversé. Il débuta par un coup de théâtre superbe, qui lui valut de suite la confiance de tous les fédérés. Le major de tranchée Leperche fit sommer le fort d'Issy, menaçant en cas de refus de faire fusiller la garnison: Rossel répondit qu'une seconde fois il ferait fusiller le porteur d'une sommation aussi insolente.

Dès lors, la direction de la guerre prend une tournure vraiment formidable, la lutte va devenir enragée. Rossel interdit aux communeux toute relation avec l'ennemi, défend d'arrêter le feu pour recevoir un parlementaire, et menace de destitution et d'emprisonnement l'officier ou l'employé qui publiera un document quelconque sur les événements militaires.

Il apporta dans son service cette fougue d'une ambition longtemps comprimée et qui trouve enfin à s'exercer. Il fut révolutionnaire outre mesure, mais ne fut point secondé. La Commune se défiait de lui. Le Comité central lui imposa son concours et se partagea les services du ministère de la guerre. Puis les fédérés n'étaient point gens commodes à mener; ils chassaient du fort d'Issy le commandant que Rossel avait envoyé remplacer Wetzel destitué, et bientôt, après la surprise du moulin Saquet, la Commune appela le colonel à sa barre.

Il essaya vainement de gagner le Comité central, et entra même, dit-on, dans une conspiration qui avait pour but de renverser la Commune. Le Comité central aurait eu peur, au dernier moment, de se donner un dictateur dans

Rossel et recula. L'impétueux colonel vit bientôt où allait aboutir cette gloire qu'il avait rêvée. Il chercha à ramener un peu d'ordre dans la garde nationale, et la divisa en cinq grands commandements, mais rien n'en alla mieux.

Le fort d'Issy était bloqué; Rossel voulut réunir 12,000 hommes pour le débloquer; les chefs de légion délibérèrent avant d'obéir à la convocation, Rossel voulut les faire fusiller. Bref, il ne vint que 7,000 hommes avec lesquels Rossel refusa d'essayer de dégager Issy. Le même jour le fort était occupé.

Furieux de voir la fortune se jouer de lui, la gloire promise lui échapper et son — étoile — pâlir, trop franc du reste pour rester longtemps dans une fausse position, et aveuglé par la rage d'avoir brisé sa carrière, il résolut du moins de finir en héros, fit afficher la prise d'Issy et envoya sa démission à la Commune, — étrange document dont voici la fin :

« J'ai deux lignes à choisir : briser l'obstacle qui entrave mon action, ou me retirer.

« Je ne briserai pas l'obstacle, car l'obstacle c'est vous et votre faiblesse : je ne veux pas attenter à la souveraineté publique.

« Je me retire, et j'ai l'honneur de vous demander une cellule à Mazas. »

Immédiatement arrêté, Rossel fut commis à la garde de son ami Ch. Gérardin. Rossel eut-il peur de mourir? Désillusionné enfin, résolut-il d'en finir avec ces vains essais de gloire qui n'avaient abouti qu'à de criminelles rodomontades? On ne sait, mais il s'enfuit avec son geôlier et se cacha dans Paris.

Découvert par la police après la prise de Paris, il a été écroué à Versailles.

WROBLESKI.

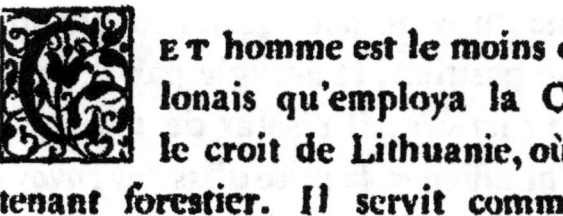ET homme est le moins connu des Polonais qu'employa la Commune. On le croit de Lithuanie, où il était lieutenant forestier. Il servit comme lieutenant-colonel pendant l'insurrection de 1863, et s'exila quand la défaite fut définitive.

Venu en France, il y exerça les mêmes professions que ses compatriotes communeux; il fut musicien et saltimbanque à l'occasion. Il était au mois d'août 1870 à Châlons-sur-Marne, où il donnait des concerts et faisait des dettes. Il eut alors des relations clandestines avec l'état-major prussien, ce qui pourrait donner créance au bruit qui n'a jamais cessé de courir sur lui. On le soupçonne de n'être qu'un vulgaire espion.

C'était un ennemi personnel de Dombrowski, et nous ne savons trop par quel moyen il parvint à se faire nommer général des forces du sud de Paris. Son plus haut exploit fut la réoccupation — non la reprise — du fort de Vanves à la tête de deux bataillons. Lorsque les troupes furent rentrées dans Paris, il conseilla aux 6,000 fédérés qui étaient sous ses ordres de se rendre et se constitua lui-même prisonnier.

Wrobleski n'avait ni idées ni convictions; il saisit l'occasion d'être général, mais il se serait tout aussi bien battu contre que pour les communeux, s'il y avait trouvé les mêmes avantages. C'était une intelligence obtuse, incapable d'avoir un plan. Sa seule qualité est celle qui est commune à tous les Polonais : la bravoure poussée jusqu'à la forfanterie.

JOURNALISTES

AYANT DÉFENDU LA COMMUNE

JOURNALISTES

AYANT DÉFENDU LA COMMUNE

ANDRÉ LÉO.

'EST par une femme que commence la série de ces tyrtées triviaux qui chaque matin dans les colonnes d'un journal entonnaient quelque turlupinade contre les *herbivores* de Versailles, les *chouans* de Cathelineau, les *zouaves pontificaux* de Charette et les *mouchards* de Piétri, égaraient d'ignorants ouvriers, leur montraient Versailles anéanti comme le seul moyen de bonheur, et, — plus coupables que les chefs eux-mêmes, à cause

de leur grande influence sur les masses, — rendaient chaque jour les haines plus vivaces et la conciliation plus impossible. La presse communeuse fut infâme, car les violences conseillées à la Commune, les menaces faites aux réactionnaires, les injures énormes prodiguées au gouvernement et à l'armée venaient, non point du fanatisme d'écrivains convaincus, mais d'un pur calcul froidement raisonné : le journal était criminel, grossier, trivial, infâme, tout simplement pour plaire à la foule et se vendre à quelques numéros de plus. C'est ce besoin de vente, la nécessité souvent de couvrir les frais, qui nous valut l'ignoble pastiche du *Père Duchêne* et cette avalanche de petits journaux à titres baroques, poussés comme de vénéneux champignons en un matin à la vitre des kiosques, et, comme les champignons, disparus le lendemain.

Mme André Léo, — de Champseix, dans le monde, — s'était fait connaître par des conférences sur l'émancipation de la femme, par des poésies et quelques romans, le tout ayant quelque valeur et ne sentant que peu le bas-bleu. Elle était très-liée avec la femme du fameux Jaclard, femme d'origine russe et très-distinguée. Le socialisme et ladite émancipation de la femme étaient le sujet favori de leurs entretiens; et, y allant avec toute la passion et tout l'aveuglement dont les femmes sont capables, on devine à quelles extrémités elles durent se porter. D'une nature douce et aimante chez elle, mère de deux enfants qu'elle adorait, Mme André Léo tut féroce en public; et, dans la *Sociale* qui naquit sous ses auspices et vécut par elle, elle prêcha la guerre à outrance, les représailles, la chasse aux réfractaires. « Plus de pitié, point de grâce », hurlait-elle. M. Thiers est un bandit sous sa plume, Jules Favre fait horreur, Ducrot est un traître idiot.

On lisait un jour dans ce journal :

« Les *réactionnaires* insultent chaque jour nos fédérés, et ils ne sont pas arrêtés!

« Que des répressions soient faites, que les coupables soient recherchés, arrêtés, jugés, *fusillés*.

« Plus de pitié, plus de merci pour les ennemis de la Commune.

« Que des exemples soient faits. »

Puis, le lendemain, changeant de note, il offrait à la Commune le concours des femmes :

« Les femmes n'abandonneront la vieille loi que pour embrasser avec ardeur la nouvelle. Elles ne veulent pas, elles ne peuvent pas rester neutres. Entre leur hostilité et leur dévouement, il faut choisir. Quelques-unes, sans doute, méprisant l'obstacle, fortes et convaincues, persistent malgré les dégoûts; mais ces natures-là sont rares. »

Voici maintenant quelques amabilités pour l'armée :

« Le gouvernement, réduit à se servir des troupes qui étaient en casernement à Versailles, dut, pour diriger nos malheureux soldats insoumis contre Paris, faire un mélange bizarre avec la bourbe de l'armée. On reconstitua les régiments en y ajoutant les chouans, les anciens sergents de ville de l'Empire et les gardes municipaux, qu'on appelle aujourd'hui gendarmes. »

Mme André Léo a été arrêtée et est détenue à Versailles.

PIERRE DENIS.

ONFRÈRE en cordonnerie de Gaillard et de Dereure, le manque de pratiques le fit journaliste et le manque de conseils le fit communeux.

Il débuta dans les lettres par un volume de vers, complétement introuvable aujourd'hui, les épiciers en ayant sans doute absorbé tous les exemplaires. Le mot *Dieu*, amené par le lyrisme du poëte, se trouvant répété en plusieurs endroits du livre, Denis le raya plus tard, quand il devint athée, sur le volume qu'il en avait gardé chez lui.

Vrai bohème, petit et assez laid, sale parce qu'il était insouciant, et fort aux conférences parce qu'il bégayait, il vécut de peu, ne songeant jamais au lendemain, usant de tous les métiers : gardeurs de chantiers, surveillant de travaux, et retournant même à l'alène, lorsque la plume n'allait plus.

Édouard Houssaye l'emmena comme secrétaire de rédaction du *Courrier de l'Aisne*, en 1865. Denis collabora plus tard au *Nain jaune*, au *Courrier français* de Vermorel, aux *Écoles de France* de Longuet; partout bien reçu, portant bien sa pauvreté, toujours aimable, toujours gai.

En 1870, il écrivit quelque temps dans l'*Indépendant rémois*, où l'avait accueilli G. Isambert. Revenu à Paris, il écrivit, croyons-nous, dans la *Patrie en danger* et dans le *Combat*. J. Vallès le prit pour secrétaire de rédaction du *Cri du peuple*.

Placé dans un milieu chauffé à un haut degré,

Denis en prit le ton et brailla, tout comme un autre, contre les *Versailleux*. C'est lui qui s'occupait à peu près seul du journal, Vallès étant trop occupé ailleurs pour y venir régulièrement.

Pierre Denis était ce qu'on appelle un bon enfant. Nous ne croyons point qu'il soit changé. Il est maintenant prisonnier à Versailles. Ils sont là deux ou trois, Henri Maret en tête et P. Denis en queue, qu'on devrait lier en paquet et plonger dans l'eau pour leur ôter le vernis de sauvagerie qu'ils ont pris au contact de leurs camarades; on les verrait revenir timides et pauvres diables qu'un grain d'ambition humanitaire avait enfiévrés.

LISSAGARAY.

Un duel avec son cousin de Cassagnac, telle est l'origine de la réputation de Lissagaray; réputation, comme on voit, échafaudée sur une frêle base et frêle comme elle. Lissagaray crut devoir la soutenir. Que de gens sont victimes d'un moment d'attention que leur donne la foule! Ils se prennent pour des personnages, veulent en jouer le rôle et font du bruit.

Après avoir débuté en province dans l'*Avenir du Gers*, Lissagaray écrivit dans la *Réforme* et fut souvent poursuivi pour offense envers le gouvernement dans ce journal, finalement suspendu. Ce jeune homme, aussi brave qu'incapable, fut nommé général de division, sans autre transition, par la délégation de Bordeaux, et s'occupa de la formation des camps dans l'intérieur de la France.

Dès les débuts de la Commune, il fonda à Paris un journal nommé *l'Action*, qui eut trois numéros dans lesquels il demanda la suppression de tous les journaux qui faisaient de l'opposition à la Commune, — demande écoutée. Le 16 mai, il reprit le *Tribun du peuple* qui avait déjà paru pendant le siége, et y vanta fortement — la *forte main* du peuple. Lissagaray semble avoir un faible pour cette expression, qui est souvent répétée dans ses articles.

Le *Tribun du peuple* parut jusqu'au 24 mai, alors que les troupes étaient depuis deux jours dans Paris. Lissagaray signa le premier article du dernier numéro, imprimé en gros caractères d'affiche. « Au feu, maintenant, y disait-il, il ne s'agit plus de crier : Vive la République ! mais de la faire vivre. »

Lissagaray est parvenu à gagner l'Angleterre.

MAROTEAU.

UAND Pasquin n'est pas sage, on le roue ; que fera-t-on à Maroteau? Ce sanguinaire gamin a bien au moins vingt-deux ans. C'est l'âge des beaux jours, dit la chanson : Maroteau n'en eut souci ; l'âge où l'on demande des plaisirs à toutes choses, Maroteau demandait des têtes à tous vents. Gentil garçon, ma foi ; quand on lisait sa prose on se demandait vraiment si Maroteau pourrait être plus enragé si par hasard il se mordait.

Et ce jeune homme fut un doux jeune homme, et il fit des vers et des vers tendres, je vous assure :

> Je me suis enivré des parfums de ton âme,
> Ces suaves senteurs qui montent vers les cieux.

Et des vers religieux, croyez-moi :

> L'amour, c'est Jésus-Christ puisque c'est l'espérance.

Cela s'appelait *les Flocons*. Il y en avait tout un livre qui fut imprimé.

A tant de poésie dans l'âme joignez une tournure très-distinguée, une figure très-agréable, une peau très-fine, une barbe très-noire, des cheveux très-longs. Un amour de jeune homme, dont le *Faubourien*, sous l'Empire, sembla une mauvaise escapade et dont le *Vrai Père Duchêne*, au temps du siége, ne faisait point pressentir encore toute la férocité.

Cet enfant-là avait bu, j'imagine. La lettre qu'il écrivit à son évêque le lendemain de son ordination n'est point le fait d'un esprit en repos, si jeune qu'il soit. La jeunesse est toujours écervelée, quelque peu insolente; mais sacrilége et sanguinaire, jamais à ce point! On ne se roule pas dans le sang quand on a toute sa raison. C'est un fou furieux qui a écrit les articles de la *Montagne* et du *Salut public*.

Qu'on nous coiffe d'un bonnet d'âne ce bambin délirant et qu'on le mette huit jours au pain et à l'eau! Nous verrons bien, quand il sera dégrisé, si le petit est de race humaine.

MILLIÈRE.

ILLIERE joua un certain rôle sous la Commune et se signala par sa fureur au dernier moment. C'est un peu parce que nous ne savons où le mettre qu'il se trouve parmi les journalistes. En effet, ce n'est point par la plume, mais par la parole et par les armes qu'il a défendu la Commune.

Il est né en 1817 à Lamarche (Côte-d'Or). Son père était tonnelier, et Millière lui-même exerça cette profession jusqu'à l'âge de vingt ans. Il travaillait le jour et lisait le soir. Le monde entrevu dans ces lectures tentait fortement le jeune paysan, dont l'imagination s'était exaltée dans un isolement forcé. Il s'était distingué par une intelligence précoce, par un dégoût précoce aussi de la situation où le sort l'avait mis. Ce défenseur de l'ouvrier, ce quémandeur du droit au travail avait une haine instinctive pour le travail manuel auquel il était obligé de s'assujettir. Il se sentait d'une nature supérieure et aspirait à une position plus élevée.

Doué d'une indomptable volonté, qui avait

imprimé son masque sur sa figure d'airain si froide et si énergique, et qui semblait flamboyer dans ses yeux ardents et d'une remarquable fixité, il résolut de sortir de son obscurité par la grande voie ouverte à tous, par l'instruction, et se mit à étudier sans maître et presque sans livres. Au bout d'un an d'un travail acharné qui mit ses jours en danger, il fut reçu bachelier; quatre ans après il était docteur en droit et se faisait recevoir avocat.

Ses débuts furent assez heureux, mais, devenu ambitieux, fier des obstacles qu'il avait surmontés et ne doutant point de la force de sa volonté, il se lança dans la politique et se fit l'apôtre de cette classe qu'il avait reniée et dont il rougissait d'être sorti. Ce démocrate fougueux était très-loin d'avoir pour le peuple cet amour qu'il lui témoignait; il s'était élevé au-dessus de la foule, pour rien au monde il n'eût consenti à y rentrer; il affirmait autant qu'il pouvait l'espace qui le séparait d'elle, et exagérait son élégance, son bon goût, afin de n'être point pris pour un des membres de cette populace qu'il avait prise pour auditoire.

En 1848 il collabora au *Courrier français*, au *Peuple constituant*, devint en 1849 rédacteur en chef de l'*Éclaireur républicain* de Clermont-

Ferrand, et fonda ensuite dans cette même ville le *Prolétaire*, qui n'eut qu'une existence éphémère. Il fit paraître alors un volume d'*Études révolutionnaires* qui passa inaperçu. Proscrit après le 2 Décembre, il resta en Algérie jusqu'en 1859 et revint alors à Paris, où il devint chef du contentieux de la compagnie d'assurance *le Soleil*.

Millière rentra dans la vie politique en 1869, plus violent, plus grincheux que jamais. Il se donnait un faux air de candeur, un faux nez de martyr pardonnant au bourreau; mais sous cette douceur d'emprunt se cachait la haine vivace de l'ambitieux dont on avait brisé l'avenir, et qui mettait au service de sa vengeance cette volonté puissante et patiente, cette ruse italienne dont la nature l'avait pourvu.

Il quitta sa place et fut avec Rochefort le fondateur de la *Marseillaise*, dans laquelle il publia une série d'articles très-remarqués sur la question sociale qu'il avait profondément étudiée. Ses articles le menèrent maintes fois à Sainte-Pélagie, et il y était encore au mois de mars 1870 sous l'accusation de participation au complot contre l'Empire, lorsqu'il fut appelé à témoigner à Tours dans le fameux procès de Pierre Bonaparte.

Sa déposition habile, modérée et très-sensée, son maintien élégant et distingué, — habileté, modération et élégance qu'on ne s'attendait pas à trouver chez un révolutionnaire aussi outré, — firent une grande impression sur l'auditoire et eurent un grand retentissement en France.

Cependant la fortune trahissait constamment Millière, les amendes et la prison le ruinaient, mais ne lui donnaient ni cette gloire ni cette position qu'il avait rêvées. C'est alors que, peu scrupuleux sur les moyens de parvenir, il commit plusieurs vilenies dont il fut publiquement accusé et dont il ne put se disculper; son masque d'honnêteté lui fut arraché du visage, et Rochefort son ami se fit son accusateur et lui créa une impopularité dont il eut toujours à souffrir.

Après le 4 septembre, il fut élu commandant du 208ᵉ bataillon, et s'occupa beaucoup de l'installation des fourneaux économiques, — autre affaire véreuse où on lui reprocha d'avoir trempé les mains vides et de les avoir retirées pleines. Gravement compromis dans le mouvement du 31 octobre, il fut cassé de son grade et poursuivi par la police, qui ne put jamais le découvrir. Il fut, le 6 novembre 1870, nommé adjoint à la mairie du 19ᵉ arrondissement, et le 8 février 1871 député à l'Assemblée par 73,145 électeurs, et fut ainsi, sous le couvert de l'inviolabilité parlementaire, rendu à la liberté. Haineux, il avait, dans le courant de janvier, pour se venger des hommes du gouvernement, commencé dans le *Vengeur* la publication de pièces infamantes sur M. Jules Favre, publication que l'indignation publique émue de cette lâcheté empêcha de continuer.

Millière prit, à la Chambre, part à la discussion de la loi sur les loyers, et revint à Paris lors des événements du 18 mars. Il hésita quelque temps entre Versailles et Paris, toujours louche personnage, voulant se ranger du côté qui lui donnerait le plus d'espoir. Quand il vit la révolution décidément établie, il se prononça pour elle ; mais les communeux eux-mêmes ne voulurent ni de lui ni de sa tortueuse politique, et il n'obtint qu'un nombre de voix ridicule aux élections du 26 mars.

Millière chercha alors à se créer un rôle mitoyen, et fonda cette *Alliance républicaine des départements* qui faillit un moment devenir un troisième gouvernement entre les deux autres. Ses démarches de conciliation n'eurent aucun succès, et, devenu furieux, enragé de la perte de toute position, de toute considération, il essaya de se réhabiliter aux yeux des communeux par la violence et s'y jeta en désespéré.

Il régnait en maître au Panthéon, y fit fusiller des réfractaires, fit miner l'édifice et placer des poudres dans ses caves, et se battit comme un forcené sur les barricades du quartier. Pris les armes à la main, il fut fusillé sur les marches de l'édifice.

En tombant, il cria : « Vive l'humanité! » L'humanité, mon Dieu! qu'avait-elle de commun avec Millière?

Sa femme, égarée par la douleur et prise également le fusil à la main, fut emmenée prisonnière à Versailles. On vient de la relâcher.

MOUROT.

OUROT était un journaliste bien inconnu des communeux eux-mêmes; sa qualité de secrétaire de Rochefort et leur arrestation simultanée vient de lui donner un relief que jamais ses articles ne lui auraient donné. Il écrivit fort peu sous la Commune, et les articles de lui dans le *Mot d'ordre* sont, croyons-nous, introuvables. Il faisait seulement la cuisine du journal en qualité de secrétaire de rédaction.

Il est né à Nant-le-Grand, dans la Meuse, fut élevé au séminaire de Verdun, où il se fit remarquer par une grande mémoire. Il vint à Paris en qualité de professeur, en attendant d'avoir l'âge voulu pour l'ordination. Il écrivit alors quelques articles théologiques qui lui attirèrent le blâme de M. Veuillot. Mourot, dégoûté, jeta la soutane aux orties et essaya de fonder un journal républicain dans son département.

Son projet ayant échoué, il revint à Paris où il se lia avec Rochefort, qu'il ne quitta plus. Il collabora successivement à la *Marseillaise* et au *Mot d'ordre*, peu activement, du reste, car chez lui c'est le fond qui manquait le plus.

Il a été arrêté à Meaux avec Rochefort, au moment où il cherchait à quitter la France.

ROCHEFORT.

ENRI DE ROCHEFORT-LUÇAY est né à Paris en 1830. Son père s'était fait une certaine réputation comme vaudevilliste et portait le titre de comte. Sa

mère était plébéienne. Il fit d'assez bonnes études, et entra comme expéditionnaire à l'Hôtel de ville. Après avoir calligraphié dans le jour, il écrivait le soir, et débuta dans le *Charivari* par quelques articles peu remarquables et peu remarqués. Si l'on veut bien remarquer combien est artificiel et voulu le comique de Rochefort, on comprendra pourquoi ses premiers articles ressemblent si peu de fond et surtout de forme à ceux qui devaient plus tard amuser tout Paris.

Rochefort se lia alors avec Cham, et nous avons entendu des personnes qui ont beaucoup connu Rochefort répéter souvent que c'est au caricaturiste que le chroniqueur dut une partie de son esprit. En effet, à chaque page de son œuvre se trouve un tableau, espèce de caricature, de gavrocherie à la plume telle que Cham l'aurait faite au crayon. Ce n'est que par une attention soutenue, une étude suivie de sa manière, que Rochefort en arriva à cette élégante gouaillerie, à cette force de comique, qui lui assurent le premier rang parmi les pamphlétaires de son époque.

On pourrait, pour ainsi dire, décomposer ses articles et compter les moyens qu'il emploie. Outre l'heureux choix des mots, les mots heureux et cette verve parisienne qui court joyeuse à travers tous ses articles, et qui leur donne cette cohésion qui manque souvent au chroniqueur obligé de s'occuper de plusieurs faits : verve et esprit qui lui sont naturels, Rochefort exploita deux grands moyens : le rapprochement grotesque de deux mots qui jurent ensemble, ou de deux idées qui se font les cornes et la comparaison triviale d'un fait politique avec un fait privé. Ce dernier moyen pourrait encore s'appeler la démonstration par l'absurde, et ne manque jamais son effet.

Ainsi quelques journaux, — plus ou moins bien pensants, comme eût dit notre écrivain, — se mettent de concert à vanter et à encourager les dispositions scientifiques chez les femmes. Rochefort ne contredit point, il fait un peu l'ignorant, se déclare incompétent, fait chorus avec les approbateurs, et termine par ce *mais* ébouriffant : « Mais il est impossible de se le dissimuler, une femme-médecin se prépare un avenir hérissé de difficultés. J'avoue que, quand je verrai mon épouse rentrer pour dîner, portant sous le bras une jambe humaine, résultat d'une amputation, j'éprouverai quelque répugnance à déposer sur son glorieux front le baiser conjugal. » Cela est d'une vérité qui abasourdit;

la démonstration par l'absurde convaincrait Thomas Didyme et les plus incrédules.

L'emploi de ce moyen lui est fréquent, on le verra, en relisant Rochefort. Celui du rapprochement grotesque ne l'est pas moins. Ainsi parle-t-on d'un fonctionnaire impérial qui touche 222,000 francs. « Il est vrai, dit-il, que tout augmente. *La* légume, notamment, est hors de prix. » Que dire à cela ? Une autre fois il parle de Garibaldi, qui est partout applaudi sur son passage, et il l'appelle : Un monsieur qui part le matin avec l'insouciance d'un bourgeois qui va avec sa famille manger un pâté sur l'herbe du bois de Boulogne. A chaque page, dans chaque phrase, ce *truc* se retrouve toujours le même, banal à la fin, mais relevé par l'art admirable avec lequel il est appliqué, dissimulé.

Un autre moyen de comique de Rochefort, c'est le dosage de ses substantifs ; il les bariole d'adjectifs disparates qui semblent avoir un faux nez de carnaval et tituber à qui mieux mieux. Tout cela branle, chancelle, gesticule comme dans un cancan échevelé avec des poses impossibles et des allures tintamarresques. C'est un charivari dont le refrain vous entraîne, vous empoigne, et devant ce laisser-aller gouailleur et essentiellement invraisemblable, le bon lecteur rit pour ne pas avoir l'air d'un sot. Ainsi tel fait n'est pas absolument surprenant, telle chose est à peu près universelle, une grande nation se compose d'oies plus ou moins sauvages, le forçat ne brille pas par une excessive délicatesse, on se sent pris d'une terreur indescriptible, saint Paul va à Damas, ville renommée pour sa coutellerie. Les phrases elles-mêmes ne semblent pas plus solides, on dirait qu'elles nagent ou plutôt qu'elles dansent dans un milieu railleur et hypothétique. Elles commencent très-souvent par « pour peu que », par « si », par « je suppose que », « je comprendrai que », « on prétend que ».

D'autre part, Rochefort connaît à fond — eu égard à son métier — l'histoire de son époque et son Paris, et c'est toujours dans un fait du jour, dans une des questions du moment qu'il puise ses comparaisons, et toujours dans quelque coin insensé de Paris qu'il placera ses imaginaires personnages. Une femme a les joues pendantes comme la question d'Orient, et c'est rue du Puits-de-l'Ermite qu'il place la rédaction d'un journal qu'il suppose un moment exister. Il démarque aussi très-souvent à son usage les clichés qui ont cours dans le langage usuel :

J'ai connu, dit-il, quelques chèvres, et j'ai fréquenté un certain nombre de choux. »

Ces procédés, comme toute chose artificielle, ne pouvaient avoir qu'un temps et auront bien vieilli, seront bien surannés dans vingt ans d'ici; mais ce fut là le talent incontestable, — inimité jusqu'ici, — le grand talent de Rochefort d'avoir su les approprier à son époque et leur donner cette fraîcheur qui les fit, de prime abord, prendre pour de l'esprit naturel.

Dès le *Nain jaune* il se fit remarquer, et lorsqu'il entra au *Soleil* il était Rochefort. Il collabora ensuite à l'*Événement* et au *Figaro*, et son passage dans ces deux journaux n'est qu'un long succès. Très-bien payé, Rochefort, jusqu'alors misérable au point de faire des romans à 100 francs la pièce, put se livrer à ses goûts artistiques. C'était une nature fine, distinguée, sympathique, sur laquelle cependant son talent de satirique avait quelque peu déteint. Il n'était point sans méchanceté, et la rancune était vivace chez lui. Il était grand joueur, grand parieur, et assistait à toutes les courses et à toutes les fêtes.

Quoique excessivement impressionnable et très-nerveux, le bon sens qui abondait sous la gouaillerie de ses articles ne le quitta jamais.

et jusqu'au moment où la Commune sembla lui communiquer la folie furieuse qui l'animait, sa bravoure, son caractère généreux lui valurent l'estime des gens de tous les partis. Il essaya avec succès du théâtre et y fit jouer plusieurs pièces, quelques-unes en collaboration avec Cham ; voici leurs titres : *la Vieillesse de Brididi, un Homme du Sud, la Tribu des Rousses, la Foire aux grotesques, un Monsieur bien mis.*

Exilé du *Figaro* par des menaces ministérielles, il en conçut pour l'Empire une rancune qui fut le point de départ de sa carrière démagogique. Il fonda la *Lanterne*, espèce de pamphlet hebdomadaire qui eut un succès vraiment inouï. Rochefort semblait avoir entrepris la guerre contre l'Empire et tout son personnel, et telle fut sa puissance que l'on ne savait trop qui l'emporterait de ce gouvernement constitué, ou de cet homme qui tenait tout le monde lisant au bout de sa plume.

L'Empire tua le journal et fit subir trois condamnations successives à Rochefort, qui s'enfuit à Bruxelles. Candidat aux élections de juin 69, il vint lui-même soutenir sa candidature aux élections complémentaires de la même année. Un agent de police trop zélé l'arrêta à la frontière et lui valut ainsi un regain de popularité. Nommé par 17,968 électeurs, Rochefort vint siéger à la Chambre, où toute la France, haletante de ces luttes de la démocratie contre l'Empire, se demanda quel rôle il allait jouer.

L'empereur ayant souri dédaigneusement lorsque le nom de Rochefort fut prononcé à l'ouverture de la Chambre, le pamphlétaire ne manqua pas de s'en venger. « Je ne sais, dit-il, ce que mon nom peut avoir de drôle pour ce monsieur; en tout cas je sais que je n'ai jamais eu le ridicule de me promener sur une plage avec un aigle sur l'épaule et un morceau de lard dans mon chapeau. » L'outrage était sanglant; toute la France en rit : l'Empire était battu sur son propre terrain. On chercha à se débarrasser de ce gênant personnage : l'article qu'il publia à l'occasion du meurtre de Noir parut une occasion propice. On le condamna à six mois de prison, on mit de côté ce jour-là l'inviolabilité parlementaire et on l'arrêta. Grand fut l'esclandre et grande l'émotion. L'irritation fut extrême et provoqua des troubles dans Paris.

A l'expiration de la peine, on n'eut garde de le relâcher; on lui fit purger des condamnations antérieures, et la révolution du 4 septembre put seule le délivrer. Il avait à son arrivée à Paris, après avoir collaboré au *Rappel*, fondé la *Marseillaise*, qui, malgré son emprisonnement, n'en continua pas moins à paraître.

Rochefort était l'idole de Belleville ; on l'intercala dans le gouvernement provisoire comme un gage de conciliation des différents partis révolutionnaires. Rochefort n'était qu'un pamphlétaire, et rien de plus. Avec l'Empire disparaissait le prétexte aux pamphlets, avec les pamphlets disparaissait Rochefort. On lui donna des barricades à faire et il s'effaça complétement. Après le 31 octobre, Rochefort, choqué de l'isolement et de l'obscurité dans lesquels on le laissait, saisit ce prétexte, donna sa démission et s'enrôla comme simple artilleur dans l'artillerie de la garde nationale.

A la fin de février, il fonda le *Mot d'ordre*. Déjà les articles de la *Marseillaise* montraient les *ficelles* et laissaient trop voir le procédé. Ceux du *Mot d'ordre* furent encore pis. Le temps des critiques fines, spirituelles, était passé ; on ne pouvait plus donner des coups d'épingle, la République tant demandée existait et les moments étaient sérieux. C'était l'heure de la polémique et non de la gouaillerie. Rochefort avait étudié — spécialement pour ainsi dire — en vue du pamphlet, il lui fut impossible de se ployer à l'exigence du moment et, voulant garder sa réputation, il exagéra ses défauts et devint trivial, insultant, odieux. La suppression de son journal par le général Vinoy envenima encore la plume de Rochefort par une haine personnelle.

Il reprit le *Mot d'ordre* après le 18 mars, et, sans accepter ouvertement la Commune dans laquelle il refusa d'entrer et qu'il se réserva de critiquer, il commença une trop longue série d'articles contre le gouvernement de Versailles, en insulta personnellement les hommes et poussa les insurgés à la continuation de la guerre civile en essayant de légitimer leur conduite.

On ne peut nier que Rochefort soit coupable, grandement coupable. On ne peut que demander qu'il lui soit beaucoup pardonné parce qu'il nous a beaucoup amusés, et répéter les vers du *Roi s'amuse* ainsi altérés :

> Grâce! ne brisez pas notre hochet ainsi,
> Ce pauvre Rochefort qui nous a tant fait rire!

SECONDIGNÉ.

ELUI-LA étant monsieur signait de Secondigné; quand il devint citoyen, il s'appela Secondigné tout court. C'était un homme d'un peu plus de trente ans, qui semblait, à ses allures gasconnes, venir du Midi. Il posait pour la dignité et l'élégance, quoique plongé jusqu'au cou dans la démocratie.

Il débuta en littérature par la *Petite Lanterne*. Secondigné, qui ne put jamais faire que de la prose à papier à chandelle et des vers de mirliton, ne put faire vivre son journal, qui mourut faute d'esprit.

Il fonda ensuite le *Pard*, qui rejoignit bientôt la *Petite Lanterne* dans les ombres. Forcé de reconnaître son incapacité, il s'associa avec Paschal Duprat pour fonder le *Citoyen* après le 4 septembre. Le *Citoyen*, comme ses frères aînés, mourut de sa belle mort au bout de quelques numéros.

Augurant mieux de la Commune, mais cependant ne voulant point aventurer ses fonds, Secondigné fonda successivement deux journaux:

le *Bonnet rouge* et l'*Estafette* d'après le système suivant : il réunit quelques aspirants journalistes ayant tous tué quelques petits journaux sous eux, les engagea à apporter une mise à la caisse, et les appointa au prorata : c'est ainsi que la Commune eut deux nouveaux journaux, journaux peu utiles, du reste, car ils étaient bien peu lus, quoique furibonds, prodigues de grossièretés pour Versailles et d'éloges pour ces bons citoyens de Bellevillois.

Le *Bonnet rouge* parut le 10 avril et mourut d'inanition ; de ses cendres naquit l'*Estafette*, qui expirait lorsque entra l'armée.

Secondigné est prisonnier à Versailles en compagnie de O. Pain, son collaborateur.

VERMERSCH.

A côté des infamies étant la plus haute, Vermersch écrivit des infamies : le trivial étant à l'ordre du jour et pouvant seul se vendre, il fit du trivial et exagéra encore la grossièreté communeuse ; la violence étant une chance de réussite, il fut violent. Ver-

mersch, pour vendre son journal, se plia à toutes les exigences, à tous les caprices, à toutes les férocités de la tourbe en ébullition. Le gandin se mit dans la peau du père Duchêne, le poëte prit le langage des halles, il frappa sur le ventre des communeux, les appela nos bons bougres, lui qui les méprisait et les gouaillait; il conseilla de chasser les religieuses, de violer les couvents, de piller la maison de M. Gallifet, de fusiller Chaudey, de mettre à mort les otages; il fut dégoûtant, horrible, infâme, et ce pour le plus vil des motifs : pour de l'argent!

Il n'avait pas une excuse, pas même celle de la conviction. Il criait : Vive la Commune, parce que cela rapportait; il faisait des appels aux armes, créait des corps de volontaires, mais le couard sceptique restait à ses débauches. Pourquoi se serait-il battu? pourquoi se serait-il exposé? Ce n'était qu'un viveur, et, pour vivre, pour payer les filles et pour payer les orgies, il fallait de l'argent. Il en fit de toutes choses. Il avait fait de l'argent avec les petites insanités non signées qui se lisent sous le manteau, il en fit avec le crime. Cette chose monstrueuse qui s'intitulait le *Père Duchêne* rapportait 1,000 francs par jour. Vermersch n'y vit que les 1,000 francs. Il aurait foulé bien des communeux aux pieds et injurié bien des bons bougres pour cette somme fabuleuse inespérée de lui-même.

Ce gros garçon vaniteux, gourmand, dépravé, était un effrayant égoïste. Les connaissances, les relations lui étaient utiles, il en eut ; mais d'amis sincères, attachés, pour lesquels il se fût dévoué, jamais. Il agissait pour son plaisir, ne visait qu'à sa satisfaction, ne travaillait que pour lui. Le moi se retrouvait au fond de tous ses actes. L'égoïsme l'avait profondément gangrené. L'amour de la bonne chère, de l'argent, qui procure toutes jouissances, lui avaient desséché le cœur. Il était incapable de sentiments. Il eût battu monnaie avec le sang de sa mère.

Vermersch est né a Lille, et c'est dans un journal de cette ville, l'*Écho du Nord*, qu'il fit ses premières armes en littérature en publiant des vers. Venu à Paris, il commença à écrire dans quelques petits journaux du quartier Latin, entre autres dans la *Fraternité*. Il entra en 1866 au *Hanneton*, où il publia une série de portraits sous le titre commun : *Hommes du jour*. Ces portraits ont été réunis par Vermersch et ont fait deux volumes qui sont parvenus à la troisième édition. Quelques-uns de ces portraits sont de petites caricatures à la plume délicieusement croquées; d'autres, pour être moins méchants, n'en sont pas moins recommandables pour la chaleur du style et l'esprit qui abonde en saillies originales.

Il collabora ensuite au *Paris-Caprice* et à l'*Éclipse*, où il publia tantôt des nouvelles, tantôt des poésies légères, très-légères, qui ne faisaient en rien pressentir l'ignoble langage du *Père Duchêne*. Il écrivit également au *Figaro* et y publia quelques nouveaux portraits, — genre dans lequel il excellait. L'un d'eux, celui du duc de Brunswick, valut au journal un procès en diffamation. Il travailla ensuite dans le *Père Duchêne*, de Maroteau, où l'on trouve encore des portraits de lui.

Il avait fait un recueil de poésies que devait éditer M. Lemerre. Ce sont des poésies amoureuses et galantes dont l'apparition eût fait grand bruit, à coup sûr, dans les lettres.

Vermersch a, en outre, publié quelques petites brochures, telles que la *Lanterne en vers de Bohême*, et publié des articles et des poésies dans l'*Almanach du quartier Latin*, qu'il avait fondé avec Maroteau. La lecture de cette publication eût fait rêver plus d'un lecteur du *Père Duchêne*. Voici le dernier tercet d'un sonnet à la truffe signé Vermersch :

O truffe...
Et pour toi désertant leurs blancs nids de caresses,
Dans les boudoirs secrets, loin des yeux importuns,
Les désirs amoureux rôdent dans tes parfums.

Vermersch avait un talent sérieux, et il est certain qu'après avoir butiné çà et là et semé sa jeunesse en mille petites pièces sans portée, il eût conquis dans les lettres un rang des plus distingués parmi la phalange des écrivains dits parisiens. Le *Père Duchêne* vint mettre terme à cela.

C'est le 7 mars que parut le premier numéro de ce journal in-8° imprimé sur du mauvais papier avec de mauvais caractère et portant en tête une mauvaise vignette sur bois. Il avait l'air le plus sale, le plus communeux qu'on pût voir, et c'est peut-être à cet aspect misérable, terne, qu'il dut une partie de son succès populacier. Ce n'était qu'un pastiche — le titre même l'indiquait — du *Père Duchêne* de 93. Vermersch s'efforça d'en prendre le style et les allures, et on y retrouva la même trivialité brutale, les mêmes jurons, les mêmes termes injurieux, avec cette différence qu'Hébert, en 93, employait naturellement et sans trivialité voulue les grossièretés dont Vermersch, en 71, plaqua adroitement sa bonne prose de bourgeois.

Au troisième numéro, le journal se trouva suspendu par l'arrêté du général Vinoy daté du 9 mars; mais, dès le 19, le *Père Duchêne* reparut triomphant et on cria dans les rues sa « grande joie. » Il eut une réussite inouïe, enivrante pour Vermersch, qui ne recula devant aucune bassesse, devant aucune infamie, aucun crime, pour en assurer le succès continu. Il se mit pour cela au service de la Commune et prenait l'initiative des décrets et des actes dont la violence effrayait les membres de la Commune eux-mêmes. Les communeux, à la lecture du *Père Duchêne*, en étaient ainsi amenés par la persuasion à souhaiter et à demander ce dont la Commune n'osait endosser la responsabilité.

C'est ainsi qu'il demanda le pillage des couvents et de la maison de M. Gallifet, l'arrestation et l'assassinat de M. Chaudey, l'arrestation et l'assassinat des otages. Voici, débarrassé des ordures qui pourraient choquer les oreilles du lecteur, un fragment de la page dans laquelle il demandait des représailles :

« VOUS AVEZ PEUR !

« La vérité vraie, c'est que vous ne manquez pas d'énergie, mais que vous ne voulez pas vous compromettre, et que vous croyez que chaque tête que vous ferez tomber sera soldée par la vôtre!

« Oui, vous voulez garder votre tête, est-ce pour cela que vous n'agissez pas!

« Eh! qu'est-ce que cela nous fait votre tête! Fusillez! guillotinez! et que la Révolution soit sauvée!

« La terreur, alors, dira-t-on? Oui, la terreur! Imbéciles que vous êtes! Qui veut la fin veut les moyens! Et il suffisait de cinq cents têtes pour sauver cinq cent mille âmes. Mais vous, vous avez peur, et vous ne ferez rien, tas de lâches que vous êtes! »

Cet énergumène à la solde est parvenu à s'échapper. Il est allé à Londres grossir la bande des réfugiés communeux.

Vermersch avait pour collaborateur A. Humbert et Maxime Vuillaume, qui ne jouèrent qu'un rôle de comparses. On disait plaisamment d'eux qu'ils étaient seulement chargés de mettre les foutres et les bougres du *Père Duchêne*.

Le nom d'Humbert a donné lieu à une confusion contre laquelle a protesté le spirituel auteur des *Lettres de Boquillon*. Le Humbert du *Père Duchêne* était l'ancien rédacteur de la *Marseillaise* et du *Journal du peuple* qui signa l'affiche rouge de décembre 1870 et fut poursuivi pour ce fait par le gouvernement du 4 septembre. Il est prisonnier.

Vuillaume ne s'est guère fait connaître que par sa collaboration au *Père Duchêne*. Il est également prisonnier.

FONCTIONNAIRES

ET DÉLÉGUÉS

FONCTIONNAIRES
ET DÉLÉGUÉS

ALAVOINE.

LAVOINE est un homme d'une cinquantaine d'années, vétéran de la révolution et conspirateur dès son enfance. En 1853, il faisait partie de la société dite du *Cordon sanitaire*. En 1854, il fut impliqué dans le procès de l'Hippodrome et condamné à trois ans de prison et à 5,000 francs d'amende, le 16 janvier. Le 21 août de la même année, il subit une nouvelle condamnation pour délit de société secrète et colportage d'écrits défendus :

cinq ans de prison, 6,000 francs d'amende et dix ans de privation des droits de citoyen. Alavoine passa alors en Angleterre, s'affilia à l'Internationale dès son origine et revint en France après le 4 septembre. Son nom a paru sur quelques affiches du Comité central, qui le délégua à l'Imprimerie nationale, où il s'opposa à l'incendie des archives.

BASTÉLICA.

ASTÉLICA était un jeune homme de vingt-six ans, né à Marseille, en ayant le type, gesticulant et parlant beaucoup. C'est lui qui fonda la section marseillaise de l'Internationale. Il en fut secrétaire correspondant et fut un de ceux qui cherchèrent le plus à entraîner l'Internationale sur le terrain politique. Menacé d'arrestation à la suite des poursuites de 1870 contre l'Internationale, il parvint à s'échapper et passa en Suisse. Revenu en France après le 4 septembre, il prit part à l'insurrection de Marseille que dirigea Gaston Crémieux. Après l'avortement de cette tentative de com-

mune en province, Bastélica vint à Paris et fut nommé directeur des contributions indirectes de la Seine.

CAMÉLINAT.

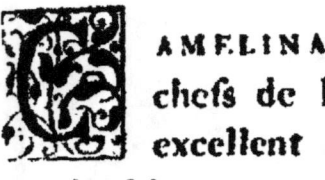AMÉLINAT était un des plus fameux chefs de l'Internationale. C'était un excellent ouvrier bijoutier, probe et rangé, bien connu dans sa corporation des patrons comme des ouvriers, estimé et respecté de tous. Il assista au premier congrès international tenu à Bruxelles en 1866, et organisa la première grève des ouvriers en bronze contre M. Barbedienne.

Étant allé en Allemagne faire de la propagande internationale, la justice allemande le poursuivit pour délit de société secrète et le condamna par contumace. Revenu en France, le gouvernement prussien demanda son extradition. La chose émut les bijoutiers qui firent une pétition en corps pour engager l'empereur à refuser l'extradition demandée. L'empereur, qui, on le sait, ne voyait point d'un trop mauvais œil le développement de l'Internationale, accéda aux demandes des bijoutiers, et Camélinat resta libre.

Il comparut dans les deux premiers procès de l'Internationale en 1868 et fut condamné à plusieurs mois de prison. On n'entendit dès lors presque plus parler de lui. La Commune le délégua à la Monnaie, poste qui réclamait la plus grande probité et où Camélinat se conduisit en parfait honnête homme. Il conserva les coins et ne fondit aucun des objets volés dans les églises ou dans les édifices publics.

———

CAVALIER.

N ne saurait en vouloir beaucoup à ce pauvre Pipe-en-bois. Il était si laid et si drôle! Quand on a une tête faite comme une tête de bois, longue, aux grands traits, au grand nez, aux cheveux raides comme des baguettes de tambour, aux yeux voilés, laide enfin en gros et en détail, mais gouailleuse, qui ne peut inspirer que le rire; quand on ne fait nulle démarche qui ne soit sitôt prise

pour une plaisanterie, on peut concevoir qu'en un moment de désespoir on se jette dans la Commune, qui avait placé Tony-Moilin et logeait Vésinier.

Cavalier était de Rouen comme Vallès, avec lequel il se lia au collége. Cavalier vint à Paris et prit le métier d'étudiant, qu'il professa toute sa vie. Sa réputation date de la représentation d'*Henriette Maréchal*. Cavalier siffla tellement fort qu'il fut remarqué; Vallès, de concert avec lui, le dénonça le lendemain sous le nom de Pipe-en-bois, et Pipe-en-bois fut célèbre à jamais.

Il collabora à la *Rue* de Vallès, à la *Montagne* de Maroteau, au *Citoyen* d'Armand Lévy. Gambetta le prit comme secrétaire, et Pipe-en-bois ne quitta plus le jeune ministre tant qu'exista la délégation de Bordeaux. Après l'armistice, il vint à Paris, et après le 18 mars la Commune le nomma ingénieur en chef du département de la Seine en remplacement de M. Alphand. Cavalier s'occupa surtout d'arroser la ville. Allant de café en café, le joyeux garçon qui compte autant d'amis que de connaissances, car il est aussi sympathique que laid, Cavalier, disons-nous, demandait à chacun : « Eh bien, vous avez vu, mes cantonniers? — Tant vont les cantonniers à l'eau...., lui repartit un jour quelqu'un.

Qu'on s'en va à Versailles, et Cavalier y est allé entre deux gendarmes, le pauvre diable!

COMBATZ.

COMBATZ avait vingt-sept ou vingt-huit ans. Il avait été employé des télégraphes, mais sa mauvaise conduite, et aussi, dit-on, des indélicatesses commises le firent chasser de l'administration. Combatz s'improvisa directeur des télégraphes après le 18 mars, et se plaignit amèrement de Versailles, qui avait désorganisé le service et empêchait la télégraphie extérieure. Le Comité central simplifia la chose en supprimant la télégraphie intérieure. Combatz donna sa démission et fut remplacé par Pauvert.

Nommé ensuite chef de la 6e légion, Combatz se montra féroce envers les réfractaires, prononça la dissolution de trois de ses bataillons, et finit par se faire accuser de lâcheté.

On le croit prisonnier.

COMBAULT.

OMBAULT était un des premiers affiliés de l'Internationale et l'un des membres les plus influents de l'Association parisienne. Longtemps résidant à Londres, il y fit partie du Conseil général et en resta correspondant, lorsqu'il vint se fixer à Paris. C'est lui qui organisa la section de Vaugirard et qui en fut secrétaire. C'était un ouvrier bijoutier âgé de trente-trois ans. Il fut impliqué dans le procès de Blois en 1870, et condamné, comme l'un des fondateurs et chefs de l'Internationale, à un an de prison. Candidat aux élections du 26 mars et du 6 avril, il échoua chaque fois. Ses camarades l'en dédommagèrent en le nommant délégué à l'enregistrement en compagnie d'Olivier.

DACOSTA.

E féroce gamin avait une figure douce, jolie, intelligente, distinguée même, n'annonçant aucun instinct pervers, aucune autre prétention que celle d'accrocher les cœurs. Il avait été assez bon camarade et on l'appelait Coco tout bonnement. Ce fut le digne complice de Rigault, et l'esprit, se refusant à croire à tant de scélératesse dans de si jeunes têtes, est obligé d'admettre que ces Marats imberbes n'avaient point conscience de leurs actes. Dacosta avait traîné ses coudes sur toutes les tables des caboulots du quartier Latin; c'est au milieu des orgies qu'il rencontra Rigault avec lequel il se lia. Débauché et fainéant, il connut souvent la misère et fit bien des métiers, donna des leçons de mathématiques, fut correcteur de la *Cloche* et rédacteur de la *Libre Pensée*.

Lorsque Rigault fut nommé à la préfecture de police, il appela à lui Dacosta, qui ne le quitta plus : secrétaire à la sûreté générale, lorsque Rigault en fut délégué, substitut de la Commune, lorsque Rigault en fut procureur.

Les deux bandits commirent des atrocités

devant lesquelles recule l'histoire, violant les malheureuses douées de quelque beauté qui allaient intercéder pour les prisonniers, violentant celles qui étaient laides ou vieilles, arrêtant les hommes qui allaient réclamer, formant de la préfecture un antre de perversité où l'on n'osait plus mettre les pieds, parce que, comme disait La Fontaine : « On voyait par où l'on rentrait, on ne voyait pas par où l'on sortait. » Ils allaient aux Délassements-Comiques ensemble, et là, dans les entr'actes, dressaient leurs petites listes de proscription.

C'est Dacosta qui, faisant avec Rigault subir un interrogatoire à l'archevêque de Paris qui les appelait « mes enfants, » lui répondit : « Vous êtes non devant des enfants, mais devant des *magistrats*, qu'il vous faut respecter. »

Il assista à l'exécution des otages, un chassepot au dos et un revolver au poing, et essaya d'incendier Mazas, que sauva le dévouement du gardien de la prison.

L'infâme a été arrêté.

FONTAINE.

ONTAINE était un gros homme de cinquante ans, aux épaules larges, au cou de taureau, à l'épaisse figure encadrée d'une barbe presque rousse et de longs cheveux bouclés. C'était un ancien élève de l'École polytechnique et un très-habile professeur de mathématiques. Il avait ceci de commun avec Cluseret qu'il s'était battu en 1848 contre les insurgés de Juin. On lui offrit même à cette occasion la croix qu'il refusa, n'ayant fait, disait-il, que son devoir de citoyen.

Il était calculateur à l'Observatoire, vivait de cette place et de quelques leçons qu'il donnait, et s'occupait de théories socialistes. Comme tant d'autres, il avait l'ambition de régénérer le monde et s'y croyait sérieusement destiné. Impliqué dans le procès du complot de 1870, il fut condamné à quelques mois de prison.

La Commune le nomma directeur des domaines, et il fut chargé de l'exécution du décret ordonnant la démolition de la maison de M. Thiers. Il ordonna que l'emplacement de l'hôtel fût mis en square et que le linge trouvé fût mis a la disposition des ambulances. Fontaine, qui aimait les phrases ronflantes, écrivit à ce propos :

« Le linge du bombardeur doit servir à panser les blessures de ses victimes. »

Le 23 mai, pris dans une maison de la rue Bonaparte, après un interrogatoire sommaire au quartier général du 2ᵉ corps d'armée, il fut fusillé.

GARNIER.

ARNIER était un ancien acteur des Bouffes-Parisiens, que son mérite n'avait pu faire remarquer, et qui crut s'illustrer enfin en se faisant nommer directeur de l'Opéra par son ami Regnard de la préfecture de police. Garnier passa, les deux mois que dura la Commune, à chercher des acteurs et à préparer une représentation dont la dernière répétition se fit dans la soirée du 22 au 23 mai.

Emmené à Versailles, il a été relâché.

LANDECK.

ANDECK était un joaillier, âgé de trente-neuf ans, de jolie figure, de tournure distinguée et de caractère turbulent et énergique. Impliqué dans le procès de Blois comme international, il avoua s'être affilié en 1867, mais déclara ne s'être mêlé en rien de la Société et fut acquitté.

Il se présenta aux élections du 26 mars dans le 3ᵉ arrondissement et n'obtint que 2,043 voix. Des camarades du Comité central le nommèrent alors délégué en province, chargé de pleins pouvoirs pour faire reconnaître la Commune, et il alla à Marseille avec Mégy et Amouroux, s'aboucha avec les chefs du mouvement qui venait d'y éclater et revint à Paris après l'insuccès final.

Il fit à la Commune, sur sa campagne, un long rapport d'une emphase grotesque et se terminant ainsi :

« On a tué des femmes, des enfants, des citoyens; mais ce que je puis vous assurer, citoyens, c'est qu'on n'a pas tué l'esprit républicain à Marseille, qui attend une victoire de

Paris pour se soulever de nouveau, malgré les tentatives de désarmement de la garde nationale. Je ne vous parle pas des dangers que j'ai courus; j'ai rempli mon devoir, vous remplirez le vôtre en secourant Marseille, qui vous admire et vous attend, et que la réaction emprisonne en ce moment. »

Pauvre Commune, *secourir* Marseille que la réaction *emprisonne!*

Landeck est parvenu à se soustraire aux recherches de la police, et s'occuperait, paraît-il, activement de réorganiser l'Internationale parisienne très-affaiblie — on le conçoit — par l'enlèvement des gredins qui peuplent Belle-Isle.

LEBEAU.

 EBEAU était né à Lille et paraissait avoir vingt-sept à vingt-huit ans. Il avait été soldat et fait un congé. Il s'installa de lui-même au *Journal officiel* et s'en adjugea la direction, que Longuet lui ravit plus tard. Lebeau fut alors nommé colonel et sous-chef de la 6e légion.

Il a été arrêté sur la place Vendôme, où il était venu voir la colonne tombée.

LE MOUSSU.

C'EST encore là, croyons-nous, un de ces étudiants qui n'étudient point, comme Rigault en ramassa sous les tables du quartier Latin pour se constituer un personnel à la préfecture de police. Nommé commissaire de police, après avoir été d'abord délégué à Montmartre, il arriva promptement à une certaine célébrité. C'était lui qui était chargé de signifier aux journaux la notification des décrets de la Commune contre eux. On a annoncé son arrestation. C'était un énorme personnage à l'énorme barbe presque rousse, aux yeux hagards, à l'air bestial. On le dit natif d'Auray en Bretagne.

LEVRAULT.

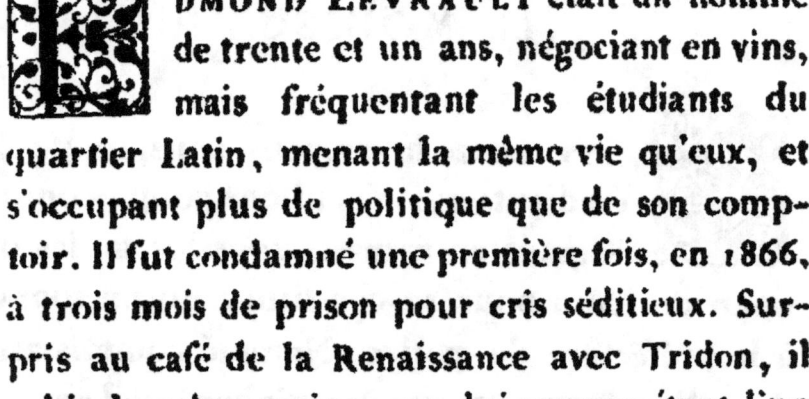DMOND LEVRAULT était un homme de trente et un ans, négociant en vins, mais fréquentant les étudiants du quartier Latin, menant la même vie qu'eux, et s'occupant plus de politique que de son comptoir. Il fut condamné une première fois, en 1866, à trois mois de prison pour cris séditieux. Surpris au café de la Renaissance avec Tridon, il subit la même peine que lui comme étant l'un des fondateurs de la société secrète poursuivie, et fut condamné à quinze mois de prison et à 100 francs d'amende.

On comprend qu'à la suite de ces condamnations, Levrault se crut des droits à la reconnaissance du peuple. Il parvint à se faire élire commandant du 204ᵉ bataillon pendant le siége, fut compromis dans l'affaire du 31 octobre et cassé de son grade. Membre de l'Internationale et au courant des intrigues du Comité central, il fut nommé commissaire central à la sûreté générale, et fit partie de cette affreuse bande qui s'installa à la préfecture de police et se signala par tant d'atrocités.

Il est prisonnier à Versailles.

NAPIAS-PIQUET.

APIAS-PIQUET était une espèce de renégat de l'aristocratie. Joli, élégant, toujours bien mis, il n'en était que plus voyou, que plus communeux, et n'en criait que plus fort contre les capitalistes qui mangeaient la sueur des prolétaires. Il fut adjoint à la mairie de Passy pendant le siège, consentit aux élections du 26 mars, se porta même dans le 1ᵉʳ arrondissement, mais n'eut que 319 voix et ne fut point élu. La Commune le délégua d'abord à la mairie du 1ᵉʳ arrondissement, puis le nomma maire de Passy.

Au dernier moment, Napias-Piquet fut nommé chef des fuséens et organisa l'incendie du Louvre et du quartier environnant, que la prompte arrivée des soldats ne put sauver qu'à demi. Il a été fusillé au coin de la rue du Louvre.

PASSEDOUET.

E communeux-là s'est fait une réputation après la Commune même. Ancien journaliste, la passion d'écrire semble l'avoir repris dans l'armoire où il se tient caché, et le voilà qui écrit lettre sur lettre à tous les journaux qui les veulent recevoir, disculpant les siens de toute infamie, sans songer que la justice a mis la main sur ceux qui ont incendié les docks de la Villette, et que dans la poche d'un insurgé on a trouvé le billet suivant :

Paris, le 26 mai 1871.

Citoyen,

La Villette a bien tenu; mais la nuit m'inquiète. La défense derrière les barricades n'est d'ailleurs pas une solution. Il faudrait vigoureusement reprendre l'offensive. Et nous le pourrions, si nous avions des bataillons, des munitions et des canons.

Pouvez-vous nous envoyer tout cela? Sur quoi pouvons-nous compter immédiatement?

Salut et fraternité,

PASSEDOUET.

Passedouet avait trente-deux ans. Il commença par être marchand de vin, puis se lança dans le journalisme et fut successivement gérant du *Globe*, du *Corsaire* et du *Satan*. Il s'affilia à l'Internationale, fut compromis dans le procès de Blois et condamné à deux mois de prison. La Commune le délégua à la mairie du 19e arrondissement, où, du reste, il se conduisit personnellement avec beaucoup d'honnêteté.

Il avait été nommé maire du 13e arrondissement par le gouvernement de la défense nationale, mais n'avait pas été renommé aux élections du 5 novembre.

On le dit enfin arrêté.

PEYROUTON.

BEL PEYROUTON était un jeune avocat bien connu des habitués du café de Madrid, où chaque soir s'étalait cette face pâle, douce, un peu timide, encadrée de longs cheveux noirs, semée de grains de beauté, tête sympathique, souffreteuse et quelque peu misérable, plantée sur un corps aux allures gauches et gênées; mais tout cela s'animait,

lorsque dans les clubs des faubourgs la fougue emportait cet avocat qui, n'ayant point de causes au Palais, venait prononcer ses discours et exhaler son amertume d'incompris devant ces bons diables de Bellevillois, ébahis de tant d'éloquence.

Aussi sa réputation était grande et grandit encore lorsque l'Empire se mit à le persécuter. Peyrouton, que son passé liait irrévocablement à la Commune, n'était pas sans s'effrayer de cette rébellion armée; aussi chercha-t-il à quitter Paris, et accepta-t-il avec joie une de ces fantastiques délégations en province, comme en donna la Commune en ses commencements.

Peyrouton se tint coi une fois hors de ses farouches amis, mais n'en a pas moins été arrêté. Il est à croire que le conseil de guerre restituera à M. Bouvet cette brebis égarée.

———

PILOTELL.

'ÉTAIT un grand et gros garçon de vingt-huit ans, aux traits réguliers, à la figure pâlie par les débauches, mais belle et d'une fière expression que rehaussaient

les deux crocs élégants d'une moustache noire; vaniteux, poseur, qui, quoique dévoré de l'ambition de réussir, n'eut jamais la force de travailler, et resta un impuissant envieux. Le clinquant lui plaisait, la parade, le commandement; dès que sa nomination de commissaire de police lui eut permis de ceindre une écharpe, il s'en bariola la poitrine et se fit photographier ainsi dans une pose titanesque.

Pilotell était de Poitiers. Il vint à Paris pour faire du dessin ; mais, fainéant et débauché, il ne fit jamais que de la mauvaise caricature. Il glissa quelques-unes de ses *productions* dans l'*Éclipse*, et eut soin de se faire avancer de l'argent, — raison qui l'engagea à ne plus fournir de dessins. Il fonda plusieurs petits journaux illustrés, dont le dernier fut la *Caricature* que ses inepties ne purent faire vivre.

Misérable et haineux, Pilotell était communeux avant la Commune; il avait trop à se plaindre du sort pour n'être pas révolutionnaire, et, après le 18 mars, voyant pour lui la voie des honneurs ouverte, et pensant que quand on en prend on n'en saurait trop prendre, il cumula les fonctions de commissaire de police et de délégué aux beaux-arts. Aux beaux-arts, ma foi oui, Vallès était bien à l'enseignement!

C'est ainsi qu'à la fois il faisait un rapport sur le musée du Luxembourg et procédait à l'arrestation de M. Polo, gérant de l'*Éclipse*. Pilotell avait grand'raison de rancune contre M. Polo : il lui devait de l'argent. Pilotell, au lieu de songer à le lui rendre, fit une perquisition chez lui, y trouva 2,000 francs et les emporta. Ce fait, joint à un autre semblable, l'enlèvement de 815 francs chez Mme Chaudey, émut la Commune, qui destitua Pilotell, — pour un vice de forme dans ses actes, avoua-t-elle. Pilotell n'en resta pas moins le commensal de la préfecture, et continua à faire partie de la bande Rigault.

Il est parvenu à gagner Bruxelles.

REGNARD.

EGNARD est un étudiant de l'espèce des Tridon et des Protot, que la politique dévoie de leurs études, et que l'on retrouve au fond de tous les mouvements, de toutes les conspirations qui agitèrent la fin de l'Empire. C'était un jeune homme de trente

à trente-deux ans, avec une barbe soyeuse, abondante et frisée, de beaux cheveux blonds. Il était d'une beauté remarquable qui faisait son orgueil dans le monde, mais qui lui valait d'interminables railleries de la part de ses confrères de la préfecture de police moins favorisés que lui. Il assista au congrès des étudiants à Liége en 1865, fit la campagne du siége de Paris en qualité de mobile, et suivit de près les commencements du Comité central. Il fut délégué à la sûreté générale, fit partie de la commission musicale nommée par la Commune et de la bande que se constitua Rigault. On l'a trouvé caché dans la rue de l'Ancienne-Comédie, la barbe rasée et les cheveux teints en noir. Il est à Versailles.

ROMANETTI.

ROMANETTI était Corse et cousin germain de Louis Blanc. Il était en prison pour dettes, lorsque arriva la révolution de 1848, qui le délivra. Grâce à ses relations de famille, il parvint à se faire nommer comptable de l'hôpital militaire d'Ajaccio. Révoqué, il obtint sur la cassette civile de Napoléon III une pension par l'entremise du premier chambellan, le comte de Bacciochi. Son inconduite l'avait obligé de se réfugier à Londres, d'où il ne revint qu'après la révolution du 4 septembre. La Commune le nomma directeur du personnel de la guerre.

Il est arrêté.

SALVADOR.

RANCISCO SALVADOR était né d'un père espagnol, de là son nom étranger. Il avait dirigé une société orphéonique en Algérie et composé des airs arabes en l'honneur de Thérésa, dont il avait fait son idole, et à laquelle il dédia deux ou trois brochures signées Clément, et lues de personne. Il avait, en outre, fait la chronique musicale de la *Marseillaise*, où l'on n'était pas difficile en matière de musique, et passait parmi ses camarades pour un homme de talent, — mais talent

gâté par une tension bizarre à réformer la musique et à la démocratiser.

La Commune le nomma directeur du Conservatoire après la mort d'Auber. Salvador convoqua immédiatement les professeurs du Conservatoire, et n'en put jamais réunir que trois. On a prétendu qu'il avait fait partie du Comité central sous le nom de Vaillant. Nous n'avons trouvé tant au Comité central qu'à la Commune qu'un Vaillant, membre de la Commune, ancien ingénieur et professeur en Allemagne, qui se nommait Édouard et non Salvador.

Salvador, fait prisonnier chez lui le 24 mai, fut fusillé dans la rue Bonaparte. La Commune devait compter chez elle toutes les monstruosités : on constata alors que Salvador était hermaphrodite.

Voici le portrait qu'en a tracé un publiciste, M. Bernard, qui l'a connu :

Dans sa sphère, il n'était pas sensiblement supérieur aux autres misérables qui s'étaient emparés du pouvoir suprême ; peut-être avait-il quelque intelligence et quelque éducation de plus. Mais, à tout prendre, la différence était médiocre; Salvador se distinguait de ses collègues par la forme ; il ne valait pas mieux qu'eux pour le fond.

Au physique, c'était un homme obséquieux, presque craintif, émettant d'une voix douce et tranquille les opinions les plus subversives, aimant à discuter, mais sans colère ; son ressentiment ne se manifestait ni par des apostrophes ni par des sorties violentes. Il était diplomate et se contenait très-bien.

———

TONY-OILIN.

E pauvre Tony-Moilin avait une tête à dérouter les meilleurs physionomistes. Il avait la figure osseuse, les mâchoires très-fortes, les joues creuses et la bouche comme faite d'un coup de sabre, — larges, aux lèvres serrées. — Il avait la barbe rousse, le poil rare mais très-dur. On eût juré en le voyant qu'il sortait du bagne, ou qu'il y allait. Cependant c'était l'homme le plus doux du monde, une espèce de fou, mais fou mélancolique, jaloux du bonheur de l'humanité, — cerveau dérangé justement par ce désir ardent d'améliorer le sort de son espèce. Il avait consigné ses rêveries dans un livre : *Paris en l'an 2,000*, où il prédit entre autres choses la suppression de la propriété, la jouissance de 12,000 livres de revenu pour chaque individu et l'établissement de galeries couvertes au-dessus de toutes les rues de Paris. — Il n'était pas question de la campagne!

Élève de Claude Bernard et médecin distingué, il avait reçu une médaille d'argent pour sa belle conduite pendant le choléra, et avait inventé un remède pour les maux d'yeux. Le socialisme l'avait fasciné et il profitait de ses tournées de médecin pour catéchiser ses malades. Impliqué dans le procès de Blois de 1870, il s'y déclara socialiste, mais non communiste, dans sa défense, qui fut très-digne et très-sensée. Il était très-autoritaire et répétait souvent à propos de la France : « Il ne suffit pas de lui donner la liberté, il faut l'administrer et la gouverner avec fermeté. »

Il était au courant des agissements du Comité central et fut délégué par lui à la mairie du 6ᵉ arrondissement, où l'on n'eut pas à se plaindre de son administration. Fait prisonnier le 27 mai, Tony-Moilin fut jugé le jour même par la cour martiale du Luxembourg, qui, sans doute prévenue par sa malheureuse figure, le condamna à mort. Il fut exécuté le lendemain — dernier condamné sommairement.

Une touchante histoire est contée sur lui. Il vivait avec une femme dont il avait eu une fille. Il demanda avant de mourir l'autorisation de se marier pour légitimer l'enfant. Le mariage eut lieu quelques heures avant l'exécution.

TREILLARD.

REILLARD avait été avoué à Lyon. C'était un gros et grand homme d'une soixantaine d'années, aux cheveux presque entièrement blancs, à la voix de stentor, disert et instruit, qui se fit promptement une grande réputation d'orateur dans les clubs des faubourgs, dès qu'il vint à Paris.

Candidat aux élections du 26 mars dans le 5ᵉ arrondissement, Treillard n'obtint que 1,577 voix. La Commune, en quête de gens capables, le nomma directeur de l'assistance publique. Il se conduisit, du reste, dans son administration avec une modération qu'aurait dû imiter nombre de ses collègues. Pris, près du Jardin des Plantes, le 25 mai, pour un colonel insurgé et ayant refusé de se nommer, il fut fusillé dans les cours de l'École polytechnique.

MEMBRES

DE LA COMMUNE

QUI ONT DONNÉ LEUR DÉMISSION
OU QUI N'ONT PAS SIÉGÉ

MEMBRES
DE LA COMMUNE

QUI ONT DONNÉ LEUR DÉMISSION
OU QUI N'ONT PAS SIÉGÉ

Adam, 7,272 voix dans le 1ᵉʳ arrondissement, refusa de siéger.

Barre, 6,294 voix dans le 1ᵉʳ arrondissement, refusa de siéger.

Blanqui, 14,953 voix dans le 18ᵉ arrondissement, était prisonnier du gouvernement et ne put siéger.

De Bouteiller, 1,929 voix dans le 16ᵉ arrondissement, refusa de siéger.

Brelay, 7,025 voix dans le 2ᵉ arrondissement, refusa de siéger.

Briosne, 2,456 voix dans le 9ᵉ arrondissement aux élections complémentaires, ne voulut point considérer son élection comme valable.

Cheron, 6,018 voix dans le 2ᵉ arrondissement, refusa de siéger.

Desmarest, 4,232 voix dans le 9ᵉ arrondissement, refusa de siéger.

Ferry, 3,732 voix dans le 9ᵉ arrondissement, refusa de siéger.

Fruneau, 8,629 voix dans le 12ᵉ arrondissement, refusa de siéger.

Garibaldi (Menotti), 6,961 voix aux élections complémentaires dans le 20ᵉ arrondissement, ne vint jamais siéger.

Goupil, 5,111 voix dans le 6ᵉ arrondissement, fut nommé membre de la commission de l'enseignement le 29 mars et donna sa démission deux jours après.

Lefevre, 2,859 voix dans le 7ᵉ arrondissement, fut nommé membre de la commission de l'enseignement le 29 mars et donna sa démission le 6 avril.

Leroy, 5,800 voix dans le 6ᵉ arrondissement, fut nommé membre de la commission de l'enseignement le 29 mars et donna sa démission.

Loiseau-Pinson, 6,932 voix dans le 2ᵉ arrondissement, fut nommé membre de la commission du travail le 29 mars et donna sa démission.

MARMOTTAN, 2,036 voix dans le 16ᵉ arrondissement, donna sa démission le 29 mars.

MELINE, 7,251 voix dans le 1ᵉʳ arrondissement, refusa de siéger.

MURAT, 3,052 voix dans le 3ᵉ arrondissement, refusa de siéger.

NAST, 3,691 voix dans le 9ᵉ arrondissement, refusa de siéger.

PARENT (Ulysse), 4,770 voix dans le 9ᵉ arrondissement, fut nommé membre de la commission des relations extérieures le 29 mars et donna sa démission. On l'a à tort confondu avec le colonel Parent qui a signé des ordres d'incendie.

RANC, 8,950 voix dans le 9ᵉ arrondissement. On le crut d'abord destiné à jouer un grand rôle dans la Commune. Il fut nommé, le 29 mars, membre de la commission de la justice et membre de la commission des relations extérieures. On prétend qu'il versa 200,000 francs dans la caisse de la Commune. Il donna sa démission le 6 avril, lorsqu'il eut expérimenté l'idiotie de ses collègues, et ne se mêla plus de la Commune, malgré l'absurde bruit qui courut d'une prétendue influence occulte qu'il y aurait gardée.

Robinet, 3,904 voix dans le 6ᵉ arrondissement, fut nommé membre de la commission de l'enseignement le 29 mars et donna sa démission.

Rochard, 6,629 voix dans le 1ᵉʳ arrondissement, refusa de siéger.

Rogeard, 2,292 voix aux élections complémentaires dans le 6ᵉ arrondissement. Il refusa de considérer son élection comme valable. Il est cependant accusé de complicité avec la Commune et recherché par la police, car son nom a paru au bas d'un appel aux armes du 24 mai, à côté de celui de Pyat.

Tirard, 6,386 voix dans le 2ᵉ arrondissement. Était député à Versailles et ne vint jamais siéger à Paris.

TABLE

Préface. 1

LES MEMBRES DE LA COMMUNE.

Allix..	3	Clémence.	51
Amouroux.	6	Émile Clément.	53
Andrieu.	9	J.-B. Clément.	55
Antoine Arnaud.	11	Victor Clément.	57
Arnold.	14	Courbet.	58
Arthur Arnould.	17	Cournet.	63
Assi.	22	Delescluze.	67
Avrial.	27	Demay.	77
Babick.	30	Dereure.	79
Beslay.	33	Descamps.	83
Billioray.	39	A. Dupont.	84
Blanchet.	43	C. Dupont.	86
Chalain.	47	Durand.	87
Champy.	49	Ferré.	88
Chardon.	49	Fortuné.	90

Franckel.	93	Pindy	159
Gambon.	96	Pottier.	163
Ch. Gerardin	100	Protot.	167
Eug. Gerardin	102	Puget.	171
Geresme.	103	Felix Pyat.	172
Paschal Grousset.	105	Ranvier.	180
Johannard.	110	Rastoul.	184
Jourde.	116	Régère.	185
Langevin.	120	Raoul Rigault.	188
Ledroit.	122	Serailler.	193
Lefrançais.	124	Sicard.	197
Lonclas.	128	Theisz.	198
Longuet.	130	Tridon.	202
Malon.	135	Trinquet.	206
Martelet.	139	Urbain.	209
Melliet.	140	Vaillant.	211
Miot.	144	Vallès.	216
Mortier.	148	Varlin.	224
Ostyn.	151	Verdure.	229
Oudet.	152	Vermorel.	231
Parisel.	154	Vésinier.	238
Philippe.	155	Viard.	243
Pillot.	157		

LES MEMBRES DU COMITÉ CENTRAL.

Andignoux.	249	Ferrat.	260
Avoine.	251	Gaudier.	261
Barroud.	253	Gouhier.	261
Bouis.	253	Grêlier	262
Boursier.	254	Groslard.	264
Castioni.	256	Josselin.	266
Chouteau.	257	Lacord.	267
Fabre.	259	Larocque.	269

Lavallette	270	Moreau	277
Lisbonne	272	Pougeret	279
Maljournal	275	Rousseau	279

LES OFFICIERS DE LA COMMUNE.

Bergeret	283	Ganier d'Abin	334
Brunel	288	Henry (Les)	338
Cluseret	292	Jaclard	341
Jaroslaw Dombrowski	302	La Cecilia	344
Ladislas Dombrowski	310	Lullier	349
Du Bisson	311	Megy	355
Duval	315	Okolowicz	358
Eudes	319	Razoua	360
Flourens	324	Rossel	362
Gaillard	330	Wrobleski	369

LES JOURNALISTES AYANT DEFENDU LA COMMUNE.

André Léo	373	Mourot	387
Denis	376	Rochefort	388
Lissagaray	378	Secondigné	398
Maroteau	380	Vermersch	399
Milhere	382		

LES FONCTIONNAIRES ET DELEGUES DE LA COMMUNE.

Alavoine	409	Camelinat	411
Bastelica	410	Cavalier	412

Combatz	414	Napias-Piquet	424
Combault	415	Passedouet	425
Dacosta	416	Peyrouton	426
Fontaine	418	Pilotell	427
Garnier	419	Regnard	428
Landeck	420	Romanetti	430
Lebeau	421	Salvador	431
Le Moussu	422	Tony-Moilin	433
Levrault	423	Treillard	435

Membres de la Commune qui ont donné leur démission ou qui n'ont pas siégé.. 437

Achevé d'imprimer
LE 25 AOUT MIL HUIT CENT SOIXANTE ET ONZE
PAR J. CLAYE
POUR A. LEMERRE, LIBRAIRE
A PARIS

BIBLIOTHÈQUE NATIONALE
Désinfection 1924
N° 8843

www.ingramcontent.com/pod-product-compliance
Lightning Source LLC
Chambersburg PA
CBHW070210240426
43671CB00007B/603